学術選書 069

空白のユダヤ史

エルサレムの再建と民族の危機

秦 剛平

KYOTO UNIVERSITY PRESS

京都大学学術出版会

口絵１●エルサレムから追い立てを食らうユダヤ人たち（第１章）
口絵２●バビロンの河のほとりで（第１章）

口絵３●イッソスの戦い（第３章）
口絵４●ガウガメラの戦い（第３章）

口絵5●アレクサンドリアの建設を指示するアレクサンドロス（第３章）
口絵6●エルサレムの神殿でダニエル書を見せられるアレクサンドロス（第３章）

口絵７●プトレマイオス王、翻訳者たちを歓迎する宴を主催する（第４章）
口絵８●ドミティアヌスの胸像（第４章）

空白のユダヤ史◉目　次

目次　ii

第2章……エステル物語……99

空白のユダヤ史

はじめに

われわれは前書『南北分裂国家の誕生』（京都大学学術出版会）で、ソロモン王以降のイスラエル民族の歴史を見てきた。

神が歴史の舞台からステップ・オフし、サウロ（在位、前一〇二二―一〇〇四）にはじまった王政は、ダビデ（在位、前一〇〇三―九九八、ヘブロン。前九九七―九六五、エルサレム）からソロモン（在位、前九六五―九二六）へとバトンタッチされて、「王政」は「王制」に様変わりしたが、この権力の継承で見られたネポティズム（身内の登用）は、われわれの現代的感覚からすれば、あってはならないものであるが、現代の全体主義的独裁国家ではそれが通用している。

イスラエル民族の歴史に見られるネポティズムは、ソロモンの子レハベアム（在位、前九二六―九一〇）が賢明でなかったためであろう、最初の躓きをみせる。前九二六年にソロモンの権力を継承したレハベアム王朝は、歴史に登場して間もなくすると、南王国（ユダ王国）と北王国（イスラエル王国）に分裂する。北王国はアッシリアへの捕囚の憂き目にあう前七二二年までに一〇の王朝の誕生と交代を目撃し、その首都はシケム、テルツィア、サマリアと替わる。他方、南王国はバビロン捕囚（第一回の捕囚は前五九七年）とエルサレムの神殿破壊と王国の滅亡（前五八七年）を目撃することになるが、その間の三三九年の間に二〇人ばかりの王が登場する。資料とされる列王記上・下や歴代誌下で「まあよしとするか」の及第点をもらえたのはそのうちのわずか八人で、残りは不合格か、「サイテー」の烙印を押されている。

南北の二王国に分裂したとはいえ、同じ同胞《はらから》の王国であるがゆえに、二つの王国の間に協調時代があってもよさそうであるが、それは北王国のオムリ王朝（オムリ↓アハブ↓アハズヤ↓ヨラム）の時代にしか見られない。それは、南王国の歴史から見れば、第四代の王ヨシャパテ（前八七四年以降）、第五代の王ヨラム（前八五〇年以降）、そして第六代のアハズヤ（前八四三年）のわずか三〇年の時代しかなく、後は憎悪むき出しの対立の歴史である。この時代の歴史を読む人たちの中には、われわれの近くにある、現代のある民族の分裂国家の歴史を思い浮かべる者もいるにちがいない。実際わたしも、そこに見られる近親憎悪的な悲劇から古代世界のそれを想像したものである。

北王国には神殿はなかった。あったのは複数の聖所である。神殿と聖所の違いを論じるのは難しいが、神殿の方が聖所よりも少しばかり大きく、少しばかり格が上だと思われるかもしれないが、神殿に商売女（聖娼）や男娼がいたりして祭司たちが足繁く通っていたとする聖書の記述を真に受ければ、神殿に特別の「品格」があったとは思われない。それはともかく、北王国では聖所や「高き所」「高台」で異教の神々の像を祭り、その祭壇の上では人身御供を捧げていたのである。北王国のオムリ王朝のアハブの妻イゼベルのバアル信仰は有名で、アハブはそのため「最悪の王」のレッテルを貼られている。気の毒に。

他方、南王国の首都は一貫して神殿の建つエルサレムであるから、そこではそれまでの民族の歴史を導いてくれた神礼拝が一貫して守られていたかというと、さにあらずで、バアル神を導入する王がいたり、アッシリアの偶像礼拝を導入する王がいたりする。神殿が存在しても、大祭司を頂点とする祭司制度が機能しなかった摩訶不思議は、神殿が「律法の巻物」を所有しなかった驚くべき事実にもとめられるかもしれない。

ユダヤ教の場合、「律法の巻物」あっての神殿であり、神殿あっての「律法の巻物」であるから、ヨシヤの時代（前六三七―六〇七）に律法の書が神殿で発見されたなどと教えられても（列王記下二二・八以下、歴代誌下三四・一四以下）、読者は戸惑いを覚えるばかりであろう。しかもそれを教えてくれる二つの資料、列王記と歴代誌には具体性が欠けるので、どこまでその報告を信用していいのやらとなるが、現代の聖書学の研究によれば、モーセの律法の書が編纂されたのはバビロン捕囚の時代であったらしい。

もしそうだとしたら……、

神殿はそれまで何によって機能していたのであろうか。

そんな問いを立てるのはヤボで、神殿は神殿として機能はせず、その一室は娼婦や男娼たちの溜まり場、祭司たちが忍び込む場であり、また他の場所は、異教の神々に香を焚く場所として機能していたと想像すればよいのかもしれない。しかもそれは非常に早い時期から、すなわちソロモン王の晩年あたりからだと想像するのが正しいのかもしれない。エルサレムの神殿が何百年と異教の神々を祭る場所となっていたのである。この間の神は歴史の舞台からはステップ・オフしたばかりか、完全にステップ・ダウンし、消え失せていたのである。

イスラエルの民族の歴史を俯瞰《ふかん》すると、ダビデ、ソロモンとつづいた王国が南王国と北王国に分裂したこと、その北王国は前七二二年にサマリアの陥落をもって滅亡し、その指導者たちはアッシリアに連れて行かれたことなどが突出した民族的悲劇として浮かび上がってくるが、それ以降の南王国の歴史では、バビロン捕囚の出来事がこれまた民族的悲劇として浮かび上がってくる。ヨセフスは、『ユダヤ古代誌』第九巻と第一〇巻の中で、以上の出来事を含む、ユダヤ民族の歴史を再話し、その諸相を解釈してみせた。

本書『空白のユダヤ史』は今一度、大きな出来事を二つ扱う。

その表題から明らかなように、それはバビロン捕囚からエルサレムへの帰還と神殿の再建である。バビロンに捕囚として連れて行かれた民族の民がユダヤ（ユダ）の地に戻ることを許されるからである。第一回のバビロン捕囚で聞こえてきた低層重音は、民族の破滅をなげく嘆きの歌であったが、エルサレムへの帰還で聞こえてくるのは歓喜の歌である。とはいえ、それは声を高らかにしてうたえるハレルヤではなかったであろう。彼らが帰還するユダヤ（ユダ）の地は荒れ放題であり、エルサレムは破壊された神殿や城壁の残骸が残る地であったからである。それなりの繁栄を謳歌したバビロンの町から瓦礫の町に向かってての里帰りなのである。ハレルヤどころではないのである。その証拠に、帰還を許されても帰還しなかった者が大勢いたのである。

エルサレムに帰還し、エルサレムの神殿を再建した者たちにとっては、バビロニア帝国を滅ぼし、バビロン捕囚を終らせたキュロス二世王（在位、前六〇〇ころ－五二九）の「第一年」は格別のものとして振り返ることのできた年であったであろう。キュロスは彼らにとって「解放者」だった。彼が真の意味で「解放者」であったとは思われないが、一部の預言者や歴史家にとってはそうまつり上げる資格のある者だった。ヨセフスもその歴史家のひとりである。

『古代誌』の第一一巻と第一二巻は、バビロンからの帰還とエルサレムの神殿再建だけを語ったものではない。それはまたペルシア時代に触れ、それ以後の歴史にも入って行く。

本書の第1章は、バビロンからのエルサレムへの帰還を取り上げる。時代はペルシア時代である。分量的にはもっとも長い章である。第2章は、エステル物語である。エステル物語はペルシアの宮廷に嫁いだユダヤ人の王妃エステルがユダヤ人絶滅の布告を知って活躍する。前書ではダニエル書を取り上げたが、あれもエステル記と同じくペルシア時代を扱った資料とされた。

第3章は、アレクサンドロス大王登場前後のユダヤが扱われる。ペルシア時代の最後とヘレニズムの時代である。この時代、ユダヤ人の活動の場はパレスチナの外の世界に拡散していくが、ヨセフスの視野に入ってくるのはエルサレムでの出来事である。第4章では、アレクサンドリアにおけるトーラーのギリシア語訳が語られる。トーラーのギリシア語訳とは後になって展開する『七十人訳ギリシア語聖書』の基になるものである。このギリシア語訳聖書はパレスチナの外に住むユダヤ人が使用したものであり、後になって最初の数世紀のキリスト教徒が「乗っ取って」自分たちの聖書にしたものだけに(拙著『乗っ取られた聖書』[京都大学学術出版会]参照)、この聖書の研究はヘレニズム時代のユダヤ教にとって、また最初の数世紀のキリスト教の研究にとってヘブライ語聖書の研究以上に重要なものとなるが、どういうわけか、こちらに入って行く聖書学者は日本にはほとんどいない。わたしには信じがたい、寂寥《せきりょう》とした日本の学問風景である。

そして最終の第5章は、エジプトとシリアの間に置かれたユダヤの悲劇が取り上げられる。われわれはこの第5章でも、ヨセフスによる『ユダヤ古代誌』の著作目的を知るであろうが、同時にその著作が非常に複雑な構成になっていることをも知るであろう。わたしがその複雑な構成をどこまで平易な言葉で語ることができたかは心もとない次第であるが、わたしは本書において、これまでのヨセフス研究者の卓見に瞠目《どうもく》しつつも、彼らとは違う視点でテクストを読んだつもりである。

第1章……………バビロン捕囚からの帰還と神殿再建

ヨセフスは『ユダヤ古代誌』第一一巻の第一章以下で、バビロン捕囚から解放されたユダヤ人たちのエルサレムへの帰還と破壊されて放置されていた神殿の再建を語ります。

ここでの資料は三つです。

ひとつはヘブライ語で書かれたエレミヤ書のギリシア語訳です。このギリシア語訳はヘブライ語テクストとは随所において章節箇所が食い違っております。次のひとつは、新共同訳聖書の「旧約聖書続編」の中で「エズラ記」（ギリシア語）の書名で呼ばれているものですが、ヨセフスの使用したそれにはネヘミヤ記のギリシア語訳が付されております。エズラ記（ギリシア語）の第一章から第一〇章まではエズラ記のギリシア語訳なのですが、そこから先の第一一章から第二三章まではネヘミヤ記のギリシア語訳なのです。本書で用いるゲッチンゲン版のテクストにしたがい、人名のエズラがギリシア語読みではエスドラスなので、エズラ記のギリシア語訳をエスドラス第一書と呼び、ネヘミヤ記と一緒にされたエズラ記のギリシア語訳をエスドラス第二書と呼ぶことにします。話はややこしくなりますが、エスドラス第二書に見られるエズラ記のギリシア語訳は、ヘブライ語エズラ記のギリシア語訳と同一のものではありません。ヘブライ語エズラ記とエスドラス第二書の翻訳で使用されたヘブライ語テクストは明らかに異なるものです。バビロン捕囚からの帰還と神殿再建を語るヨセフスは、エスドラス第一書ではなくて、エスドラス第二書の中のエズラ記とネヘミヤ記を主資料にしております。

三つ目の資料は、全部で六六章から成るイザヤ書です。この文書については少しばかり解説が必要です。

日本語訳を読んでいてもすぐに感じ取ることができるのですが、第一章から読み進めて行くと、第四〇章からその内容が突然別の時代に突入し、そのため読者は、「ははーん、ここで二つの文書が縫い合わされたな」と想像できるはずです。第一章から第三九章までを書き進めた者と、第四〇章以下を書き進めた者は別の人物で、さらに第四〇章以下を読み進めていると、第五五章が第五六章から第六六章までの大きな単位と縫合されていることが分かります。第五六章以下は、それまでには見られない別の調子のものとなっております。イザヤ書と呼ばれる文書は、少なくとも二人の人物、いや多分、三人の人物によって書かれた、本来は独立していた文書が合わされてひとつとされたものなのですが、最初の第一章から第三九章までの大きな文章単位の中にも、本来の著者でない人物の手が加わっていることを感じ取ることも容易です。たとえば、バビロン陥落について語る第二一章は明らかにそれを目撃した人物の言葉であり、イザヤの言葉ではありません。エルサレムの攻城とその救いを書き記した第二九章もそうでしょう。列王記の記事が大きく入り込んでいる章もあります。ヨセフスがイザヤ書のギリシア語訳を使用しているのか、それともヘブライ語のものを使用しているか、それは不明です。ヨセフスが使用する資料は以上、三つのものです。

キュロス王、ユダヤ民族のバビロン捕囚を終らせる

ヨセフスは、『ユダヤ古代誌』第一一巻の冒頭を次の言葉で書き出します。

「キュロス王の第一年——わたしたちの民が祖国から（追い立てられ）バビロンへの捕囚の憂き目にあったときから七〇年目である——、神は捕囚の状態やこの悲惨な者たちがこうむった災禍を憐れんだ。神は都が破壊される前に、預言者エレミヤを介して、（イスラエルびとが）ナブーコドノソロス（ネブカドネザル＝ネブカドネツァル）とその子孫に仕え、その隷従に七〇年間耐えた後、再び祖国の地を踏み、神殿を建てて往時の繁栄を謳歌《おうか》することになると、あらかじめ告げられていたが、その約束をはたされたのである。」（一一・一―二）

右の一文に登場するアケメネス朝ペルシアのキュロス二世（在位、前五五九ころ－五二九）は、前五三九年に、オピスの戦いで新バビロニア帝国のナボニドスを破り、翌年バビロンに入城してそこを制圧し、「諸王の王」を称します。ここでの「キュロス王の第一年」とは、前五三八年のことです。前書『南北分裂王国の誕生』（京都大学学術出版会）の中で語った、ネブカドネツァルによる第一次バビロン捕囚（前五九七年）から起算すれば、前五三八年までにはすでに五九年が経過し、また第二次捕囚（前五八七年）からは四九年が経過しておりますが、そのどちらをとっても、ヨセフスの言う「バビロンへの捕囚の憂き目にあったときから七〇年目」ではありません。

さっそく説明が必要になります。

ヘブライ語エレミヤ書二五・一一－一二に見られる、預言者エレミヤに臨んだ万軍の主の言葉に「……これらの民はバビロンの王に七〇年の間仕える。七〇年が終ると、わたしはバビロンの王とその民、またカルデアびとの地をその罪のゆえに罰する」（新共同訳）とあります。そのギリシア語訳は「……彼らは諸民族に七〇年間仕える。七〇年の歳月が満ちたとき、わたしはその民族に復讐し、彼らを永遠に姿・形のないものにする」です。

ヘブライ語エレミヤ書二九・一〇にも「主はこう言われる。バビロンに七〇年の時が満ちたなら、わたしはおまえたちを顧みる。わたしは恵みの約束を果たし、おまえたちをこの地に連れ戻す」とあり、そのギリシア語訳三六・一〇は「主はこう言われた。バビロンで七〇年が満ちようとするとき、わたしはおまえたちを顧み、おまえたちになしたわたしの言葉を実行するが、それはおまえたちをこの場所に連れ帰るためである」と読んでおります。

確かに、ヘブライ語エレミヤ書も、ヨセフスが使用したそのギリシア語訳も「七〇年目」の帰還を云々しております。

キュロス王の布告

ペルシア王キュロス（図1）の布告の中身について二つの資料を見ます。最初はヨセフスが主資料としたエスドラス第二書二・三—六です。著者はその前置き部分で、布告が発布されたのは王の治世の第一年目のことで、主はかつてエレミヤの口を介して約束されたことを成就するために王の心（霊）を動かしたことを強調しております。

「ペルシア人の王キュロスは次のように宣言する。イスラエルの主、いと高き方である主は、予を人の住む世界の王とし、ユダヤ（＝ユダ）のエルサレムに主のために（主の）家を建てるよう予に告げられた。もしおまえたちの中に主の民に属する者がおれば、主がその者と一緒におられるように。その者はユダヤのエルサレムに上り、イスラエルの主の家を建てるがよい。主はエルサレムに

図１●捕囚のユダヤ人たちに布告を発するキュロス王

住まわれるお方である。そこで、（予の王国の）さまざまな地に住む者たちはみな贈り物として、金と銀、馬と家畜、それにエルサレムの主の聖所に捧げられてきた満願の献げ物を供えて、この民を支援するのだ。」

次はエスドラス第一書一・二・二―四です。

「ペルシア人の王キュロスはこう言う。天の神・主は、地のすべての王国をわたしに与えられた。主はユダヤ（ユダ）のエルサレムに（主の）家を彼のために建てることを予にまかせられた。おまえたちの中で、主のすべての民の中で、（エルサレムへ上って行く）者であるが、神はその者とおられ、その者はユダヤのエルサレムに上って行き、イスラエルの神の家を建てるがよい。この方はエルサレムにおられる神である。また（エルサレムに上る）同郷の男たちは、その場所に残される者たち全員に――その寄留先がどこであれ――、エルサレムの神の家の（再建の）ために、任意の供出物とともに、銀や金、家財、家畜などで支援させる。」

次はヨセフスです。

「キュロス王は宣言する。
大いなる神は予を人の住む世界の王に任命されたが、予はこの方こそイスラエルびとの民族が拝

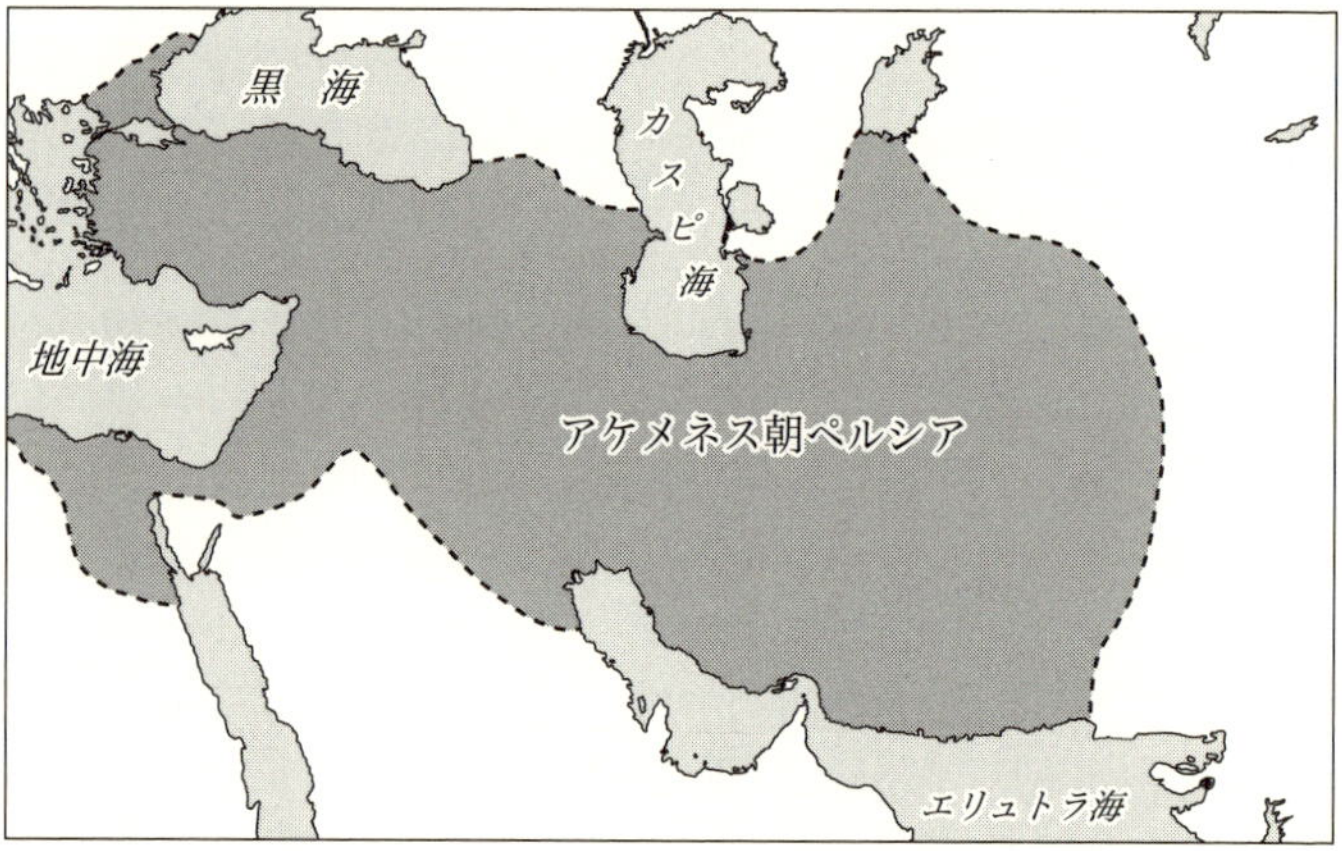

図2●盛時のアケメネス朝ペルシアの版図

する（神）であることを確信している。この方は預言者たちを介してあらかじめ予の名を挙げ、予がユダヤ（ユダ）の地方にあるエルサレムに神の神殿を建てると告げられたからである。」（一一・三―四）

ヨセフスが紹介する布告の内容をエスドラス第二書やエスドラス第一書のそれと比較してみますと、そこには大きな違いがありますが、ヨセフスがエスドラス第二書を主資料としている以上、彼がここで、その文書をちらちらと見ながら右の一文を創作したと想像しておくのが無難です。

エスドラス第二書（およびエスドラス第一書）の前置きによれば、この布告はペルシア帝国全土に告げられたそうですが（図2）、ヨセフスはそれを「全アシア（の諸民族）宛」の布告としております。全アシアはペルシア帝国を含む、それよりも広い包括的な地理概念です。ヨセフスは、彼の『古代誌』の読者に、ユダヤ民族は世界に散らばる民族であることを印象付けようとしております。

キュロス王はイザヤ書を読んだ？

ヨセフスは、ペルシア王キュロスの名がイザヤ書で挙げられていることを根拠に、王がイザヤ書（図3）を読んだとし、次のように申します。

図3●1947年にイスラエルのクムランで発見された死海文書のひとつ、イザヤ書の巻物

「キュロスは、ヘーサイアス（イザヤ）が二一〇年前に残した預言の書を読んでこれらのことを知ったが、この預言者は神が彼に秘かに告げたこと、すなわち、『わたしが多くの偉大な民族の王に任命するキュロスは、わが民を彼らの土地に帰らせ、わたしの神殿を建てさせる。これはわたしの意志である』と告げたことを（その書物で）語っていたのである。

ヘーサイアスは、これらのことを神殿が破壊される一四〇年前に預言した。

ヘーサイアスの預言を読んだキュロスは、神の力に驚嘆し、そこに書かれたことをぜひ自分の力で実現させたい思いにかられた。そこで王は、バビロンに存在するもっとも著名なユダヤ人たちを召集し、彼らに、祖国への帰還と、エルサレムの都や神の神殿の再建を許可すると伝えた。『それは』と王は言った。『神がおまえたちの同盟者だからである。予はおまえたちの土地の近隣にいる予の知事や総督たちに書簡を送り、神殿の再建に必要な金銀や犠牲のための家畜をおまえたちに供出させよう』と。」（一一・五―七）

イザヤ書の第一章の冒頭に付せられた文言から想像すれば、イザヤはユダの王ウジヤ、ヨタム、アハズ、ヒゼキヤの時代、すなわち前八世紀のユダ王国後期の時代に預言活動をした人物です。ヨセフスによれば、キュロスはそのイザヤが書き残した文書（イザヤ書）を読んで、神が捕囚のユダヤ民族を彼らの土地に帰還させ、神殿をも再建させる人物として自分の名前を挙げていることを知ったというのです。

確かに、キュロスが「諸王の王」を称した前五三八年から遡って二一〇年前の預言者イザヤが一四〇年後に起こる出来事を預言したのであれば、そのときの預言からキュロスがイザヤ書を手にしたときまでは「七〇年」となります。したがって、ヨセフスが『古代誌』第一一巻の冒頭で、エレミヤ書にもとづいて、「バビロン捕囚の憂き目にあったときから七〇年目」とするのは当然かもしれませんが、問題は彼がここで、イザヤが二一〇年前に預言書を書き残したとする年代上の根拠と、その預言が神殿の破壊前の一四〇年前になされたとする算出上の根拠を示していないことです。しかし、それとは別に、ここでわたしたちを襲う疑問は、前六世紀の異民族の王キュロスが前八世紀に書き残されたユダヤ民族の文書を読んだのかということです。想像だにできない事態だからです。

イザヤ書の第四四章から第四五章にかけて、「キュロスによる解放」が書かれております。そこでのキュロスは「わたしの牧者」だとか、「わたしの望みを成就させる者」「主が油を注がれた者」と持ち上げられており、第四六章ではバビロンの偶像が、つづく第四七章ではバビロンの陥落が語られております。そして第五一章ではシオンへの帰還が語られております。

その全体（第一章〜第六六章）がイザヤによって書かれたものとするヨセフスは、第四四章から第五一章までを読み、イザヤ書が、キュロスなる人物が神により、後のバビロン捕囚の時代の歴史の中で興され、バビロンからの帰還が実現されることを預言していると考え、キュロスがイザヤ書を読んだとしたようです。

イスラエルびとの指導者たち、エルサレムへ向けて出発する

エスドラス第二書二・七以下（およびエスドラス第一書一・五以下）は、ユダ部族とベニヤミン部族の家長や、祭司とレビびとたちのエルサレムへ向けての出発と、バビロンの王ネブカドネツァルがエルサレムから持ち出した祭具類などのキュロス王による返還について触れております。

ヨセフスもほぼ同じ事を書き記しておりますが、彼は「しかし多くの者は（かの地に）財産を残して行くことを欲せず、バビロンにとどまった」（一一・八）と述べます。ヨセフスは彼の時代のバビロンのユダヤ人コミュニティーの発展ぶりを聞き知っていたからこそ──『ユダヤ戦記』の最初の版が、エウフラテース川以東に住む同胞たちのために書かれたものであることを忘れてはなりません（『戦記』一・四以下参照）──、こういう物言いをしているのでしょうが、これは歴史的には正しい記述だとされます。人はたとえ戻る先が聖地であったとしても、そこで安全に暮らせるのかどうか、そこで子育てができるのかどうか、そこで商売ができるのかどうか、その損得勘定で行動いたします。聖地が荒れ野の中の土地であれば、そしてそこが異民族の者たちによって囲繞《いじょう》されておれば、聖地に戻る決断に慎重になります。「それじゃ、やめとくか、数か月かかる道中もしんどいだろうし……

途中で追い剥ぎに襲われれば元も子もないし……」となります。

エルサレムへ帰還する一族の者たちとその数

エスドラス第二書の第五章（およびエスドラス第一書の第二章）は、エルサレムへ帰還する一族の名前とその帰還者数を挙げます。そこでは、パルオシュの一族、パハト・モアブの一族、エラムの一族、ザトの一族……などなど、五〇以上の一族の名前が列挙されておりますが、どれもこれもここまで聞いたことのない一族の名前で、読む者は「はて、さて」と、戸惑うばかりです。

エスドラス第二書とエスドラス第一書が挙げる一族の名前とその帰還者数が一致する場合もありますが、一致しない場合もあります。帰還者数が二〇〇〇人を越えたり、三〇〇〇人を越えたりする一族もあります。もしここでの数が誇張でなければ、一族の長は帰還する者たちの合意や了解を取り付けねばなりませんから、それだけで何か月も要する大がかりな作業となります。キュロス王の好意に応えるのであれば、可及的速やかにエルサレムに向かう必要があるときにです。

エスドラス第二書五・四一（およびエスドラス第一書二・六四）によれば、そのときの帰還者数は「四万二三六〇人」ですが、これには男女の使用人七三三七人が含まれておらず、また、イスラエルびとはみな「一二歳以上」であったそうです。

砂漠の中の道なき道をこんな大軍が横断できるのでしょうか（図4）。

多くの子供たちや、女たち、年老いた者たちが、飢えや渇きで、また砂漠の熱砂で、バビロンを出立してすぐにでもばたばたと倒れはじめていったに違いないのですが、そのことはどこにも触れられておりません。不都合なことや芳しくないことは書き記さない、それは出エジプト記の記述と同じです。ヨセフスにいたっては、エルサレムに到着した一行が元気一杯だったと想像し、「まるで自分たちの都が再建され、往時の礼拝の慣習が復活したかのように神に（感謝の）祈りを捧げ、古来の慣習にしたがって通例の犠牲を捧げた」（一一・九）と、無責任なことを言ってのける始末です。わたくしごとで恐縮ですが、わたしはシリア砂漠の中を東西に走る軍事用の幹線道路を現代の生活の利器である車で何度か往復したことがありますが、そのときのわたしは、帰還者たちの大半が憔悴《しょうすい》しきって死の一歩手前でエルサレムに到着したと想像したものです。

シリアの総督宛のキュロス王の書簡

ヨセフスは、バビロンの王ネブカドネツァルがエルサレムの神殿から略奪してバビロンに持ち帰った神殿の祭具類をキュロス王が財務官のミトリダテースにエルサレムまで運ばせ、神殿が再建されるまでアバッサロス（セシバサル）に保管させ、それが完成したら祭司と民の指導者に引き渡して神殿

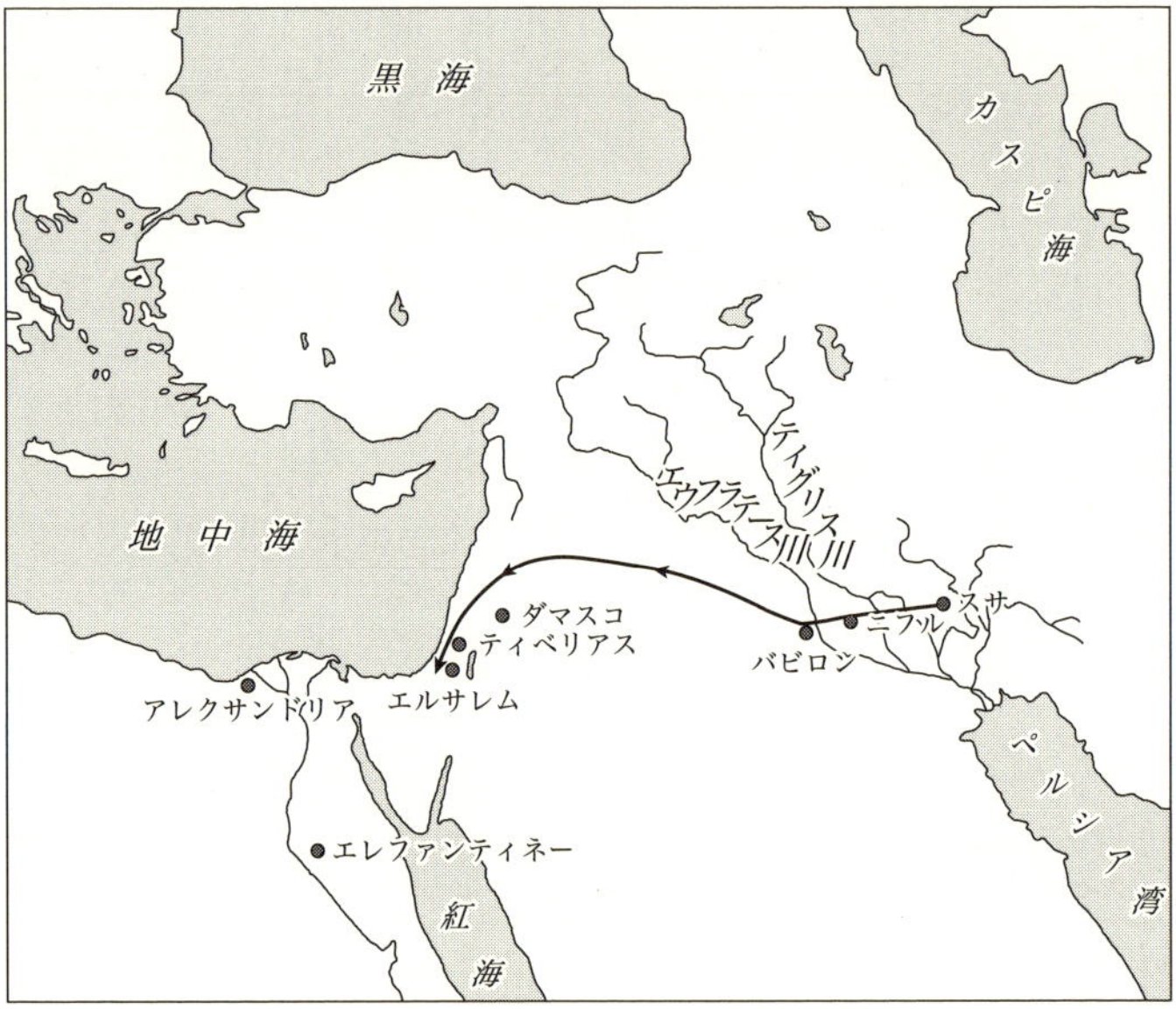

図4●エルサレムへの帰還ルート

内に保管させるよう命じた（一一・一〇）と想像してみせますが、その根拠は、キュロス王がシリアの総督宛に送ったとされる書簡です。

エスドラス第一書六・一以下によれば、ダレイオス王の時代に、メディア州の都エクバタナ（現在のハマダーン）（図5）にある（王室）記録保管所で、キュロス王の「覚え書き」を記した巻物が見つかったそうです。

この覚え書き（六・二一五）を紹介します。

「覚え書き。キュロス王の第一年、王キュロスは、エルサレムの神の家に関して指示を下された。（主の）家と人びとが犠牲の献げ物を捧げる場所を再建せよとのこと。彼らは高さ六〇ペークス、幅六〇ペークスの基礎を置いた。石の層は堅牢な石で三層、木梁《きはり》の層は一層。費用は王室から賄《まかな》われる。またナブーコドノソル（ネブカドネツァル）がエルサレムの（主の）家から持ち出してバビロンへ運び込んだ神の家の銀や金の祭具類であるが、それはエルサレムの聖所の中の、元置かれていた神の家の場所に戻される。……」

ヨセフスはこの覚え書きと、それにつづく祭具類の数の記事（エスドラス第二書二・一一一一三）と食料支援の記事（エスドラス第二書六・二八一二九）を巧みに繋《つな》いでキュロス王の書簡の内容の一部にしております。

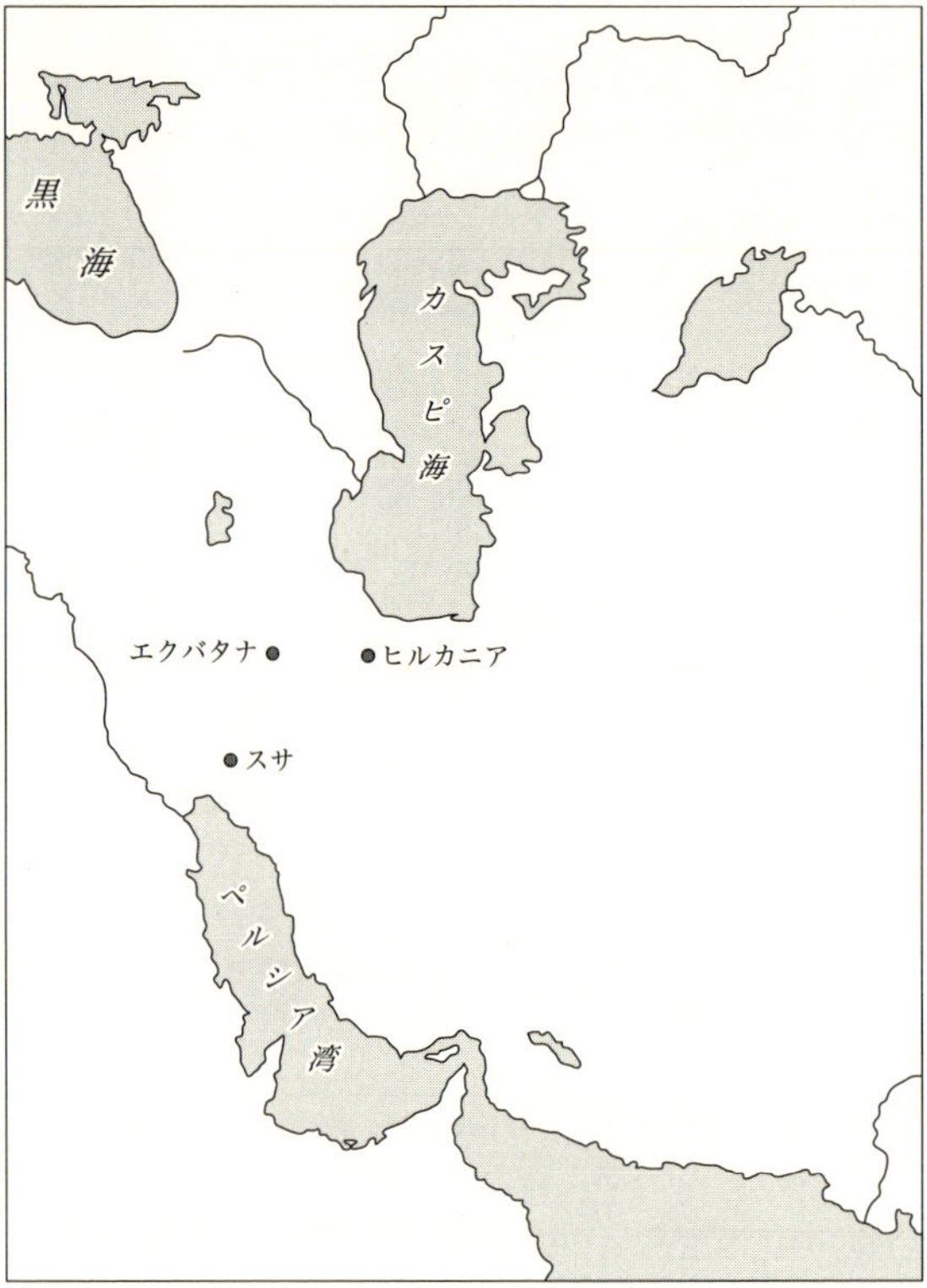

図5●エクバタナの位置

キュロス王のシリアの総督宛の書簡を引いたヨセフスは、捕囚の地からエルサレムに帰還する者の数に触れ、それを四万二四六二人（一一・一八）だったとします。先に引いたエスドラス第二書が挙げる数、四万二三六〇人とは少しばかり異なります。

サマリアびと、神殿の再建工事の取りやめを要求する

バビロンからの帰還者たちがエルサレムに到達してしばらくすると、神殿の再建工事が開始されます。

帰還の民の目の前は崩れ落ちた城壁の石の山です。石造りの建造物の難点は、それがどこまでも残ることです。再建工事の開始の前に、帰還した者たちを総動員した清掃作業が行われたはずですが、崩れ落ちて堆積している石の大半は再建工事で再利用されます。廃材をリサイクル使用しての再建だったはずです。これは前二世紀の中頃にエジプトの地にオニアス四世と一緒にエルサレムから逃れたユダヤ人たちがレオントーンポリスにエルサレムの神殿を模した神殿を建設したとき、廃墟と化して久しいエジプトの神殿の石材をリサイクル使用したのと同じです。

エスドラス第二書五・六三以下によれば、神殿の再建工事がはじまって間もなくすると、近隣に住む異民族の者たちがやって来て、工事を妨害します。工事が簡単に妨害されたぐらいですから、帰還

したユダヤ人たちの数は非常に少なかったと想像しなければなりません。

エスドラス第二書五・六六は、工事を妨害した近隣の異民族の者たちに「アッシリアの王アスバサレトがわたしたちをこの地に移住させて以来……」と述べることにより、彼らがサマリアびとであることを示唆しますが、サマリアびと嫌いのヨセフス（『南北分裂王国の誕生』の中の「サマリアに入植したクタびとについて」を参照）は彼らを名指しして、「さて、人びとが神殿の基礎をつくり、その建設に精を出していたとき、周辺の諸民族、中でもクータイオイ（クタびと）――彼らはアッシリアびとの王サルマナッセース（シャルマナセル）がイスラエルの民を捕囚したときに、ペルシアやメディアからサマリアに居住させられた者たちである――が、総督や指導者たちに、ユダヤ人に都の再建と神殿の建設をやめさせるように要求した」（一一・一九）とします。サマリアの土地に入植させられたクタびとにたいするヨセフスの罵声《ばせい》や怒声《どせい》はとどまることを知らず、『古代誌』九・二八八、二九〇、一〇・一八四でもそれを聞くことができます。

神殿の再建工事の中断

エスドラス第二書五・七〇によれば、エルサレムの近隣に住む民の妨害により、工事はダレイオス（在位、前五二二―四八六）の治世まで二年間中断されたそうです。随分と長い期間、工事がストップしたものですが、これは両者の力関係が、「無勢」（帰還したユダヤ人）対「多勢」（サマリアびと）のそれであったことを示唆し、この工事のストップもまたエルサレムへ帰還したユダヤ人たちの数が少なかったことを物語るものとなります。

キュロス王は、この工事の中断期間中、拱手傍観《きょうしゅぼうかん》していたのでしょうか。財務官のミトリダテース（ミテレダテ）らから困難な状況についての報告は入らなかったのでしょうか？　これはだれもが思う疑問ですが、それについてはエスドラス第二書もエスドラス第一書も何も答えてはくれません。それに答えてくれるのはヨセフスだけで、彼が「……しかしキュロスは（このとき他民族との）戦争に忙殺されていたため、こうした事態を知らず、マッサゲダイのもとに遠征した後すぐに亡くなった」（一一・二〇）と述べてくれるからです。

ここで言及されているマッサゲダイ族は中央アジアに住む遊牧民族の国家で、ヘーロドトス『歴史』一・二一一―二一四は、キュロスがこの民族の女王トミュリスに戦争を仕かけ、女王の息子の首を取ったが、その後の激戦では逆に首を取られた話（図6）を伝えておりますが、ここでのヨセフスはキュロス王が「マッサゲタイのもとに遠征した後すぐに亡くなった」としております。しかし、いくつかの写本は、ここでの「すぐに」（エウテュス）を「そこで／その地で」（エケイ）と読んでおりますので、もしそちらの読みが正しければ、ヨセフスはヘーロドトスの『歴史』を読んで、キュロス王の死についての情報を得たと想像されます。キュロス王が他民族との戦争に忙殺されていたため、

図6●トミュリス女王とキュロスの生首

エルサレムに帰還させたユダヤ人の面倒を見ることができなかったとするのも、それなりに説得力のあるものとなります。なお、ヨセフスがキュロス王の死に関して、彼が女王トミュリスに首を取られたとするのではなく、「遠征した後すぐに（その地で）亡くなった」とするのは、ユダヤ民族にとっての恩人、「主が油を注がれた人」（イザヤ書四五・一）の最期としては「首を取られた」ではお粗末すぎると判断したからでしょう（図7）。

サマリアびと、カンビュセス王に書簡を送り直訴する

エスドラス第一書四・六以下によれば、アスエーロス（クセルクセス）（在位、前四八六―四六五）の治世のはじめに、ユダ（ユダヤ）やエルサレムの住民にたいする訴状が王に書き送られ――誰が書き送ったかは書き記されておりません――、さらに同書およびエスドラス第二書二・一五以下によれば、次のアルタクセルクセス王（在位、前四六五―四二四）の時代にも行政官たちが王に書簡を送り、彼ら帰還者が都を再建すれば、貢ぎなどを納めなくなると訴えます。訴状を読んだ王は、エルサレムの都の再建を中断させる返書をしたためます。その再建工事は、王が返書をしたためたときから「ペルシア王ダレイオスの治世第二年まで中断されることになった」そうです。

わたしたちはここでヨセフスが、ここから先でペルシア王の王位の継承順位を、キュロス（キュロ

図 7●キュロス王の墓

ス二世、在位、前五五〇―五二九）↓カンビュセス（＝カンビュセス二世、在位、前五二九―五二二）↓ダレイオス（後出一一・三〇、ダレイオス一世、在位、前五二二―四八六）↓クセルクセース（後出一一・一八四、クセルクセース一世、在位、前四八六―四六五）↓アルタクセルクセース（後出一一・一八四、アルタクセルクセース一世、在位、前四六五―四二四）に改めていることを承知しておく必要があります。彼はヘーロドトスの『歴史』に依拠してこのような訂正を行っているのです。

さてヨセフスは、資料に見られるクセルクセスをカムビュセスに改めた上で、「キュロスの息子のカンビュセース（カンビュセス）が即位すると、シリアや、フェニキア、アムマニティス（アンモン）、モーアビティス（モアブ）、サマリアなどの住民が、王に次のような書簡を送った」（一一・二一）と述べて、その書簡の内容を紹介します。

ヨセフスはついで、再建工事が「ペルシア人の王ダレイオスの第二年までさらに九年間中断された」と述べ、「カンビュセース（カンビュセス）は六年の在位の後、（エジプトから）帰国して、ダマスコで亡くなった」（一一・三〇）とします。

ヘーロドトス『歴史』三・六四によれば、カンビュセスはシリアのエクバタナで亡くなりますが、ヨセフスはエクバタナをダマスコに改めます。エクバタナは『古代誌』の読者には馴染みのない土地なので、ダマスコに改めたものだと思われます。

ペルシアの新王ダレイオスとユダヤ人の指導者ゼルバベル

ヨセフスは次に、カンビュセス死後の王位継承と祭具類の返還について述べます。資料はヘーロドトス『歴史』三・七一です。

「カンビュセース（カンビュセス）の死後一年間ペルシア人を支配したマゴイ（賢者たち）が殺されると、ペルシア人の『七つの家』と言われる（者たち）が、ヒュスタスペース（ヒュスタスペス）の子ダレイオスを王に任命した。王はまだ一私人であったとき、自分が（将来）王になれば、バビロンに残されている祭具類をすべてエルサレムの神殿に送り返すと神に誓約していた。」（一一・三二）

ついでヨセフスは、「さて、そのころ」と切り出して、ユダヤ人の指導者ゼルバベルのダレイオス王訪問についての彼の創作話を語ります。

「さて、そのころ、ユダヤ人の捕虜の指導者であったゾロバベーロス（ゼルバベル）がエルサレムからダレイオスのところにやって来た。彼と王の間には、古くからの友情があったのである。そのため彼は他の二人（の同志）とともに王の護衛にふさわしい人物と認められ、彼（自身）が望んで

やまなかったその名誉を享受していた。」（一一・三二）

ヨセフスはなぜこのような話を創作したのでしょうか。

彼はエスドラス第一書四・二以下が神殿再建工事の指揮官のひとりとするゼルバベルをエスドラス第二書三・一以下で語られている「三人の警護の若者たちの知恵くらべ」に登場するゼルバベルと同定できると判断したからです。彼はそう判断することで、二つの資料の調和を試みたとされますが、わたしたちは、先に進んでから述べるように、そこに彼の推理力と創作力を見たいと思います。

ゼルバベルがエルサレムからダレイオスのもとへやって来たとするのであれば、その間、エルサレムでは神殿再建工事の指揮官不在に陥りますが、ヨセフスは物語の展開をそこでの神殿再建工事を未だはじまってはいない状態に戻します。わたしたちはすでにエルサレムで神殿再建工事が着手され、近隣に住む異民族の者たちの妨害に遭っていることを見ましたから、「あれれれ……」の状態に陥ります。

ここでエスドラス第二書の第三章と第四章に「ダレイオスが主催した宴席と三人の警護の若者たちの知恵くらべ」の物語が、非常に唐突な仕方で入り込み、そこまでの物語の流れを一時的に中断させます。ヨセフスもその再話の中にこの物語全体を組み込んでしまいます。わたしたちは「あれれれ……」の状態の中で、この物語に付き合わねばなりません。物語自体はそれなりに完成度の高いものですが、それでもヨセフスの手がここそこで入っております。

三人の若者たちの知恵くらべ

物語の主人公となるは三人の若者ですが、ヨセフスの再話では、主人公は「警護の若者たち」ではなく、たんに「警護の男たち」です。

エスドラス第二書三・一以下によれば、あるとき「王ダレイオスは、盛大な宴を張り、配下の者たち全員や、王族全員、メディアとペルシアの高官全員、インドからエチオピアに至るまでの一二七州の、配下の地方総督たちや指揮官たち、それに知事たち全員」を招いて盛大な宴を張ります。王は宴会後、自分の寝室にひきこもり、就寝します。

王が寝入っている間のことです。

王の身辺警護にあたっている三人の若者が互いに、「この世で一番強いものは何か」を言い当てようとします。彼らは自分の考えるこの世での最強のものを紙に書き、その書きつけを王の枕の下に置きますが、そのさい彼らは「お目覚めになったら、その書きつけは王に渡され、王とペルシアの三人の高官が、だれの答えが最も賢いかを判定し、その者に褒美《ほうび》を下さるであろう」と虫のいいことを言います。

物語によれば、三人の若者のうち、ひとりはこの世で一番強いものは「酒」と書き、ひとりは「王」と書き、ひとりは「女たち、しかし真理はすべてに勝る」と書きます。王が眠りから覚めると、書きつけが渡され、そのためペルシアとメディアの高官らのもとへ使いが送られ、彼らが召喚されます。彼らがやって来ると、若者たちは審問の席に呼び出され、それぞれ書きつけに書いたことを説明します。そしてもっとも優れた答えをなしたのがゼルバベルと呼ばれる若者であったとされます。さて、その褒美は？

エスドラス第二書が語る物語には随所に不自然な箇所がありますが、ヨセフスはそれらを改めながら、物語を再話いたします。

エスドラス第二書は物語を「王ダレイオスは盛大な宴を張り……」ではじめましたが、この宴がいつ張られたのかを記しておりません。ヨセフスはその宴を「ダレイオスの治世の第一年目」（一一・三三）の出来事だったとし、物語に史実性を与えます。抽象的な漠とした記述に具体性を与えるのは、すでに繰り返して見てきたヨセフスの再話手法のひとつですが、彼はそれをここでも行っているのです。

エスドラス第二書によれば、王の宴席に招かれた者たちの一部は「インドからエチオピアに至るまでの一二七州の、配下の地方総督たち……」だったそうです。ここでの「インドからエチオピアに至るまで」は、「インドからスペインに至るまで」と同様、ヘレニズム・ローマ時代に生まれた「人の住む世界」（オイクメーネー）を指し示す地理的概念ですが――それゆえ、この概念を使用するエスドラス第二書の著作年代はヘレニズム時代か、それ以降のものとなるのですが――、ヨセフスはその地理的概念の中に「一二七州」を押し込む不自然さに気づいたためでしょう、「インドからエチオピアに至る（国々）」とします。

宴席に招かれた客人たちは、宴が終ると、それぞれ自分たちの土地へ戻って行きますが、ヨセフスは、彼らが王の提供する「宿舎で休むことになった」（一一・三四）とします。彼らはみなそのときへべれけの状態ですから、ヨセフスが、彼らは「宿舎で休むことになった」とするのは適切ですが、その適切さはさらに先に行ってからも了解されるものとなります。

エスドラス第二書に登場する三人の警護の若者は、王からの褒美を期待して「世界で最強のものは何か」の問題をつくり、その答えをしたためた書きつけを王の寝室に忍び込み、王の枕元に置きましたが、ここでの記述には二つの不自然さが認められます。ひとつは王の警護の任にあたる者に期待されるのは、相手を打ち負かす理性や議論の力ではなく、不審な侵入者を組み伏せる腕力と体力ですから、彼らが「この世で最強なものは何か」といった議論を組み立てたりすることはあり得ないこととなります。もうひとつの不自然さは、彼ら（のひとり？）が、王の寝室に忍び込んで、こともあろうに王の枕元にまで接近して書きつけを置いてきたことです。これでは、彼ら自らが王の寝室に侵入する不審者になってしまいます。

ヨセフスはこの状況設定を改め、ダレイオス王が「寝室に退いてしばらく休んでいたが、夢を見て目を覚ました。王はそのためなかなか寝つかれず、三人の警護の者と親しく口をかわした」（一一・三四）とします。

ヨセフスは次に王に、自分の出す問題に、「もっとも正しく、かつもっとも賢明な回答をした者には褒美を出す」と言わせます。エスドラス第二書三・六－七では、三人の若者が王に期待する褒美は、「紫の衣を身にまとい、金の杯で酒を飲み、黄金の床で眠り、金の手綱《たづな》をつけた戦車に乗り、上質の亜麻布でつくられたかぶり物と首飾りをつけ、またその知恵のゆえに、ダレイオスの隣りに座ることを許され、ダレイオスの親族と呼ばれる」ことでした。ヨセフスはほぼ忠実に褒美の内容を繰り返しますが、「金の手綱をつけた戦車」を「金の馬勒《ばろく》のついた馬」に改めます。それは彼がヘーロドトス『歴史』七・四〇の「神馬」を意識したからだとされます。

エスドラス第二書三・一四によると、王は目覚めると三人の若者の書きつけを読み、そのあと、「使いの者たちを遣わして、ペルシアとメディアの高官たち、地方総督たち、知事たち、それに執政官たち全員を呼び集めた」というのですが、これは読みようによっては非常に不自然な記述となります。「使いの者たちを遣わして……呼び集めた」とありますが、どこに使いの者たちを遣わしたのでしょうか。高官たちはすでに宴が終わってそれぞれの任地に戻っていたのでしょうか。そうであれば、彼らを召集するには非常に時間のかかったものとなります。しかし、ヨセフスは、彼ら客人たちは王が提供した「宿舎」で休んでいたことにしておりますから、王にとっては翌日彼らに召集をかけることは容易なことになります。

エスドラス第二書によると、召集された者たちの前で書きつけが読み上げられた後、王は三人の若者を呼び入れ、彼ら一人ひとりに彼らが紙に書きつけた内容を説明させます。

ここでエスドラス第二書に見られる三人の警護の若者の答えの内容とヨセフスの書き記す三人の警護の者の回答を比較してみると面白いのですが、ここではこの世での最強のものは女、しかし真理はそれに勝るとした第三の若者（＝第三の男）ゼルバベルの答えだけを取り上げます。

最初はエスドラス第二書四・一四以下に見られる、ゼルバベルの答えです。

「みなさん、王は確かに偉大で、人間たちも数は多く、酒の力も強いです。ところでこれらのものに君臨している者はだれなのでしょうか、これらのものを支配している者はだれなのでしょうか。女たちではないでしょうか。女たちこそが王とすべての民を生んだのです。王は海と大地を支配しております。しかし彼らは女たちから生まれたのです。葡萄の木を植える者たちも女たちが育て上げ、そのおかげで葡萄酒が取れるのです。女はまた男たちがまとう外衣をつくり、男たちのために栄光をつくりだします。男たちは女たちなしでは存在できません。男たちはたとえ金や銀、その他ありとあらゆる美しいものを集めてみても、容姿端麗《ようしたんれい》な女をひとり目にしただけで、それらすべてのものを彼女のために打ち捨ててのぼせ上がり、口をぽかんとあけて見入る始末です。男たる者はみな、金や銀、その他の美しいものよりも女を選びます。男は自分を育て上げてくれた父親と、自分の生まれ故郷を捨て、自分の女と一体になります。男は女にうつつを抜かし、父や母、それに故郷を忘れてしまいます。

　みなさんは、以上のことから、女たちがみなさんを支配していることを承知しなければなりません。みなさんは汗水たらして働いておられますが、結局はすべてのものを女のもとへ携えて与えてしまうのではありませんか。男は自分の剣を取ると、外に打って出て行き、強盗や盗みを働きますが、そのためには海や川を渡ります。男はライオンを凝視《ぎょうし》することもあれば、暗闇の中を歩くこともあります。男はかすめたり、略奪したり、盗みを働いても、（それを）愛する女のもとへ携えて行きます。男は父や母よりも自分の女を愛します。多くの男は、女たちが原因で、判断力を失い、また彼女たちが原因で奴隷となります。多くの男は、女たちが原因で身を滅ぼし、躓き、罪を犯しました。

　さてみなさんはこれでもわたし（の言葉）を信じようとはなさらないのでしょうか。確かに、権威を付与された王は偉大です。民はみな王に触れることを恐れているではありませんか。

　わたしは王とバルタコス（バルタク）閣下の娘で王の側室でもあるアパメー（アパメ）を見たことがあります。彼女は王の右側に座し、王の頭上から王冠を取って自分自身（の頭）に置くと、王を左手で打ちました。この仕打ちにたいしても、王は口を開けて、彼女を見詰めているだけでした。彼女が笑いかければ、王も笑い、彼女が王にたいしてぷりぷりすれば、機嫌を直してもらおうと彼女にお追従を口にする始末です。

みなさん、女たちこそ力ある者ではありませんか。このように彼女たちは振る舞うことができるからです。

みなさん、確かに王は偉大であり、人間も数多く、酒の力も強いでしょう。しかし、このように振る舞うことができる女こそ、最も力ある者ではありませんか。」

ここまで語ると、王と高官たちは互に顔を見合わせたそうです。

エスドラス第二書四・三四以下は次に、真理こそ偉大であるとするゼルバベルの言葉を取りつぎます。

「みなさん、確かに女たちは力ある者ではありませんか。しかし、大地は広大で、天は高く、太陽は天の軌道をすみやかに駆け巡って、一日で元の場所に戻ってまいります。これらのものをつくられるお方こそ偉大ではありませんか。すなわち、真理こそ偉大で、すべてのものにまさって力あるものです。全地は真理に呼びかけ、天は彼女を賛美し、つくられしものはすべて震えおののきます。真理とともにおれば、偽りはまったくありません。酒は偽りであり、王も偽り、女たちも偽り、人の子らもすべて偽り、彼らのなすことすること一切が偽り、これらのことすべて（が偽りです）。これらのものの中に真理はなく、それらは偽りの中で滅んでいきます。しかし真理は不滅であり、未来永劫《みらいえいごう》に力強く、無限の未来永劫に向けて生きつづけ支配しつづけます。真理は（人を）偏り見ず、差別もせず、偽りを行う者たちや悪しきことを行うすべての者たちとは異なり、正義を行います。そして人はみな真理の業を喜びます。真理の裁きには偽りはまったくありません。未来永劫にわたる力と玉座、権威と栄光は真理のものなのです。真理の神が誉め称えられますように。」

エスドラス第二書四・四一によると、ゼルバベルがこう言うと、審問の席に座っていた全員が声を揃えて、「真理こそ偉大であり、すべてにまさって力がある」と言ったというのです。つまり彼らが、神こそがこの世の最強の存在であることを認めた、というのです。

では次に、ヨセフスの再話です。エスドラス第二書と大きく異なる箇所には傍線を引いておきます。

「彼（＝王の力について語った者）が語り終えると、三人目のゾロバベーロス（ゼルバベル）が女と真理について、次のように論じはじめた。

『すべての者がしたがう酒と王はきわめて強力なものですが、その二つにまさるものは女です。女こそが王を光のもとへ導き、女こそが酒をつくりだす葡萄の樹を植える者を産んで育てるのです。すべては女があってはじめて存在するのです。わたしたちの着物を織るのは女ですし、家事をし、家を守るのも女です。

わたしたちが女の軛から逃れることは不可能です。大量の金銀や他の高価な物を手にしても、容姿端麗な女を見れば、（たちまち）そんなものはすべて投げ出し、口をあけてしげしげと彼女を眺めるばかりです。そして、（やがては）その美貌をわがものにして楽しもうと、持っているものをすべて喜んで投げ出してしまうからです。わたしたちは女のためとあれば、父母や（わたしたちを）育んでくれた土地すらも捨て、またしばしば親友さえも念頭になくなります。わたしたちは女のために命を賭す勇気をもっています（別訳は「わたしたちは気が強くなって女にうつつを抜かしてしまいます」）。みなさんがたは、女の力を次の事実からまざまざとお分かりになるのではないでしょうか。わたしたちは大地や大海で千辛万辛をなめ、その難儀や苦労からわずかばかりのものを手に入れますが、それを主人たる女に差し出さないでしょうか。

あるときわたしは、かくも多くの（人間の）主人である王が、ラベザコス・テマシオスの娘で、王の側室でもあったアパメーに平手打ちをくらわされたのをこの目で見ました。女は王冠を取り上げ、それを自分の頭に置きました。王は女が笑えば自分も笑い、女が怒れば青くなり、女の感情のままにもてあそばれ、へつらっておりました。そして王は、女の虫のいどころが悪いのを見れば、卑屈《ひくつ》な振る舞いに出てその機嫌を直そうと、汲々としておりました。』」（一一・四九―五四）

エスドラス第二書によれば、ここで顔を見合わせた者たちは「王と高官たち」ですが、ヨセフスはそれを「総督や指導者たち」に改めます。

ヨセフスはついで、ゼルバベルに「真理について」を語らせます。

「さて、わたしは女がいかに強いものであるかを論証しました。しかし、女や王といえども、真理の前には兜《かぶと》を脱がねばなりません。それは大地が（いかに）広大無辺で、天が（いかに）高く、太陽の運行が（いかに）速くとも、これらはすべて神の意志にしたがって動くからです。神は真実で義なるお方です。まさにこのために真理が最強のものであり、真理にたいしてはいかなる不義や不正も打ち勝つことができないのです。それを信じなければなりません。

さらに付け加えれば、力を有するものはすべて短命で滅びますが、真理だけは本来不死であり永遠です。真理は、時とともに色あせる美や、不運にあえば失ってしまう富をわたしたちに与えるものではありません。しかしそれは、（神の前に）よしとされるものや律法にかなったものを与え、不義や不正を峻別し、それを辱めるのです。」（一一・五五―五六）

ゼルバベルが口にした女についての議論とくらべると、真理についての議論には、ヨセフス自身の神学的理解が濃厚に入り込んでおります。

三人の警護の若者の中で「もっとも賢い」と審問席についた全員が判断したのはゼルバベルです。

彼と他の二人の若者は、王からの褒美を期待して、その具体的な内容にまで立ち入っておりますが、エスドラス第二書四・四二によれば、王はここでゼルバベルに向かって次のように言います。

「おまえが書きつけに記さなかった、おまえが欲するものを願い出るがよい。おまえに（それを）くれてやろう。おまえがだれよりも賢いのは明らかである。おまえは予の隣りに座し、予の親族と呼ばれるであろう。」

ゼルバベルがダレイオス王にもとめたものは？

エスドラス第二書四・四三－四六によれば、ゼルバベルは王に向かって、次のような要求を口にします。

「どうか王位につかれた日になされたエルサレム再建の誓いを思い起こされ、キュロスがバビロンを打ち倒すと誓ったときに持ち去り保管されているエルサレムからの祭具類をすべてご返却下さい。キュロスは（それらを）そちらに送り返すと誓われました。ユダヤ（ユダ）がカルデアびとたちによって荒らされたとき、イドゥマイアびとたちが聖所に火をかけましたが、陛下はその聖所を再建するとお誓いになったのです。主君にして王であられる陛下、これこそがわたしが今陛下にお願いしたいもの、陛下に切にお願いしたいものです。陛下の寛大なお取り計らいをお願いいたします。どうか、天の王に実行すると陛下の口から誓われたその誓いを、実行されるようお願いいたします。」

ここには見逃してはならない記述があります。それは若者ゼルバベルが王にたいして「エルサレムの再建の誓い」を思い起こさせていることです。このことから分かることは、ここに登場するゼルバベルがペルシアの宮廷で奉仕するユダヤ人にされていることです。彼は立派な「宮廷ユダヤ人」の一人にされているのです。

前書で登場したダニエルも「宮廷ユダヤ人」でした。第2章で取り上げるエステルも、その叔父のモルデカイも「宮廷ユダヤ人」です。第4章のトーラーのギリシア語訳の物語に登場するアリステアスも「宮廷ユダヤ人」です。本書の著者ヨセフスもローマのフラウィウス一族の「宮廷ユダヤ人」です。「宮廷ユダヤ人」のオンパレードです。

ヨセフスがこの物語のフィクション性を見抜いていたとは思われませんが、この記事に見られる不自然さを彼なりに見抜いております。それは王の警護にあたる若者がユダヤ人の政治的要求を代弁しているからです。そのため彼は、すでに指摘したように、このゼルバベルをエルサレムからダレイオス王のもとを訪ねたユダヤ人の捕虜の指導者であると推理し、そう同定したのです。したがって、ヨセフスのゼルバベルはもはや若造ではありません。それなりの叡智《えいち》を身につけている者であり、ときに大胆である資質が要求され、またそれだけに政治的な要求をダレイオス王に突きつけてもおかしくはなくなります。ヨセフスはここで、そうするには無理があるとはいえ、相当の推理力を働かせているのです。

すでに見てきたように、エルサレム神殿への祭具類の返還の王の誓約は『古代誌』一一・三一に見られるものです。そこには「王はまだ一私人であったとき、自分が（将来）王になれば、バビロンに残っていた祭具類をすべてエルサレムの神殿に送り返すと神に誓約していた」とあります。エスドラス第二書四・四四によれば、祭具類をエルサレムに返還すると誓ったのは新バビロン帝国を倒したキュロスですが、ヨセフスはここでキュロスをダレイオスに改めております。

ここで話は振り出しに戻ります。そこに立っているのは、キュロスではなく、ダレイオスとなります。

ダレイオス王、ユダヤ人帰還のために数かずの好意を示す

エスドラス第二書四・四七以下は、ダレイオスがバビロンからのユダヤ人帰還のために示した数かずの好意を書き記します。

ヨセフスもエスドラス第二書の物語の展開を追いますが、その細部は随分と異なります。たとえば、エスドラス第二書は、エルサレム再建のためにそこに上る者たちの道中の安全のために、ダレイオスは「すべての財務官、地方総督（トパルコス）、指揮官、総督たちに宛てた親書を書いた」としますが、ヨセフスはそこでの親書の名宛人を「地方総督と総督たち」だけにします。エスドラス第二書によれば、ダレイオスはコイレー・シリアとフェニキアに駐在する地方総督にも親書を送り、レバノン山から杉を切り出して、それをエルサレムに送るように指示しますが、ヨセフスは王がその親書の中で、「捕囚の者たちの中でエルサレムに帰還する者は自由人にする」（一一・六〇）と書いたとします。

エスドラス第二書によれば、王はその親書の中で、イドゥマイアびとに彼らが所有するユダヤ人たちの村をユダヤ人たちに返還するよう命じたそうですが、ヨセフスは返還を命じられた者たちの中に、サマリアびととコイレー・シリアの住民を入れます。コイレー・シリアの住民はともかく、ここでのサマリアびとの挿入は、サマリアびと嫌いのヨセフスならではのものです。先行するキュロスの書簡に見られるユダヤ人に与えられる食糧支援を、エスドラス第二書はそうは書いていないのに、彼が「サマリアからの貢ぎで賄うように命じた」（一一・一六）としているのと同じです。前書ですでに指摘しましたが、ヨセフスのサマリアびと嫌いは相当年期の入ったものなのです。

エスドラス第二書によれば、ユダヤ人は神殿再建工事の完了まで毎年二〇タラントン支給されるばかりか、焼き尽くす献げ物を祭壇に日々供えるために、毎年一〇タラントン支給されるとありますが――ただし、だれが支給するのかは明白ではありません――、ヨセフスはこれには触れず、王が上記三つの民族に「さらに五〇タラントン寄付するよう要求した」（一一・六一）とします。エスドラス第二書によれば、レビびとに配慮した王が、その同じ親書の中で、神殿が完成し、エルサレムが再建されるその日まで彼らに生活費（コレーギア）を与えるとしたそうですが、ヨセフスは王が「神を讃美するための楽器の支給」を命じたとします。彼はここで、レビびとたちが王から与えられる「生活費」を切り詰めて神殿奉仕で使用する楽器でも買ったとでも想像したのでしょうか。エスドラス第二書によれば、都を警護する者には土地と給金が与えられることになったとされますが、ヨセフスはその給金が「毎年定額の銀」の支給で賄われるとします、いや想像いたします。

そしてヨセフスはダレイオス王の好意を列挙した一文を、エスドラス第二書にならって「このダレイオスは、先王キュロスがユダヤ人の（神殿の）復興のために企図したすべてのことを実行したのである」（一一・六三）で結ぶのです。

ゼルバベル、バビロンの同胞にダレイオス王の好意を伝える

王の前から退出したゼルバベルは、都スサからバビロンへ向かい、同胞たちに王の好意を伝えます。もちろん、彼らは大喜びです。

エスドラス第二書四・六三は「そこで彼らは、歌や踊りをもって七日間盛大に祝った」とします。ヨセフスはこの一文から想像を膨らませ、「人びとはそれを聞くと、神が自分たちに先祖伝来の土地を返して下さったことに感謝し、飲めや歌えの（どんちゃん）騒ぎに興じ、（それからの）七日間、祖国の回復（アナクテーシス）と再生（パリンゲシア）を祝って宴を張り、祭を執り行った」（一一・六六）とします。ヨセフスの一文の方が、同胞たちが喜びを爆発させている雰囲気が伝わります。爆竹などを鳴らしたりして。あ、これは中国か。

さて、エルサレムへ向けての出発です。

エスドラス第二書は、それがいつであったかを記してはおりませんが、ダレイオス王が護衛として一〇〇〇人の騎兵を一行に同行させ、「人びとは太鼓や笛などの楽器を携えて行った」とします。ヨセフスは人びとが、「ハープを弾じ、リュートを吹き鳴らし、キュンバルを打ちつつ、歓喜と喜びの中を進んで行った」（一一・六七）とします。

帰還のユダヤ人の数

エスドラス第二書五・四一（およびエスドラス第一書二・六四）によれば、帰還した一二歳以上の者の数は四万二三六〇人ですが（前出二二頁参照）、ヨセフスでは「四万八四六二人」（一一・六九）です。

エスドラス第二書およびエスドラス第一書は、この他にも帰還したレビびとの数などを挙げておりますが、ここで二つの資料の間に見られる数の上の一致や不一致、ヨセフスとの一致や不一致の問題には入って行きませんが、ヨセフスが数を適当につくりあげる者であることには注意が必要です。彼は「一二歳以上の者」の範疇《はんちゅう》に入らない女や幼子の合わせた数を「四万七四二」（一一・六八）としております。すでに何度も見てきたように、ヨセフスは数の創作では端数《はすう》を含まない数を無造作に挙げたりしますが、ここでは「一二歳以上の者の数」に端数が含まれている以上、それを含まない「四万」とか「五万」とするのではいかにも不自然です。もっともらしい数にするには端数を含めねばなりません。彼の芸はなかなか細かいのです。

ヨセフスによれば、祭司の中には、「自らがその素性を明らかにできない女と結婚したり、レビびとや祭司の系図にその名が見えないために（祭司の）地位から追われた者がいた」（一一・七一）そうですが、彼がそこで挙げる「そのうちの約五二五人の者が帰還した」と述べるときのそこでの数も彼の創作です。ここでも数の上の「もっともらしさ」を見せるためには、資料で挙げられている数がすべて端数のあるものだけに、それに合わせて端数のある数としております。なおまたヨセフスは、エスドラス第二書五・五にもとづいて、帰還した者たちの中にダビデ一族の子孫のひとりと大祭司の子が含まれていたことを言い忘れることがありません。「役者は揃って帰還した」「役者が揃って帰還した以上、エルサレムで祭を執り行っても、神殿再建工事を開始してもおかしくはない」ことを暗に言いたいらしいのです。

仮庵の祭と神殿の再建工事の開始

エスドラス第二書五・四六以下（およびエスドラス第一書三・一以下）によると、バビロンから帰還した者たちは全員、「第七の月」に第一の門の前の広場に集まります。そのとき、大祭司とゼルバベルはイスラエルの神のための祭壇を用意し、「神の人」モーセの書（巻物）にしたがって、焼き尽くす献げ物をその上に供えますが、近隣の町々に住む異民族の者たちがやって来ては難癖をつけ、いろいろと妨害をしたそうです。

彼ら帰還者たちはこの後、律法の規定にしたがって仮庵の祭を執り行い、神殿の再建工事を開始いたします。ここで言及される仮庵の祭（スコットの祭）は、古代のユダヤ暦の新年に入って最初の満月の日に執り行われるもので、それについての記述は、レビ記第二三章、民数記第二九章、そして申命記第一六章に見られるものです。

ヨセフスは「バビロンを出発して第七の月に、……」と切り出して、エスドラス第二書の物語に沿って再話を進め、今や神殿建設の作業が「ダレイオスの命令一下、実行されたのである」（一一・七八）とします。

ここでの彼の記述には二つばかり注意をしておきたい箇所があります。

ひとつは、彼が「バビロンを出発して第七の月に……」と言うとき、彼が「出発／出国」を意味するギリシア語エクソドスを選んでいることです。これはもともとギリシア語訳聖書では「出エジプト」を指して用いられるものですが、ヨセフスによるこの言葉の選択は、彼がバビロンからの「出発」を「第二の出エジプト」と見なしていたことを示すものです。このギリシア語の選択はまた、ダレイオスの宣言「捕囚の者たちの中でエルサレムに帰還する者は自由人にする」を背景にして考えることもできます。出エジプトは、ファラオの圧政下に置かれたイスラエルの子らを「自由人」にすることにありました、少なくとも物語の上では。注意すべき二つ目の事柄は、エスドラス第二書五・四八およびエスドラス第一書三・二のどちらもが、ゼルバベルらがエルサレムで祭壇を築いたのは、「神の人モーセの書にしたがって、焼き尽くす献げ物を供えるためだった」とする記事の中の「神の人モーセ」を、ヨセフスは形容語句なしの「モーセ」としていることです。彼はモーセを「神の人」とは見なしていなかったのでしょうか。それともそのような形容語句は、皇帝が神格化されるローマ世界では軽々に使用するものではないとの判断が彼にあったからなのでしょうか。

神殿の棟上げ式と人びとの反応

エスドラス第二書五・五三以下（およびエスドラス第一書三・八以下）によると、ユダヤ（ユダ）の地に帰還した第二年目の第二の月に神殿の再建工事の準備がはじまり、聖所の土台がつくられます。神殿の棟上げ式のときには、人びとは主を讃美し、「昔の神殿を見たことのある多くの年老いた祭司や、レビびと、家長たち」は感極《きわ》まって大声で泣いたそうです。

ヨセフスは物語の冒頭で「ユダヤ人がエルサレムに帰った第二年の第二の月に人びとが集まり、神殿の建設が開始された。第二年の第二の月の新月の日に、基礎を高くし、その上に（建物を）建てはじめた」（一一・七九）と切り出します。彼は「工事の監督官たちがひたすら仕事に打ち込んだので、聖所は予想以上に早く完成した」（一一・八〇）と述べ、ついで二つの資料に見られる、神殿の棟上げ式の場に臨んだ者たちが流した涙に触れますが、彼はそれを悲嘆の涙に変えます。

ヨセフスは次のように申します。

「いっぽう祭司や、レビびとたち、それに家族の中の長老たちは、荘重で豪華なつくりであった神殿を想起し、（自分たちが）貧しいために完成したものが往時のものに劣ることや、自分たちの現在の境遇が昔日《せきじつ》の繁栄にはるかに及ばず、神殿をつくる身分でないことなどをあれこれ考え、（すっかり）気落ちしてしまった。そして、いったんそう思い込むと、悲しみの感情を抑制できなくなり、悲嘆の涙を流すばかりであった。

しかし、民は現在の状態や、聖所だけでも建てられたことに満足し、かつての神殿のことを口にしたり思いを起こすこともなく、現在のものと過去のものを比較して、自分たちが想像したよりも見劣りがするなどと考えて苦しむこともなかった。いっぽう、長老や祭司たちは（完工した）聖所が破壊されたものよりも見劣りがするように思われたので、悲嘆の声を上げたが、それはラッパの音や人びとの歓喜（の声）にまさるほどであった。」（一一・八一－八三）

引用した一文の後半では、神殿（第一神殿）を知らない一般の民の反応が、それを知っている祭司やレビびとたちの反応と対比的に描かれておりますが、エスドラス第二書（およびエスドラス第一書）には、そのような対比的な記述は見られません。それだけにここでの対比は問題にしてよいかもしれません。ヨセフスがこの一文を書いているのは後九〇年代のはじめのころですが、彼の周囲には、エルサレムの過去の歴史に頓着しない若い世代の者たちも台頭しつつあったのですが、後七〇年秋に炎上崩壊したエルサレムの神殿を嘆き、彼を非難する者たちも依然として存在していたのです。

ユダヤ人たち、近隣の異民族の者たちの協力の申し出を拒否する

エスドラス第一書四・一以下によると、棟上げ式が終わって、ユダヤ人たちが神殿の再建工事に本格的に着手すると、近隣の異民族の者たちが押しかけて来て、ゼルバベルや大祭司のイェシュアらに向かって、自分たちにも今後工事を手伝わせてほしい、自分たちはアッシリアの王エサル・ハドン（在位、前六八〇ころ－六六九）によって（サマリアの地に）入植させられて以来、ユダヤ人の神を尋ねもとめ、それに犠牲の献げ物を捧げているからだと訴え出ますが、ユダヤ（ユダ）の指導者たちはそのとき、エルサレムの神殿の再建はペルシアの王キュロスによって命じられたものであると言って、彼らの協力の申し出を拒否いたします。エスドラス第二書五・六四以下も同じ事を言っております。ただしこちらは、アッシリアの王の名をアスバサレトとしております。エサル・ハドンは新アッシリア帝国の絶頂期を支配した王のひとりとしてよく知られておりますが、アスバサレトの方は知られていないのではないでしょうか。

さて、ヨセフスです。

何度も繰り返しますが、サマリアびと嫌いのヨセフスです。そのため彼はここで、ユダ部族とベニヤミン部族の敵対者を「サマリアびと／クータイオイ」（一一・八四、八八）と特定し、さらに彼らの訴えの中のアッシリア王の名をサルマナッセース（シャルマネセル）とします。ここでのシャルマネ

セルは、サマリアを包囲攻撃したシャルマネセル五世（在位、前七二六ころ－七二二）のことです。シャルマネセル五世とエサル・ハドンの間には、サマリアを陥落させたサルゴン二世（在位、前七二二－七〇五）とセンナケリブ（在位、前七〇五－六八一）が入り込んできますが、サマリアの入植は明らかにサマリア陥落以降のことと想像しなければなりませんから、ヨセフスがここでシャルマネセルの名を持ち出すと、わたしたちは「はてな？」と首をかしげてしまいます。ヨセフス研究者はここでの彼の改変は、『古代誌』九・二七七以下の記事と年代的に調和させるためであったと想像したりします。あたっているかもしれませんが、大外《おおはず》れかもしれません。

ユダヤ人たちの敵対者たちの妨害は執拗であったようです。

エスドラス第二書五・六九（およびエスドラス第一書四・二四）は、工事の妨害が長期間に及んだことを示唆しますが、正確なことは何も分からないと言った方がいいかもしれません。しかし物語の上では、ここで預言者のハガイとゼカリヤが登場し、民を励ましたため、神殿工事は再開されます。

エスドラス第二書五・六九（およびエスドラス第一書六・一以下）によると、この間、ダレイオスはこの時期のユダヤ人の手になる神殿再建が妥当なものであるかどうかを判断するために、バビロンにある王宮の記録保管所での調査を命じます。すると、メディア州のエクバタナで、キュロスがその治世の第一年に神殿の再建を命じたとする巻物が発見されたとして、その巻物の内容が紹介され、ついでそれにもとづいてなされたダレイオス王の指示が記されます。ヨセフスはここでダレイオスによる食糧支援の指示などをもキュロス王の指示の中に組み込む離れ業をやってのけます。二つの指示が別個のものであることを知る者は「ええっ」と思わず驚きの声を上げてしまいますが、そうでない者には、すべてが寛宏なるキュロス王の配慮によるものだと勘違いしてしまいます。

ダレイオス王の返書／タテナイの協力と神殿工事の再開

エスドラス第二書六・二六以下（およびエスドラス第一書六・六）によると、ダレイオスはキュロスの文書を発見すると、シリアとフェニキアの知事であるタテナイに文書を送り、ユダヤ人たちの神殿再建に協力するよう命じますが、ヨセフスはここで、ダレイオスが次のような書簡を送ったとします。

「ダレイオスから総督（エパルコス）のシシネース（タテナイ）、サラバザネース（セタルボズナイ）、および二人の同志たちに挨拶する。

予はおまえたちのもとに、キュロスの古記録から発見した書簡の写しを送った。万事その指示どおりにするのが、予の願いである。」（一一・一〇四）

ダレイオスが出してもおかしくない簡潔な命令文書ですが、これはどこの記録保管所にあったのでしょうか。それともこれはヨセフスの創作なのでしょうか。

タテナイの協力もあって、神殿の再建工事は順調に進みます。

神殿の再建工事の完成

エスドラス第二書七・五（およびエスドラス第一書六・一五）によると、神殿の再建工事が完了したのは、「ダレイオス王の治世の第六年、アダルの月の二三日」です。古代のユダヤ暦によれば、アダルの月は第一二の月のことで、太陽暦の二―三月に該当いたします。ヨセフスはその時を、ギリシア人読者を意識してでしょう、「ダレイオス王の第九年の、わたしたちがアダルと呼び、マケドニア人がデュストロス（と呼ぶ）第一二の月の二三日」（一一・一〇七）とし、神殿の再建工事は「七年かかって完成した」（一一・一〇六）とします。

ヨセフスがここで、神殿の基礎が置かれた時期をキュロスではなくてダレイオスの治世の二年目、すなわち前五二一年としていることが分かります。神殿の再建工事が完了したのは前五一四年となります。なお、ヨセフスはここで神殿の再建工事が「七年かかって完成した」と言っておりますが、彼はソロモンの神殿の建築に「七年要した」とする列王記上六・三八の記事を念頭に置いて、『古代誌』八・九九や八・一三〇でも、その年数に繰り返し言及しております。ヨセフスはここでもそれに合わせて「七年」としているようにも見えます。

神殿奉献の諸儀式

神殿の再建工事の完了につづくのは奉献の儀式と祝賀の行事です。

エスドラス第二書七・七－八（およびエスドラス第一書六・一七）によると、祭司やレビびとたちを含む帰還の者たちは雄牛一〇〇頭、雄羊二〇〇匹、小羊四〇〇匹、雄山羊一二匹を携えます。ヨセフスも同じ数字を挙げますが（一一・一〇七）、この数字をソロモンが神殿の献納式で捧げた犠牲獣の献げ物のそれと比較してみるのは一興です。ヘブライ語の列王記上八・六三および歴代誌下七・五は、ソロモンがそのとき捧げた犠牲獣の数を雄牛二万二〇〇〇頭、雄羊一二万匹としているからです。すでにこれまでも何度も指摘しているように、ソロモンの神殿奉献の記述に見る数には途方もない誇張があることが分かります。

ヨセフスもエスドラス第二書（およびエスドラス第一書）にしたがって、民の祝賀の行事に触れます。彼はその記事の冒頭で、本書のギリシア人読者の存在を想定して、それは「マケドニア人がクサンティコスと呼び、わたしたちがニサンと呼ぶ第一の月」の出来事であったとします。彼はすでに『古代誌』一・八一、二・三一一、三・二〇一、二四八でも、古代のユダヤ暦のニサンの月（第一の月、太陽暦の三－四月）をマケドニア暦のクサンティコスに置き換えております。なお、エスドラス第二書七・一五（およびエスドラス第一書六・二二）は、人びとが祝賀の行事を心から喜べたのは「主がアッシリアの王の心を彼らに向けさせ、神殿の再建工事を支援させた」からだと言っておりますが、ヨセフスは適切にも「アッシリアの王」を「ペルシアの王」に訂正し、七日にわたった祝宴では、王は「大盤振る舞いし、焼き尽くす犠牲を神に捧げ、感謝の犠牲を捧げた。それは神が再び彼らを祖国と父祖伝来の律法のもとに連れ戻し、ペルシア人の心を彼のために開かれたからである」(一一・一一〇)と述べます。ヨセフスがここで行った訂正は正しいのですが、この時点で、帰還した民が「父祖伝来の律法」のもとへ連れ戻されたのかどうかは、疑ってみる必要があります。わたしにはそれがまがりなりにも実現するのは、もう少し後で、エスドラス(エズラ)と呼ばれる人物が登場したときのことだったと思われるからです。

神殿再建後の統治形態は?

ヨセフスは次に、神殿奉献の祝いのためにエルサレム近辺の村々から集まった同胞の民が以後エルサレムに住んだとした上で、その統治形態に触れて、次のように申します。

「その統治形態は少数貴族制であったが、それはアサモーナイオス(ハスモン)の子孫が王として支配するまで、大祭司が国家の長だったからである。彼らは(バビロン)捕囚前には、初代のサウロとダビデにはじまって、五三二年六か月一〇日にわたって王をいだいた。王制の前には、士師およびモナルコスと呼ばれる者が統治者であった。モーセと指揮官ヨシュアが亡くなった後は、五〇〇年以上にわたってこのような統治の仕方がつづいた。」（二〇・二二一－二二二）

ヨセフスは、ここまでで、そしてこれ以後も、ユダヤ民族の統治形態についてローマの異邦人読者に繰り返し説明を施します。

イスラエルの民の歴史では、サウロからはじまる王政はダビデ時代とソロモン時代を経て王制になり、その後、南王朝のユダ王国と北王朝のイスラエル王国に分裂したものの、王制がつづきます。そしてすでに見てきたように、帰還した者たちの中に「ダウィデース（ダビデ）の子孫のひとり」ゾロバベーロス（『古代誌』一一・七三）が入っていたのですから、王制の継続性の申し立てをするのであれば、この人物が王にまつり上げられてもおかしくないのですが――そうするには手続き上、ペルシア王の裁可が必要になってくると思われるのですが――、結局、ダビデ一族の者たちの中から王は立てられず、ヨセフスの言うように、「大祭司が国家の長」を務めるようになったと思われます。もっともペルシア時代のユダヤ側の歴史的資料となり得るものなどは皆無に等しいのですから、ヨセフスが、ハスモン一族の支配がはじまる前二世紀後半までの二〇〇年以上にわたって「大祭司が国家の長」であったと断定しても、そうでない時期もあったかも知れません。

わたしたちを困惑させるのは、統治形態が王制でありつづけたのかの問題だけではありません。ヨセフスはここで「サウロとダビデ」にはじまる王制が捕囚までつづいた期間を「五三二年六か月一〇日」としておりますが、『古代誌』一〇・一四三は、ダビデからユダ王国終焉《しゅうえん》までの期間を「五一四年と六か月と一〇日」としているからです。彼は『古代誌』一〇・一四三で初代の王サウロの在位期間を二〇年としておりますから、ここでそれを加算すれば「五三四年六か月一〇日」となり、二年間の違いが出てしまうのです。さらに彼は、『古代誌』六・三七八で、サウロの在位年数に触れて、「彼はサムエルの存命中に一八年間王位にあり、その没後、さらに二二年間在位して死んだと言って、サウロの在位期間を四〇年間としており——これは使徒言行録一三・二一も同じです。この一致は使徒言行録の著者がヨセフスを読んでいたことを示唆するかもしれません——、もしここでその四〇年を加算するのであれば、その差異はさらに大きなものとなります。わたしたちを困惑させるではありませんか。もっとも「困惑の楽しみ」はヨセフスを読むときの楽しみだ、とも言えなくはないのです。

ユダヤ人、ダレイオス王にサマリアびとを告発

エスドラス第二書八・一以下（およびエスドラス第一書七・一以下）は、神殿奉献の祝いの行事につ

づく出来事として、アルタクセルクセス治世下にエルサレムにやって来たエスドラス（エズラ）について書き記しますが、ヨセフスはエスドラス第二書（やエスドラス第一書）で語られる話の筋にしたがいながらも、サマリアびとを告発しつづけます。

「サマリアびとは、ユダヤ人に敵意と嫉妬をもち、彼らに多くの危害を加えた。サマリアびとはその富を楯にし、その地（＝ペルシア）からの者であることを理由にペルシア人の縁者であると称した。また彼らは（ダレイオス）王によって犠牲の費用として貢ぎの中からユダヤ人に納めるように命じられた金を納めようとはしなかった。彼らにはそのために画策してくれる総督（エパルコス）がいたのである。彼らは、自分の手であれ第三者の手であれ、ユダヤ人に危害を加えることが出来れば、なんでもそれに飛びついた。」（一一・一一四―一一五）

ここでの一文に認められる、「サマリアびとはその富を楯にし……ペルシア人の縁者であると称した」や、先行する『古代誌』一一・八五に見られるサマリアびとが聖所が完成して大喜びしている帰還のユダヤ人のもとに押しかけて来て、彼らの指導者たちに向かって吐いた言葉、すなわち、自分たちをも神殿の再建に加わらせてくれ、なぜならば、「われわれも彼ら（ユダヤ人）に劣らず（同じ）神を拝し、神に熱心に祈り、……神への奉仕にひたすら専念してきたのだ」は、ヨセフスが『古代誌』九・二九〇でサマリアびとを告発する理由のひとつとした「彼らはユダヤ人が繁栄しているのを見れば、自分たちもヨセーポス（ヨセフ）の子孫であるから、われわれとは本来的に結びついている、と（ぬかして）われわれと同族扱いするが、……」に呼応する内容であることに注意して下さい。なおわたしは前書『南北分裂王国の誕生』二八〇頁以下で、ヨセフスの執拗なサマリアびと批判の裏にあるのは、彼らが対ローマのユダヤ戦争（後六六―七〇）でのユダヤ人への非協力があったからだと論じました。現代のヨセフス研究の第一人者であるイギリスのアバディーン大学教授のスティーブ・メイソンに言わせれば「それだけじゃないだろう」となるのですが、わたしはそのことは百も承知の上で、新しい知見としてそう言っているのです。

ダレイオス王のサマリアびと宛の書簡

『古代誌』一一・一一六によると、エルサレムびとは、サマリアびとを告発するためにダレイオスのもとにゼルバベルほかの使節を派遣しますが、この話はエスドラス第二書にもエスドラス第一書にも見られるものではありません。これはヨセフスがサマリアびとにさらに手痛いダメージを与えるために創作した話です。彼はこの話の中に、ダレイオスがサマリアびとの総督（エパルコス）らを叱責する書簡を含め、それをゼルバベルらに携行させたとします。ヨセフスは自らが創作したその書簡の内容を書き記します（一一・一一八―一一九）。

わたしたちはすでにヨセフスの創作したタテナイほか宛のダレイオスの返書（一一・一〇四）を見ましたが、こちらは、はっきり申せばヨセフスによる公文書の偽造ですが、これが偽造文書であることを見破るのは難しくはありません。ひとつはエルサレムびとの敵対者とされる者たちを叱責する書面を使節に託して、彼らのもとに届けさせることなどあるのかと問えばいいのです。それはあり得ないことです。もうひとつは書面の後半部に認められる言葉、すなわち「予の書簡を読みしだい、おまえたちは、王室金庫に（納められた）サマリアの貢ぎ物から、（彼らの）祭司たちが要求する犠牲に必要なすべてのものを彼らに提供せよ。これが予の願いである。それは彼ら（ユダヤ人）が日々の犠牲と、予やペルシア人の安寧《あんねい》のために神に祈ることを中断しないためである」（一一・一一九）に注目すればいいからです。

ペルシアの王が属州の民に、ペルシアの王やその民の安寧を祈らせる慣習などあったのでしょうか？　ローマの歴代の皇帝は、エルサレムの大祭司にたいして、「われわれは帝国内におけるユダヤ人の慣習の実践を認めてやるから、その代わり、おまえたちはエルサレムの神殿で朝夕二回ローマ皇帝とローマ市民のために犠牲の献げ物を捧げ、彼らの安寧を祈るのだ」としましたが、ヨセフスはここでアウグストス以来のこの長き慣習をペルシアの慣習にしているのです。

ダレイオスの死

ダレイオスが亡くなります。

彼はイオニア植民市の反乱を契機として起こったいわゆるペルシア戦争の最中の前四八六年に亡くなります。マラトンの戦い（前四九〇年）、サラミスの海戦（前四八〇年）、プラタイアの戦い（前四七九年）など、世界史でおなじみの一連の戦いを含むのがこのペルシア戦争ですが、彼の死はサラミスの海戦前のことです（図8）。

エスドラス第二書八・一（およびエスドラス第一書七・一）は、ダレイオスの後継者をアルタクセルクセスと想像したからでしょうか、「これらのことがあった後、ペルシアのアルタクセルクセスの治世に、エスドラス（エズラ）がバビロンから上ってきた」と切り出して、エスドラスのエルサレム行きの物語に入って行きます。ヨセフスは資料中のアルタクセルクセスの登場を年代上の整合性がないと判断したためでしょう、アルタクセルクセスをクセルクセスに改めたばかりか、エスドラス物語に入る前に、彼を敬神の念の篤《あつ》い人物とします。

「ダレイオスが死に、息子のクセルクセース（クセルクセス）が帝国を引き継いだが、彼は父から神への敬虔と誠実をも受け継いだ。すなわち彼は父にならって（神のために）すべての奉仕を行い、

図8●ダレイオス王の墓

ユダヤ人にたいしては最大で最高の敬意を払ったのである。」（一一・一二〇）
ヨセフスがここでクセルクセスを「ユダヤ人にたいしては最大で最高の敬意を払った」人物とするのは、もちろん、王が次に登場するエスドラスのエルサレム行きを認めたからですが、第5章での議論を念頭に置けば、ヨセフスはときの皇帝ドミティアヌスに、ユダヤ人を迫害するのではなくて、少しはクセルクセスのように敬意を払ってもらいたいと訴えているのかもしれません。

エスドラスの登場——エスドラスとはだれ？

エスドラス（エズラ）とはだれのことなのでしょうか。

身元調査が必要です。

エスドラス第二書八・三、八、九、一九、九・三九、四二、四九によれば、彼は「イスラエルの神から授けられたモーセの律法に精通した書記官」、「大祭司にして主の律法の朗詠者」、「祭司にして至高の神の律法の朗詠者」「大祭司にして律法の朗詠者」、「祭司にして律法の朗詠者」であり、エスドラス第一書七・六b、一一、一二、二一によれば、彼は「イスラエルの神なる主が授けられたモーセの律法に詳しい書記官」、「イスラエルにたいする主の戒めと掟の言葉に精通した祭司にして文書官」、「天にいます神の律法の文書官、祭司」ですが、ここで注意したい言葉が二つあります。それは「文書官」と「朗詠者」です。

「文書官」の職務は何なのでしょうか。

この言葉からは容易には想像できないと思われるのですが、それはバビロンのユダヤ人共同体で編纂された「モーセ五書」の転写の仕事を委ねられた最高責任者のことではないでしょうか。エスドラスは再建されたエルサレムの神殿に納められるモーセ五書の巻物の誤りなき転写の仕事をしていた人物だったのではないでしょうか。

では「朗詠者」です。

朗詠者とは転写された巻物を共同体の成員の前で折々の機会に朗々と独特のふしまわしで読み上げる人物を指す言葉だと思われます。エスドラスがバビロンでそのような機会を与えられた人物であったのか、それともエルサレムでトーラーを朗詠する機会があったからそう呼ばれ、それが彼の呼称の中に反映されるようになったのか、そのあたりは不明です。

見てきたように、エスドラス第二書九・三九、四〇、四九では、彼は「大祭司にして……」と、彼が大祭司であったことが強調されているように思われます。確かに、エスドラス第二書八・二一（およびエスドラス第一書七・五）で挙げられている大祭司の系譜によれば、エスドラスは初代の大祭司であるモーセの兄アロンに遡る、その地位の「正統性」を申し立てることのできる大祭司となるのですが、わたしたちはここで「はてさて」と首をかしげねばならなくなります。それは、すでに見てきたように、エルサレムにはヨザダクの子イェシュア（ヨシュア）が大祭司としてすでに送られてきているからです（一一・七三）。もしエスドラスが大祭司の継承の正統性を申し立てることのできる人物であったとするならば、ヨザダクの子イェシュアではなくてエスドラスがエルサレムに送り込まれていなければならなかったはずですが、そうではなかったからです。

ヨセフスは、多分、その辺りの混乱に気づいたためでしょう、エスドラスの系譜には触れずに彼をバビロンのユダヤ人共同体の「筆頭祭司・祭司長」（プロートス・ヒエレウス）とすることで混乱を解決すると同時に、この間にエルサレムの大祭司イェシュアも亡くなって、その子ヨアキムが大祭司職を継承したと想像して、「当時の大祭司はイェースース（イェシュア）の子ヨーアケイモス（ヨアキム）であった。またバビロンには人びとの間でよき評判を得ていた廉直《れんちょく》な男がいた。彼はエスドラス（エズラ）という名の、民の筆頭祭司であり、モーセの律法に精通していたためクセルクセース（クセルクセス）王の友人になった」（一一・一二一）とします。ヨセフスなりに合理的です。

なお、このエスドラスはエスドラス第二書（およびエスドラス第一書）では、三人称で登場するばかりか、一人称の「わたし」でも登場しますから、エスドラスがこれらの文書の著者であるかのような印象を与えますが、これはエスドラス第二書（およびエスドラス第一書）の編集がいかにまずいものであったかを示すものとなります。

エスドラスのエルサレム行き

エスドラス第二書（およびエスドラス第一書）はまず、エスドラスらの一行のエルサレム行きとそれに要した歳月を書き記し、ついで、ユダヤ人共同体でエスドラスと一緒にエルサレムへ行くことを望む者にはそれが許されることなどを述べたエスドラス宛のアルタクセルクセスの親書の内容を紹介します。本来ならば、順序は逆でなければなりません。このおかしな順序も、編集のまずさ加減を露呈するものとなります。

ヨセフスは順序を改めます。

エスドラス第二書八・九－二四（およびエスドラス第一書七・一二－二六）は、アルタクセルクセス――『古代誌』一一・一二二－一三〇ではもちろんクセルクセスです――の親書の内容を書き記します。ここでのアルタクセルクセス王はあたかもユダヤ民族の「神の律法」に精通し、神殿の祭壇への献げ物や神殿のその他の祭儀にも精通している人物として描かれておりますが、わたしは、その詳細さゆえに、この親書を偽造文書だと疑っております。もちろん、王からの親書がエスドラス宛に書かれたかもしれませんが、もしそうであれば、それはエスドラスとバビロンに残っている同胞の一部のエルサレム行きを認める、非常に簡潔なものであったに違いありません。王の勅書や親書で必要なのは簡潔さなのです。

エスドラス、王の書簡を読み上げる

ヨセフスは、エスドラスが王の書簡を受け取ると、バビロンのユダヤ人共同体でそれを読み上げたとし、その書簡の写しはメディア在住のすべての同胞のもとへ送り、そのため、神にたいする王の敬虔やエスドラスへの王の好意を知った同胞たちは大きな喜びに包まれ、彼らの中の一部の者は、エルサレムへの帰還を切に願って、メディアからバビロンへやって来たとします（一一・一三一―一三二）。この辺りは資料にもとづかないものの、ヨセフスの自然な想像です。

エスドラス第二書（およびエスドラス第一書）は、エルサレムに帰還することになる一族の名前と家長の名前、そして家長が率いた者たちの数を挙げますが、ヨセフスはそのような退屈な作業はいたしません。

エスドラスの一行、エルサレムに向けて出発する

エスドラス第二書八・六以下（およびエスドラス第一書七・八以下）によれば、エスドラスとその一行は、「アルタクセルクセス王の第七年の第一の月」にエルサレムに向けて「テラ川／アハワ川」を出発し、四か月後にエルサレムに到着したそうです。もちろん、ヨセフスは「クセルクセース（クセ

ルクセス）王の第七年の第一の月の一二日」とし、彼がすでに訂正したクセルクセースへのこだわりをみせます。

エルサレムに到着した後は

エスドラス第二書八・六一以下（およびエスドラス第一書八・三三以下）によると、エルサレムに到着したエスドラスは、王やバビロンに居残った同胞たちから託された黄金の祭具類を祭司たちに引き渡すと同時に、神に犠牲の献げ物を捧げます。贈り物と献げ物の詳細には、二つの資料の間に、またそれらとヨセフスの報告との間には違いが認められる箇所もありますが、ここでは立ち入りません。

エスドラス第二書八・六五以下（およびエスドラス第一書九・一以下）によると、エスドラスが「これらのことをなし終えた後」、エルサレムのユダヤ人共同体の指導者たちが彼のもとへやって来て、祭司やレビびとたち、その長たる者たちが近隣民族の娘たちと同衾している事態を告発します。そこで挙げられている近隣民族とは、カナンびと、ヘトびと、ペリジびと、エブスびと、アンモンびと、モアブびと（イドゥマイアびと）、エジプト人、アモリびとらで、何とも国際色豊かな、と言って大げさならば、民族色豊かな賑やかさです、もし彼らがそれぞれ独立した民族であったとすれば。

なぜエルサレムの指導者の一部がこの時点でエスドラスに訴え出たのでしょうか。おそらくそれは、彼らがエスドラスが朗詠するモーセ五書が異民族との雑婚を禁じていることをはじめて知ったからだと思われますが、物語の展開の上では、エスドラスの律法の朗詠は先に行ってからのことです。

では、なぜエルサレムの指導者の一部は彼らの「大祭司」に訴え出なかったのでしょうか。それは大祭司自身もモーセの律法の規定を知らず異民族の女と同衾《どうきん》していたからです。

異民族の女たちの追放

エルサレムのユダヤ人共同体での雑婚の事実、しかもそれが大祭司にまで及んでいることを知ったエスドラスはショックを受けます。それはたんなる「ええっ」の驚きの事態どころではなく、エスドラス第二書（およびエスドラス第一書）によると、彼は「衣と外衣を裂き、髪の毛とひげをかきむしり、呆然としてへたりこんだ」そうです。律法に精通しているエスドラスにとって、雑婚は、神の都エルサレムであってはならない事態なのです。いや、エルサレムの外でもあってはならない事態なのです。なお、わたしはここで日本の聖書学者の間で通用する「雑婚」という言葉を踏襲して使用しておりますが、それはわたしの耳に違和感を覚えさせるものです、雑穀米ではあるまいし、と。

さて、エスドラスが絶望的になって肩を落とし、声を失っているそのときです。エスドラス第二書八・八八以下（およびエスドラス第一書一〇・二以下）によれば、エラム一族のシェカンヤ（またはエコニア）と呼ばれる男がエスドラスのもとへやって来て、異民族の女と同衾している者は、その女と彼女が産んだ子を共同体から追放することを提案します。現代であれば、それは、追放される女とその子供の人権はどうなるのか、と袋だたきにあって当然の随分と荒っぽい提案です。

エスドラスは布告をユダヤ（ユダ）とエルサレムに出します。

全員が三日以内に出頭し、出頭しない者はその全財産が没収され、その者は会衆から仲間外れにされるというのです。これまたむちゃくちゃな布告です。ここで使用されている「仲間外れにする」を意味するギリシア語はギリシア語訳聖書に頻出するディアステルローです。「仲間外れにする」とか「村八分にする」を表現するギリシア語は、他にもコリゾーとかいろいろとありますが、このような言葉を手がかりに、「古代イスラエル（ユダヤ）社会に見る村八分の実態」とでも題する論文が書けたら、わたしたちのイスラエル民族についての歴史理解や聖書理解に新たな視点を切り開くものとなるでしょうが、若い研究者の中にこのような主題を取り上げる者はいないのでしょうか、科研費を請求して。

脱線しました。

民がエルサレムに集まると、彼らの中に異民族の女と同衾している者がいないかどうか、その身辺調査がはじまります。その調査は一日や二日で終るものではなく、延々と一か月はつづいたというのですから、徹底した、恐ろしいものであったに違いありません。神の名による密告か何かが奨励されたのでしょう。

エスドラス第二書九・一九―三五（およびエスドラス第一書一〇・一八―四三）は、異民族の女と同衾していた男たちの名とその者たちが属する一族の名を記しておりますが、なんとその冒頭には「ヨツァダクの子イェシュアの一族とその兄弟たちのマアセヤ、エリエゼル、ヤリブ（ヨリブ）、ゲダルヤ（ヨダン）」が挙げられているのです。大祭司イェシュアの一族は全員がレッド・カードだったのです。

ヨセフスはエスドラス第二書の展開にほぼ忠実に物語を再話し、彼らが「祭司への愛情よりも律法を重んじ、即刻、祭司たちを追い出し、神の怒りをなだめるために犠牲を携え、神に雄羊一頭を捧げた。彼らの名を一々挙げるには及ぶまい」（一一・一五二）と申します。彼らが「雄羊一頭を捧げた」はエスドラス第二書（とエスドラス第一書）からの情報ですが、雄羊一頭の献げ物は、「自分たちの無知による罪の贖い」とされるものですから、大祭司をはじめとするユダ部族とベニヤミン部族の民はそれまで「モーセの律法」をまったく知らず、「それって何?」の状態に置かれていたことになります。

ヨセフスは異民族の女とその子らの追い出し物語を、次の言葉で結びます。

「こうして前述の（異民族の女と）結婚した者の過ちが正された。エスドラス（エズラ）が（異民族の者との）雑婚という（悪しき）慣習を清めた結果、それ以後は（異民族の女とは交わらぬという）慣習が続いているのである。」（一一・一五三）

その後のユダヤ人の歴史において、この雑婚の禁止がどこまで徹底されたかは不明です。

雑婚の禁止から派生する事態は？

異民族の者との雑婚の禁止から派生する深刻な事態のひとつは、ユダヤ民族の者たちが、ディアスポラの土地にあっても他民族の者との交わりを必然的に回避するようになり、その結果、少なくともヘレニズム・ローマ時代のユダヤ人たちは、周囲の異民族の者たちからは「孤立主義（者）」（アミクシア）と陰口をたたかれるようになります。ヨセフスはその陰口や非難に応答するため、『アピオーンへの反論』の紙幅の一部を割かねばならなかったほどです。雑婚の禁止からはまた、「純血主義」の思想が必然的に生まれてきますが、これははなはだ危険な思想です。この思想はもちろんキリスト教世界にも入って行き、中世になると、彼らは彼らで、キリスト教徒の純血を守ろうとして、ユダヤ人との接触を禁じ、彼らを日常的に悪魔呼ばわりすることになります。そして、その延長線上には、この「純血主義」を逆手に取ったヒットラー——彼の著作『わが闘争』によれば、彼はカトリック教徒です——のユダヤ人殲滅《せんめつ》があるのです。ユダヤ民族の純粋存続を願う思想が逆に彼らを滅ぼすことになるのですから、何とも皮肉な話です。わたしは雑婚大賛成の者です。

エスドラス、仮庵の祭で律法の書を朗詠する

エスドラス第一書一〇・四四は、異民族の女たちと同衾した一族の者たちの名を列挙したリストの掲載をもって物語を終えます。

エンディングとしてはいかにも唐突です。

エスドラス第二書九・三七以下では、異民族の女と同衾した者たちのリストに触れた後に、エスドラスによる律法の朗詠の記事がつづきます（図9）。したがって、エスドラス第一書にも本来は同じような記事があったと想像しなければなりません。

エスドラス第二書九・三七以下によれば、エルサレムに帰還した者たちは、第七の月の新月の日（第一の日）に、エスドラスにモーセの律法の巻物を朗詠してもらうために、聞いて理解することのできる年齢に達した者は「全員が打ち揃って」神殿の東の門の前にある広場に集ったそうです。律法の巻物は「夜明けから正午までかかって」朗詠されます。「モーセの律法の巻物」ですから、当然、そこには創世記や出エジプト記も入っていたように思われますが、文脈から判断すれば、朗詠は律法

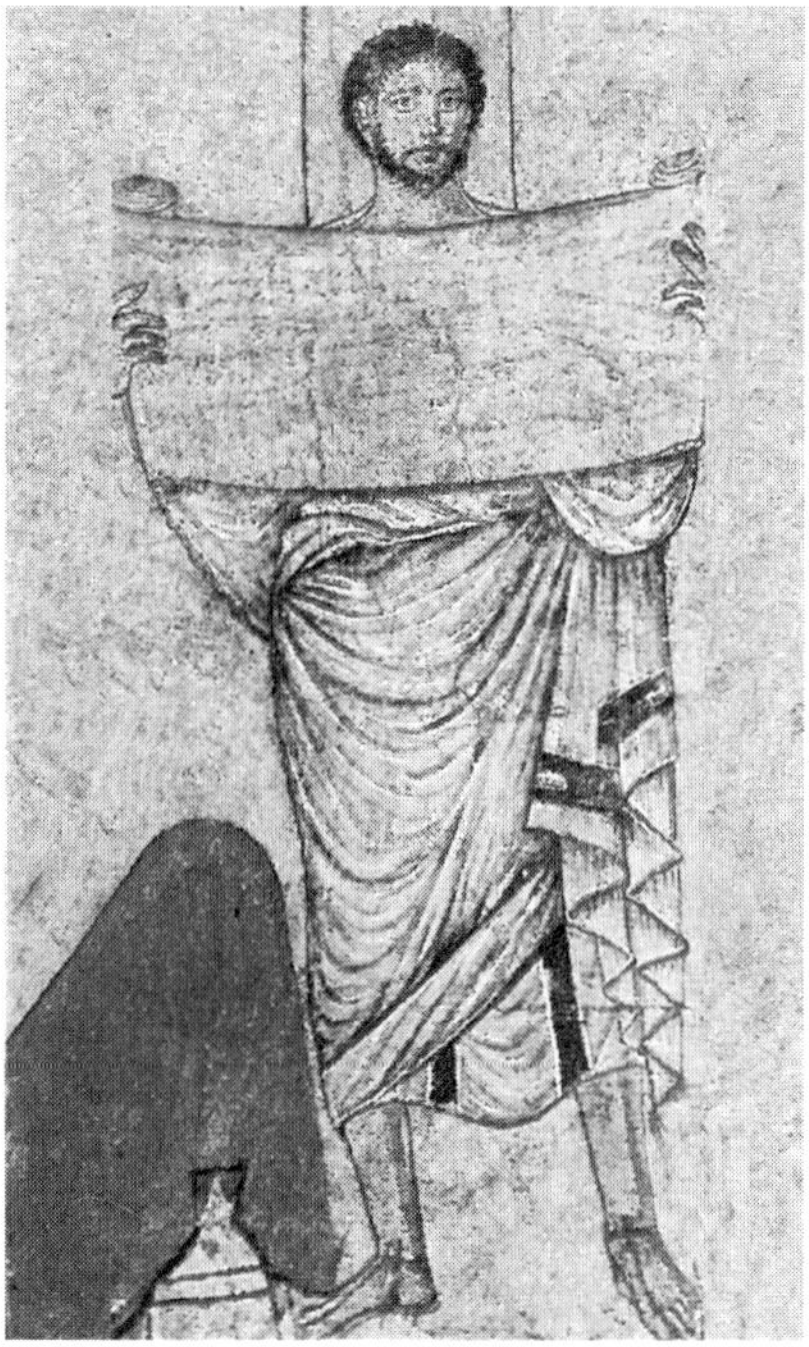

図9●律法の書を朗読するエスドラス

の部分に集中したようです。ただし、その部分はたんに朗詠されたのではありません。エスドラス第二書一八・八によれば、書かれてあることの内容の意味を明らかにしながら朗詠されたというのです。朗詠↓解説、朗詠↓解説……この方式は後の時代のシナゴーグで取り入れられますが、後四世紀後半にエルサレムの教会を訪れたスペインの修道女エゲリアは、この方式での聖書の「朗読↓解説」を目撃しております（太田強正訳『エゲリア巡礼記』［サンパオロ］）。

ヨセフスもエスドラス第二書にしたがって話を進めます。これによれば、律法の朗詠を聞いた者たちは、涙を流したそうで、そのためエスドラスは、「今日はおまえたちの神・主に捧げられた聖なる日だ。嘆いたり、泣いたりしてはならない」と注意したそうです。

ヨセフスは彼らが涙を流したときのその感情に立ち入ります。

「人びとは律法（の巻物）が朗詠されるのを聞き、自分たちが現在も将来も（神の前に）正しくあるように教えられた。そして、自分たちの過去（の罪）を知って悲しみ、もし律法さえ守っていれば、身をもって体験した千辛万苦《せんしんばんく》など何一つ味わわずにすんだのだと考えて、胸が一杯になって涙を流した。」（一一・一五五）

「もし律法さえ守っていれば……。」

これはすでに何度も指摘してきたように、ヨセフスが『古代誌』一・二〇の「はしがき」部分で強調する、「ユダヤ民族はモーセの律法を守れば幸せになる、そうでなければ不幸な目に遭う」の言葉に通じるものがあるだけに、ここには彼がそこで表明した基本思想が繰り返されていると指摘できます。

エスドラス第二書一八・一三以下によれば、翌二日、エルサレムに集まった者たちは律法の巻物に、第七の月の仮庵《かりいお》についての記載があるのを知って、この祭を執り行います。この祭の詳細はレビ記二三・三四ほかに見られるものです（『古代誌』三・二四四参照）。ヨセフスも簡単な記述ですが、彼らが仮庵の中でそれを執り行ったと報告します。エスドラス第二書一八・一八によれば、彼らは八日目に聖会をもちますが、ヨセフスはそれには触れず、仮庵の祭が終ると人びとは、「（各自）家に帰ったが、（その途中）神を讃美し、共同体の掟を破った自分たちを正してくれたエスドラス（エズラ）に感謝の声を上げつづけた」（一一・一五七）とします。これはすでにどこかで見た光景です。

エスドラスの死

エスドラスが亡くなります。

ヨセフスはそれに触れた後、「エスドラス（エズラ）は、人びとの間で（よき）評判を得た後、高齢で亡くなり、エルサレムで手厚く葬られた」（一一・一五八）と述べます。これは他の資料には見られない詳細ですが、ヨセフスの創作ではないかと思われます。なお後の時代のラビ伝承によれば、ペルシアに戻ったエスドラスはその地で亡くなったとされます（ルイス・ギンズバーグ『ユダヤ人の伝説』第四巻三五八、第六巻四四六頁）。もしエスドラスがペルシアのユダヤ人共同体の「筆頭祭司」であったのであれば、大祭司としてエルサレムに派遣されたのではないのですから、かの地に戻り、かの地で亡くなったと想像してみせるのは自然です。なおまたヨセフスはここで、「同じころ、大祭司ヨーアケイス（ヨアキム）も亡くなり、その息子のエリアシボス（エリアシブ）が大祭司職を継いだ」と述べます。彼の念頭にあるのはつねに大祭司職の継承です。

スサのネヘミヤ、エルサレムの悲惨を知る

ここでネヘミヤの登場です。

資料となるのは、ネヘミヤ記一・一以下がエスドラス書の最終章の最終節に縫合されるエスドラス第二書一一・一以下です。

エスドラス第二書一一・一以下によると、あるとき、ペルシアの首都スサに住むネヘミヤのもとへ、兄弟（同胞）のひとりハナニが幾人かの者と一緒にユダからやって来ます。ネヘミヤは彼らから、捕囚を免れてエルサレムに残されている者たちの様子や都の状況について聞き出します。彼らは、捕囚

を免れてエルサレムに残された者たちが（近隣の異民族の者たちから？）辱めを受けたことや、エルサレムの城壁が打ち破られ、城門は焼け落ちたままであることなどを告げます。それを聞いたネヘミヤは愕然《がくぜん》とし泣き崩れます。

ヨセフスはネヘミヤが語りかけた相手を、彼の兄弟（同胞）とその同行者たちから、「遠方からやって来て町に入ろうとする見知らぬ者たち」に改めます。彼はまた、ネヘミヤが彼らの存在に「おやっ」と思って一瞬足をとめたのは、彼らが「ヘブライ語で話をしていた」からだとします。彼は次に、ネヘミヤの問いかけにたいするハナニらの受け答えの内容を大きく変えます。

「すべてがみじめな状態です。城壁は完全に取り壊され、周辺の民族はユダヤ人に数多くの危害を加え、日中は国土をかけめぐっては略奪をほしいままにし、夜は夜で、悪事を働くのです。そのため多くの者が（ユダの）国から、いやエルサレムからも拉致され、道端には、連日死体がごろごろしています。」（一一・一六一）

ヨセフスがここで描く光景は、敗北に終った対ローマのユダヤ戦争（後六六―七〇）中か、その後の光景かと思われます。彼がここで言う「日中は国土をかけめぐっては略奪をほしいままにしている」連中とは、『戦記』に頻繁に登場する「強盗ども／追いはぎ」（レイスタイ）であり、多くの者をエルサレムなどから拉致したのは奴隷商人たちであり、道端に連日死体がごろごろしている光景は、ヨセフスが目にし、またローマ兵に立ち向って破れた生き残りの同胞たちが目撃した光景です。

エスドラス第二書一一・五―一一は次に、泣き崩れたネヘミヤの口から発せられたとする長い祈りを書き記します。それはイスラエルびとが犯した罪の告白とモーセの戒めの想起、そして嘆願からなるものですが、ヨセフスはその内容を短い神への訴えに改めます。

「主よ。わたしたちの民族はこのような災禍に苦しみ、(周辺の)すべての者の(格好の)略奪物や戦利品になりさがっておりますが、(いったい)いつまで(それを)黙過されるのですか。」(一一・一六二)

「略奪物や戦利品になりさがって……。」

これは対ローマのユダヤ戦争中の言葉です。

「(いったい)いつまで(それを)黙過されるのですか。」

これもまた対ローマのユダヤ戦争中の、とくに七〇年の秋にエルサレムがローマの四軍団によって包囲され、その救いが絶望的になった城内に立て籠った者たちが天に向って発した悲痛のうめき声です。

ペルシア王の前でのネヘミヤ

エスドラス第二書一二・一以下は、ここで場面を転換させ、アルタクセルクセス王の前に仕える酌人ネヘミヤを描きます。場面転換に先行する一文に「このとき、わたしは酌人として王に仕えていた」とあります。この一文はかろうじてエスドラス第一書の第一一章から第一二章への橋渡しとなるものですが、ヨセフスは、次のような一文を創作します。

「ネヘミヤが悲嘆の声を上げながら城内近くに居残っていると、何者かが近寄り、これから王が食卓につくところだと告げた。すると、彼はとるものもとりあえず、沐浴《もくよく》もせずに王のもとに急ぎ、酌人として奉仕した。」(一一・一六三)

「これから王が食卓につくところだ」とわたしが訳したギリシア文はより正確には、「王がこれから(食事を取るため)横臥しようとしているところだ」ですが、この訳文から浮かび上がるのは、皇帝や貴族たちが横臥《おうが》して食事を取るローマの習慣です。ペルシアの宮廷で横臥して食事を取る習慣があったのであればともかく、そうでなければ、ヨセフスはローマのフラウィウス一族の食事や宴席の光景から想像してこう描写しているものと思われます(図10、11)。

エスドラス第二書一二・二によれば、ネヘミヤはアルタクセルクセス王の時代の人物として言及さ

図10●横臥して食事をとるローマ人
図11●横臥して食事をとるローマ人

れておりますが、ここでのアルタクセルクセス王がアルタクセルクセス一世王（在位、前四六五－四二四）なのか、それともその子のアルタクセルクセス二世王（在位、前四〇四－三五八）なのか、それは判断しかねるものですが、ヨセフスはここまでで改めたクセルクセス王の時代の物語の流れの中にネヘミヤを置きますから、ここに登場する王をアルタクセルクセスではなく、クセルクセス一世王（在位、前四八六－四六五）とします。そのため彼は、以下で語る物語を「捕囚のユダヤ人の一人でクセルクセース（クセルクセス）王の酌人であったネヘミヤが、……」（一一・一五九）と切り出すわけです。

ペルシア王、ネヘミヤのエルサレム行きを認める

エスドラス第二書一二・一以下によれば、ネヘミヤが酌人として王に奉仕した酒席は、宴会での酒席ではなく、王妃と二人だけのプライベートなものであったようです。

工は自分に仕えるネヘミヤの表情が暗いのに気づき、その理由を尋ねます。ネヘミヤはここで彼の先祖の墓のあるエルサレムの荒廃についてかくかくしかじかであると説明し、ついで町の再建のために自分をエルサレムに派遣してほしいと願い出ます（図12）。プライベートな食事の席とはいえ、一介の酌人にすぎない者が、このような不躾《ぶしつけ》な願いを王に申し出ることが可能なのかと首をかしげた

図12●アルタクセルクセス王の前のネヘミヤ

くなりますが、この辺りで気づかされるのは、ユダヤ人ネヘミヤがペルシアの宮廷に、しかも彼が王にもっとも接近しやすい筆頭の酌人とされていることです。彼もまた立派な「宮廷ユダヤ人」です。

エスドラス第二書によれば、王はネヘミヤのエルサレム行きをその場で認めたばかりか、彼の求めに応じて、エウフラテース川以西の総督たち宛に書状をしたため、彼の領内通過を認めさせます。王はまた城門や城壁の再建工事のために必要な木材の調達の求めにも応じます。

ヨセフスもエスドラス第二書で語られている物語の展開を追いますが、彼はネヘミヤがなしたエルサレムまでの道中を「彼にしたがう大勢の同胞を連れた」（一一・一六八）旅に改めます。大勢の一団でないと、道中は危険です。道なき道に待ち伏せるのは追い剥ぎの一行とサソリです。

ネヘミヤのエルサレム到着とその後の行動

エスドラス第二書一二・一一は、ネヘミヤがいつスサの町を離れ、いつエルサレムに到着したかを記さず、「わたしはエルサレムに着き、三日間過ごしてから……」と曖昧ですが、エスドラス第二書一五・一四には彼が「アルタクセルクセス王の第二〇年」にユダ（ユダヤ）の地の長官（アルコーン）に任命されたとありますから、曖昧であっても、すべては王の「第二〇年」の出来事のようです。

ヨセフスもネヘミヤのスサ出発時を記さず、彼が「クセルクセース（クセルクセス）王の第二五年にエルサレムに到着した」（一一・一六八）とします。ヨセフスがアルタクセルクセスをクセルクセスに改めていることについてはすでに触れましたが、ここでの「クセルクセース王の第二五年」には問題が大ありです。クセルクセス王の在位は、前四八五年から四六五年までの二〇年ですから、「第二五年」は彼が眠る陵墓《りょうぼ》の中からの統治という滑稽な事態になってしまうからです。「ありゃりゃ」の事態です。エスドラス第一書に合わせて適当に「クセルクセスの第二〇年」とでもしておけば、これは王の死ぬ前の善行のひとつとなっただけに、残念です。

エスドラス第二書一二・一一以下によれば、エルサレムに到着したネヘミヤは、夜間ひそかに、二、三の者と一緒に城壁の周囲をめぐり、その破壊や破損の程度を調べます。そして彼は次に祭司や、貴族、役人その他の人びとを集めると、彼らに向かって、「ご覧のとおり、わたしたちは不幸の中で喘《あえ》いでいる。エルサレムは荒廃し、城門は焼け落ちたままだ。エルサレムの城壁を建て直そうではないか。そうすれば、もう恥ずかしいことはない」と告げ、アルタクセルクセス王の言葉を取りつぎますが、肝心なその言葉自体には立ち入りません。

ヨセフスは、ネヘミヤが「すべての民をエルサレムに集め、神殿の広場の中に立って」、彼らに語りかけたとします。彼は、エスドラス第二書一二・一七に見られる祭司や貴族らへの短い呼びかけの言葉を書き改め、ネヘミヤが次のように告げたとします。

「同胞のユダヤ人諸君。諸君も承知のとおり、神はわれわれの父祖であるアブラハムや、イサク、ヤコブなどを覚えており、父祖たちの廉恥心《れんちしん》のために、わたしたちにたいする心遣いを捨てられなかった。それどころか、神はわたしたちのために働き、城壁を再興して未完の神殿を完成させる権限を王から得させて下さった。

諸君は隣人の諸民族がわれわれに悪意や敵意をもち、われわれが工事を熱心に押し進めようとしていることを知れば、(必ず) 反対してさまざまの妨害に出ることをよく知っている。その諸君にまずわたしは望む。神を信頼すれば彼らの敵意に立ち向えるのだ。また、今こそはそのときであるから、夜を昼に継いで建設に励み、ひたすら仕事を継続することである。」(一一・一六九―一七一)

エスドラス第二書一三・一以下は、エルサレムの城壁の修復に関して、どこそこの門をだれが新たにつくったとか、補強したとか、城壁のどの部分をだれが補強したのかを語って細部に立ち入り、またその工事で、サマリアびとを含む近隣民族の妨害があり、そのため作業をする者は「腰に剣をおびて」いたとします (図13)。危険を察知して角笛を吹く者も立てられます。現代のイスラエルであれば、国境近くに入植地をつくる場合、その作業をする者たちを武装させます。彼らにもたせるのは、剣ではなくて、バズーカ砲か何かです。必要とあれば、神の在所である天空からの容赦のない空爆です。

図13●神殿の再建工事を見回るネヘミヤ

ヨセフスも物語の展開にしたがいますが、詳細には立ち入りません。ただし彼は、角笛を吹く者たちを「五〇〇ポドスの間隔で」立たせたと述べて（一一・一七七）、物語に「もっともらしさ」を与えます。一ポドスは約一フィートです。そしてまた彼は、ネヘミヤについても、彼自身も「夜間、都の周辺を巡回したが、決して仕事のためや、食事と睡眠が足りないために疲労を覚えることはなかった。彼は食事や睡眠を楽しみのためではなく、必要のために取っていたからである」（一一・一七八）と述べたりします。ネヘミヤ像の質的アップです。もっともエスドラス第二書一五・一四で、ネヘミヤ自身も、ユダヤ（ユダ）の地の長官に任命されたその日から、一二年間、長官の給与を一度たりとも受け取ることはなかったと述べて、自らのイメージアップにつとめております。なんだか、古代のレーニンです。いや、レーニンがネヘミヤをまねたりして。

エルサレムの城壁の完成に要した期間

エスドラス第二書一六・一五は、エルサレムの城壁が「五二日かかってエルルの月の二五日に完成した」と述べます。古代のユダヤ暦のエルルの月（第六の月）は太陽暦の八―九月を指します。エルルの次のティスリの月（第七の月）に新年がはじまります。これから逆算すれば、神殿工事が開始された月はタンムズの月（第四の月）で、太陽暦の六―七月の日照りの強い時期となります。汗水たらしての作業だったことが分かります。

「五二日かかって……」の城壁の再建工事は、「夜を昼に継いで」の短期集中の突貫工事であったかのような印象をわたしたちに与えます。しかし、ヨセフスは次のように言うのです。

「彼（ネヘミヤ）はこのような艱難《かんなん》を二年と四か月耐え忍んだ。これはエルサレムの城壁に要した期間であり、完成したのはクセルクセース（クセルクセス）王の第二八年の九月であった。」（一一・一七九）

エスドラス第二書によれば、城壁の完成に要した期間は二か月足らずですが、ヨセフスによれば、「二年と四か月」です。あまりにも大きな違いです。

城壁の完成を仮に「クセルクセス王の第二八年の九月」とし、再建工事に要した期間を「二年と四か月」としますと、工事を開始した時期はクセルクセスの第二六年の五月となります。先行した箇所（一一・一六八）では、ネヘミヤのエルサレム到着がアルタクセルクセスを改め、クセルクセス王の第二五年とされ、再建工事の着手もその同じ第二五年であったことが示唆されます。わたしたちはすでに先行箇所で、クセルクセスの在位期間が二〇年とされていることを知るだけに、またクセルクセスの「第二五年」はあり得ないと指摘しただけに、わたしたちはここで狼狽《うろた》えてしまうのです。ひとつの解決法は、ヨセフスがクセルクセスの在位期間に注意を払わず、適当にその工事期間を膨らませたとすることですが、もうひとつの解決法は、ヨセフスの卓上に置かれたテクストが城壁の完成を「アルタクセルクセス王の第二八年の九月」と読んでおり、彼はそこに見られるアルタクセルクセスをクセルクセスに変えただけだとするものです。

エスドラス第二書は城壁の奉献式に言及しますが、完成直後にもたれたであろう祝いには触れません。ヨセフスは「城壁が完成すると、完工を感謝して神に犠牲の献げ物を捧げ、八日間祝宴を張った」（一一・一八〇）とします。彼はネヘミヤがエルサレムに住む者たちの数が少ないのを見て、祭司やレビびとたちを都に移り住むようにさせたとし、また土地を耕作する民に、収穫の一〇分の一をエルサレムにもって来るようにさせたとします。資料としたのはエスドラス第二書の第二〇章や第二一章です。

ネヘミヤの死

ヨセフスはネヘミヤ物語を次の言葉で締めくくります。

「ネヘミヤは、その他にも賞讃に値する数多くの立派な仕事を成し遂げたのち、高齢で亡くなった。その人柄は、温恕《おんじょ》にして廉直《れんちょく》で、ただひたすら同胞たちに奉仕した。そして、彼はエルサレムの

城壁を自分の永遠の記念碑として残した。以上は、クセルクセース（クセルクセス）治下の出来事である。」（一一・一八三）

ヨセフスにとって、すべてはアルタクセルクセスのときの出来事ではなくて、クセルクセス王の時代の出来事だったのです。

第2章 エステル物語

第２章はエステル物語についてのヨセフスの再話です。

これはヘレニズム・ローマ時代に盛んに書かれたと思われる宮廷物語のひとつです。「宮廷物語」には「宮廷ユダヤ人」が登場いたします。第１章に登場したネヘミヤはペルシアの宮廷に奉仕する「宮廷ユダヤ人」でした。第４章で取り上げる『アリステアスの書簡』に登場するアリステアスはプトレマイオス王朝に奉仕する「宮廷ユダヤ人」です。前書『南北分裂王国の誕生』で取り上げたダニエル書のダニエルはバビロンの宮廷に奉仕する「宮廷ユダヤ人」でした。その他エトセトラ、エトセトラです。そういえば、ヨセフスもローマのフラウィウス朝に奉仕する「宮廷ユダヤ人」でした。もちろん、「宮廷ユダヤ人」のはしりは創世記四一・四〇以下に登場する、エジプトのファラオの宮廷に奉仕するヨセフです。

資料とされるのは、新共同訳聖書でネヘミヤ記の次に置かれているエステル記のギリシア語訳と付加記事A〜E（記号は新共同訳聖書に準拠）の付いたエステル記です。前者は正典文書のひとつですが、後者は、新共同訳聖書で「旧約聖書続編」の中に分類されていることから分かるように、外典文書のひとつです。外典文書のエステル記のギリシア語訳が正典文書のエステル記のギリシア語訳と同じであるかというと、さにあらずですから、話はややこしくなりますが、ここではその差異の背後にあるヘブライ語のテクスト問題の一々には立ち入りません。なお、本章では、書名の煩雑《はんざつ》さを回避するために、正典文書のエステル記のギリシア語訳を指して「エステル記第一書」と呼び、付加記事の付いた外典文書のエステル記を指して「エステル記第二書」と呼ぶことにいたします。ヨセフスがエステル物語の再話で主資料として使用するのはエステル記第二書であって、エステル記第一書ではありません。

エステル記はユダヤ教ではメギラーと呼ばれるもの（メギラー・エステル）で「諸書」のひとつとされておりますが、キリスト教側では伝統的にそれを「歴史書」のひとつとして扱ってきました。しかし、これは的を射ない不幸な分類です。エステル記は歴史書ではなくて、卓越した想像力を駆使できた人物によって書かれたフィクションだからです。そして、「付加記事」を付け足した人物はそれ自体完成度の高いエステル記の足らざる所に切り込んでそれを補ったわけですから、その者もまた驚くほど想像力の豊かな人物であります。想像力の産物である宮廷物語とその足らざる所を補った付加記事の付いた物語の背後の世界で何が起こりつつあったのかをわたしたち読み手が想像することは大切です。それはヘレニズム時代のディアスポラのユダヤ人たちが体験した反ユダヤ主義です。もちろん、この反ユダヤ主義は後のキリスト教世界で執拗に見られた、独善的なキリスト教神学の必然の帰結としての反ユダヤ主義とは異なるもので、彼らユダヤ人たちの特異な生活習慣にたいする反発ないしは反感にもとづくものであったことは言うまでもありません。

アルタクセルクセス王の酒宴

ヨセフスはエステル物語の冒頭で次のように述べます。

「クセルクセース（クセルクセス）が亡くなると、王国はギリシア人がアルタクセルクセース（アルタクセルクセス）と呼んでいるアスエーロス（アハスエロス）の手に渡った。そして、この王がペルシア人の帝国を治めているとき、ユダヤ人たちは妻子ともども全民族が絶滅の危機に直面したのである。その理由はすぐ先で明らかにするが、その前にこの王がユダヤの王族出身の婦人と結婚した経緯について語っておきたい。この女性こそ、わたしたちの民族を（危機から）救ったと言われるからである。」（一一・一八四—一八五）

ヨセフスはエステル物語の核心部分をしっかりと押さえております。ユダヤ民族絶滅の危機です。ユダヤ民族が絶滅危惧種に、いや絶滅危惧人種に特定されていたのではありません。しかしある日突然、降って湧いた災難に遭遇するのです。ペルシア在住のユダヤ民族の者たちが一片の布告でもって絶滅推進の人種に特定されるからです。

実際にそのような事態が到来したわけではありませんが、エステル物語の核心部分がそこにあることは間違いなく、ヨセフスは最初に読者にそれを投げつけるのです。

ヨセフスは物語の背景となる時代を変更いたします。

エステル記第一書一・一は、「クセルクセスの時代のことである」と述べて、エステル物語を語りはじめるのですが、エステル記第二書同掲箇所は、「アルタクセルクセース（アルタクセルクセス）の時代の話である」ではじめております。エステル記第一書ではなくて、エステル記第二書を主資料とするヨセフスは、そこでの記述にもとづいて、背景となるペルシア時代の王をクセルクセス（在位、前四八六―四六五）からアルタクセルクセス（在位、前四六五―四二四）に変更しております。彼はネヘミヤ記に見られるネヘミヤ物語を語り終えた後で、「以上は、クセルクセース（クセルクセス）治下の出来事である」（一一・一八三）で全体を締め括《くく》っておりますから、エステル記がネヘミヤ記の次に置かれているからといって、クセルクセスを登場させ続けることなどはできないのです。クセルクセスの舞台上の役割は終ったのです。彼を退場させねばなりません。

引用した一文では、ヨセフスはエステル物語を再話するにあたり、この物語の主人公となる王妃エステルがユダヤ（ユダ）の王族出身の者であることを明らかにすると同時に、彼女がペルシアの王と結婚するに至った経緯を語りたいと述べております（一一・一八五）。

『ユダヤ古代誌』の読者は、その第一一巻で、バビロンからエルサレムに帰還した祭司やレビびとたちが異民族の女たちと結婚し、そのため血の純粋保持のために女たちを追い出す血も涙もない無慈悲で冷酷な話を読まされただけに、「異民族の男性とのユダヤ人女子の結婚は許されるんだっけ？」の「はてな」状態に置かれておりますから、ここでのヨセフスの言葉は適切です。ただし、王妃の結婚の経緯が実際に語られるのは先に進んで見られる物語の中においてです。

エステル記第二書一・一以下によると、アルタクセルクセス王は治世の第三年目に都スサで、王国の友人たちや、貴族たち、地方総督のアルコーンたちを招いて盛大な酒宴を一八〇日の長期に渡って主催し、それが終ると次に、王都スサにある王宮の庭園でさらに酒宴を六日間催し、スサの住民全員を招待したというのです。そして、そのとき、王妃のワシュティはワシュティで、宮殿の女性たちのために酒宴を催しております。

酒宴が一八〇日プラス六日もつづけば、王国の機能は麻痺したのではないかとか、王国の財政は破綻したのではないかとか、冒頭からいろいろ心配になりますが、ここに見られる荒唐《こうとう》無稽《むけい》なスケールの大きさがすでにしてわたしたちに、この物語が創作物語であることを暴露してくれます。歴史書ではないのです。

エステル記第二書（およびエステル記第一書）は、王主催のこの宴席に招かれた者たちの数を挙げておりませんが、ヨセフスは「何万」とします。ギリシア語は「一万」をあらわすムリオイに、「多い／多数の」を意味する形容詞ポルスの複数形が付いたものですから、もしかしたら、何万ではなくて、それ以上の数だったかもしれません。宴席では特上の葡萄酒が惜しげもなく振る舞われたとあります。何万の客に振る舞う葡萄酒ですから、王室のワイン・セラーが途方もない規模のものだったと想像しなければなりません。楽しい想像でもあり、ばかばかしい想像でもあります。ヨセフスは酒がどのようにして注がれたかを述べたあと、「王はまた全土に（使者を）送り、人びとに仕事を中止して休み、王国（の繁栄）を祝って幾日も祭を執り行うように宣言した」（一一・一八九）とします。国民は大喜びであったに違いありません。各地で爆竹が鳴り、花火が打ち上げられたりして。

ワシュティ、王妃の地位を奪われる

エステル記第二書一・一〇以下によれば、酒宴の七日目にとんでもないことが起こります。酒で上機嫌になった王が、王冠をつけた美しい王妃ワシュティを召し出し、彼女を列席の者たちに紹介しようとします。そのため王は後宮に住む王妃のもとへ宦官を遣わしますが、王妃は王の求めには応じようとはしません（図14）。もちろん、王の機嫌は損なわれ、カンカンです。そこで王は列席の顧問たちに相談します。彼らの一人が、王妃が王命にしたがわなかったことが国中に知られてしまうと、ペルシアの女たちは男たちを軽蔑の眼で見るようになるので、ワシュティの王妃としての地位を取り上げ、それを他の女性に与えるのが望ましい、そしてそれを伝える勅令を国の隅々まで送れば、女たちはみな、その身分のいかんにかかわらず、夫を敬うようになると建策します。話としてはそれなりに楽しいものですが、現代の女性がこれを読めば、柳眉《りゅうび》を逆立《さかだ》てるに違いありません。

ヨセフスは王がワシュティを召し出そうとした理由を彼女の美貌にもとめ、「王は、王妃が他のいかなる女にも負けない美貌の持ち主だったので、客に彼女を見せようと思い……」（一一・一九〇）としますが、ここで改めて気づかされるのは、『古代誌』におけるヨセフスの女性の容貌の強調の仕方が相も変わらず陳腐《ちんぷ》であることです。わたしたちはすでにラケルの場合（一・二八八）、サムソンの母の場合（五・二七六）、バテシバの場合（七・一三〇）、ダビデの娘タマルの場合（七・一六二）を見ましたが、どれもこれも陳套《ちんとう》なものばかりでがっかりです。

ヨセフスもエステル記第二書と同じく、エステルを気位が高い女性としますが、王の前に伺候しない理由を「女が見知らぬ者の前に姿を見せることを禁じたペルシア人の法」（一一・一九一）にもとめ、王妃がそれを楯にしたとします。

王妃はペルシアの法でもって武装したのです。

図14●王の酒宴（右）と、それへの出席を拒むワシュティ（左）

王妃はひそかに嫁ぎ先の国の法律を勉強していたことになりますが、この時代の歴史家ヘーロドトス（前四八五ころ－四二〇ころ）が著した『歴史』五・一八や、九・一一〇によれば、王妃は宴席に連なることが許されたとありますから、もしそれが正しければ、別の理由を探さねばならなくなります。ユダヤ側の文書タルグムは、王が王妃に、裸で客の前に出てくるように命じ、そのため彼女は王の要求をはねつけたとします。なるほど、これならばよく分かります。裸での伺候は過激すぎます。「いくらなんでも」です。王妃は創世記第三八章のタマルの場合のように、スケスケの「薄いベール」（ギリシア語のテリストロン）一枚で伺候せよと命令されたのかもしれません。もしそうであっても、王妃がカンカンになるのは当然です。現代の女性もカンカンです。

ワシュティはその王冠を奪われます（図15）。

彼女のその後の運命は分かりません。ヨセフスは彼女が王宮から「追放された」としますが、その追放先を想像してみせません。ラビ伝承では、彼女は処刑されております。可哀想に。

王にはワシュティに代る女性が必要になります。

エステル記第二書二・一以下によると、「それからしばらくすると、王は怒りをおさめたが、アスティン（ワシュティ）が言ったことや彼女を罰したことを覚えていたが、（その他のことで）彼女を思い起こすことは二度となかった」そうです。しかし、王にはワシュティへの未練《みれん》が少しはあったようです。そこで王が鬱《うつ》にでもなられては王国の一大事です。その辺りのことを察知した王の侍従の提案

図15●ワシュティの追放

で、王国の各地に使いの者が派遣され、美しい処女が一人残らずスサに集められることになります。ヨセフスもエステル記第二書の記述に王の未練がましさを正しくも読み取り、次のように申します。

「王はアステー（ワシュティ）を愛しており、その別離は耐え難いものだったが、法が立ちはだかったために彼女との和解は不可能になった。王は自分の望みどおりにいかない事態を悲しみつづけた。王の友人たちは、王の不機嫌な様子を見て、妻の思い出や、どうすることもできぬ愛（エロース）を捨てるように（言い）、人の住む世界に使いを遣って美しい処女を探し求め、その中から気に入った者を娶《めと》るようにすすめた。『なぜなら』と彼らは言った。『別れた妻へのあなたさまの愛情（フィロストロゴス）も、代りが見つかれば消えます。彼女へのあなたさまの情愛（エウノイア）は、これから結婚する女に少しずつ移るからです』と。」（一一・一九五―一九六）

美しい処女をかり集めるための王の布告

王の布告が王国全土で掲示されます。

「人の住む世界」に使いを遣って、王にふさわしい美しい処女をかり集めるのですから、東はインドから西は……と想像して、思わずのけぞってしまいます。ヨセフスは「王国内の処女の中から容姿端麗な者を選んで自分のもとに連れて来るよう（部下の）者に命じた」（二一・一九七）とします。「人の住む世界」（オイクメーネー）と「王国」では規模の違いがあります。なお、王国内の処女探しには老いたダビデの先例がありますから、ヨセフスはここでそれを楽しく思い起こしているのかもしれません（拙著『神の支配から王の支配へ』（京都大学学術出版会）三三一－三三二頁）。

エステル、王妃に選ばれる

エステル記第二書二・八以下によれば、「大勢の娘たち」が王都スサに集められます。その中に物語の主人公となるエステルが入っております。

エステル記第二書二・五－七によると、エステルは両親をすでに亡くしている孤児ですが、彼女は叔父（あるいは伯父）のモルデカイに引き取られて育て上げられたそうです。そこではモルデカイはベニヤミン部族の由緒ある家系に属する者とされておりますが、それ以上のことは分かりません。しかし、すでに見たように、ヨセフスはエステルを「王族」の娘とし、叔父を「ユダヤ人の指導者のひとり」（一一・一九八）とし、最初から二人の地位のレベルアップを試みております。彼自身がユダヤの王家につらなる一族の出身者（『自伝』二以下参照）のためでしょうか、ヨセフスは王族や高貴な者に敬意を払います。これは、わたしが見るところ、人間としての彼のウィークポイントのひとつとなります。

エステルを含む後宮に集められた娘たちは、容姿にさらに磨きをかけるために香料や化粧品がふんだんに与えられ（図16）、王の前に伺候するときのマナーや閨房《けいぼう》での秘め事の作法などをたっぷりと教え込まれます。処女はどこまでも処女らしく、最初からヨガリ声などを出すことなどは厳禁です。

やがて、エステルにも出番がきます。いよいよヨセフスが同胞のユダヤ人女性のエステルがペルシア人の王と結婚する経緯を語る場面です。

王は彼女を目にした瞬間から彼女にひとめぼれです。

おかげで話はとんとんと進むことになります。もちろん、彼女の頭に王冠が置かれることになり（図17）、二人の結婚を記念して盛大な宴が催されます。またまた酒宴です。

ヨセフスはスサに集められた処女の数をエステル記第二書の「大勢」から「四〇〇人」に改めます（一一・二〇〇）。すでに何度も見てきたように、漠とした数を具体的な数に改めて、それなりの「史実っぽさ」を与えるのは、再話における彼の常套手段ないしは得意技ですが、ここでもそれを行っているのです。彼は彼女たちが宦官《かんがん》の世話を受けた期間を「一二か月」から「六か月」へと短縮いたします。一二か月も待たされるのでは、王の体がもちません。エステル記第二書は王の寝室に毎晩入って行く処女の数を特定しておりませんが、ヨセフスは、一晩につき一人の娘が王の寝室に送り込まれたといたします（一一・二〇二）。おかげで読者は、四〇〇人の処女がおれば、「ひとり一晩」で計算

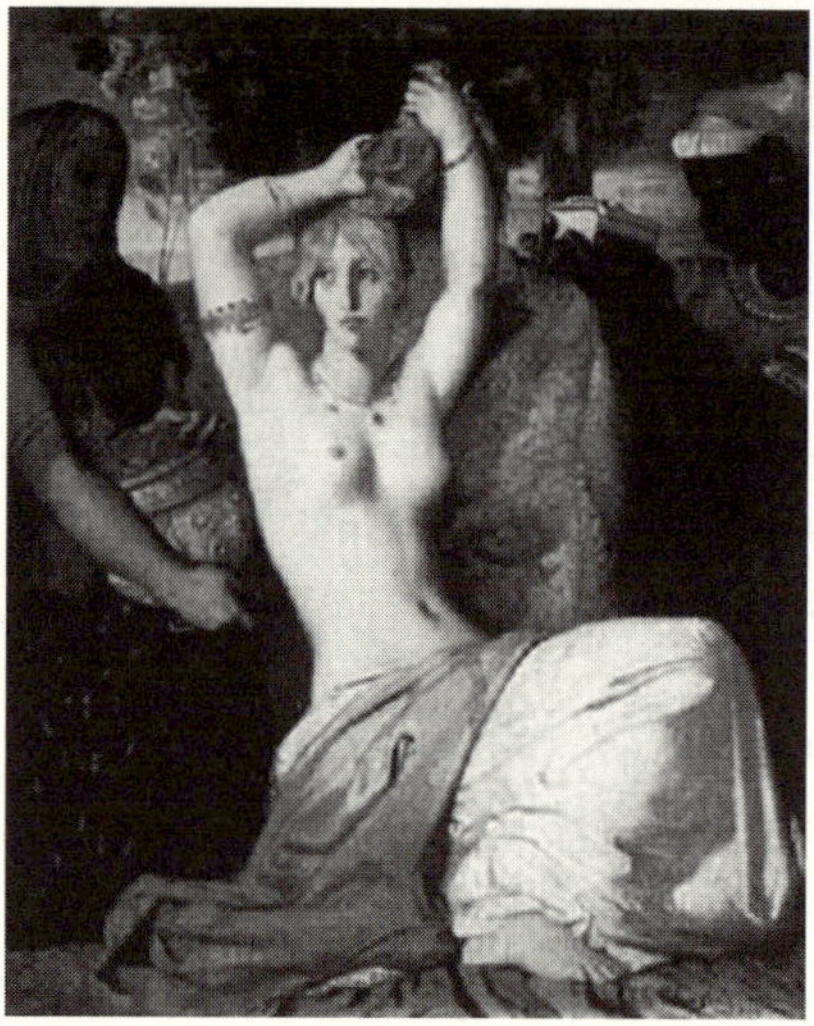

図16●化粧するエステル

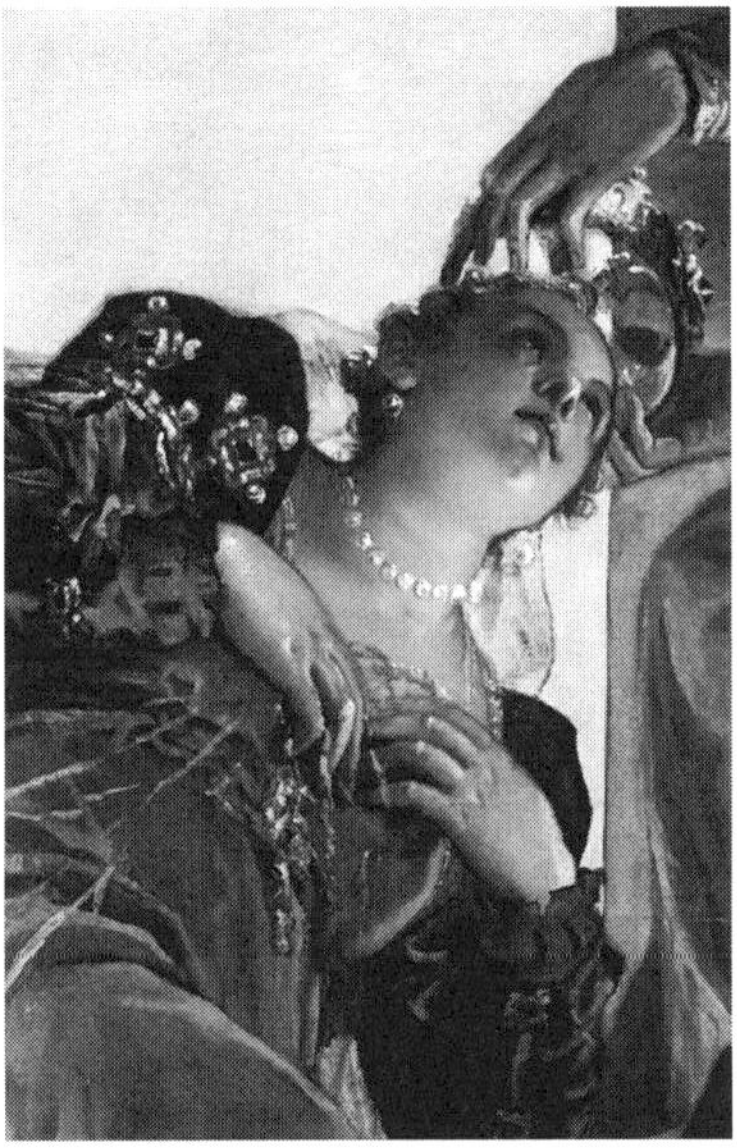

図17●アハスエロスによって戴冠されるエステル

しても一年以上はもつな、そしてその後はリサイクル使用か、と楽しく想像することができます。もっとも、エステル以後のウェイティング・リストにのせられている他の処女に出番が来なかったことも想像しておく必要があります。

ヨセフスは「エステーラ（エステル）がやって来ると、王は彼女に（すっかり）満悦して（はげしい）愛情（エロース）を抱くにいたった」（一一・二〇二）と述べます。まるで彼が王のエロスの爆発を身近で観察していたかのようですが、この辺りは、創世記二九・一六以下に見られるラケルにひとめぼれしたヤコブの場合（一・二八八）を想起すべきなのかもしれません。

ヨセフスは王とエステルの結婚式が「王の治世の第七年の、アダルと呼ばれる第一二の月」に執り行われたとします。エステル記第一書二・一六は、エステルが王のもとに召し出された日を「第七年の第一〇の月、すなわちテベテの月」としておりますが、エステル記第二書の同掲箇所は「王の治世の第七年のアダルである第一二の月」としております。ヨセフスがここで、エステル記第二書をもとに結婚式のアバウトな日取りについて云々していることが分かります。

エステル記第一書は祝宴の期間に言及しておりませんが、エステル記第二書二・一八は「七日間」とします。しかし、ヨセフスはそれを「丸一か月」（一一・二〇三）に改め、祝宴の盛大さぶりとその裏にあるエステルへの王の惚れ込みぶりを強調いたします。

王座に近づくことを禁じたペルシアの法律

エステルの叔父モルデカイはこの時点で王から歓待されてもおかしくありませんが、彼の存在はまだ王には知らされておりません。

エステル記第一書二・一九以下によれば、モルデカイは連日「王宮の門に座って」おります。これでは物乞いをする寂しい老人の姿です。気位が高い王族の者のする所作ではありません。ヨセフスは、バビロンからスサにやって来たモルデカイが「連日王宮の近辺を徘徊《はいかい》し、娘の暮らしぶりを尋ねたり」(一一・二〇四)したとします。これではモルデカイは徘徊老人《はいかいろうじん》です。挙動不審《きょどうふしん》のアブナイ老人です。ヨセフスの記述が滑稽なのは、彼が次に、玉座に近づくことを禁じたとするペルシアの法に触れるからです。これは玉座に近づく挙動不審な者たちを排除し、王の安全を守るためのものです。

エステル記第二書四・一一によれば、王宮の内庭にいる王に、召し出されずに近づく者は、男であれ、女であれ、死刑に処せられると法の一条に定められていたそうですが、ただ王が黄金の笏を差し伸べた場合のみ、その者は死を免れるというのです。

ヨセフスもエステル記第二書にしたがって、この法に触れますが、彼はここで、玉座に近づく者を罰するために、「斧をもった男たちが玉座の周辺に立てられた」(一一・二〇五)とします。王門内の警備では、不審者は即打ち首の厳戒態勢ですが、王門外の警備は手薄のようで――エステル記第一書三・二によれば、そこには役人が何人か立っていたようですが――、そのコントラストの落差の激しさに読者はついつい笑ってしまいます。

モルデカイ、王への陰謀を通報する

エステル記第二書二・二一によれば、あるとき、と言っても、モルデカイが王宮の門の前に座っていたときのことですが、王の身辺警護長をつとめる二人の宦官が王を倒そうと謀っていたそうです。それを知ったモルデカイはエステルに通報し、彼女はモルデカイの名でこの陰謀を王に通告し、そのため二人の宦官は処刑されます。エステル記第二書の読者はここで、モルデカイが二人の宦官の立ち話を全身を耳にして立ち聞きしていたと想像しなければなりません。

さてヨセフスですが、彼はここで王宮の門の前での陰謀についての立ち話に不自然さを感じたのでしょう、「ひとりの宦官のしもべのユダヤ人であったバルナバソスがそれを（事前に）発見し」（一一・二〇七）たと、人名までも創作し、この宦官がモルデカイに陰謀を通報したとします。

この改作自体は面白いものですが、そこにも不自然さが残ります。なぜならば、この創作をスムーズに理解するためには、この宦官が事前にモルデカイの高い地位を知っていたことが前提とされますが、それを示唆する一文がどこにもないからです。

モルデカイには報償《ほうしょう》か何かが与えられたのでしょうか。

エステル記第一書二・二三は、「この事件は王の前で宮廷日誌に記入された」とするだけですが、エステル記第二書の同掲箇所は「王はマルドカイオス（モルデカイ）の功績を王室図書館の日誌に賛辞を付して記録するよう命じた」とします。ヨセフスはここで「そのとき王は命の恩人であるモルデカイに何の報賞も与えず、（王室）文書の記録官に彼の名を書き留めさせただけであったが、王の腹心の友人として王室に住むことを許した」（一一・二〇八）とします。エステル記第一書三・二によれば、モルデカイは、この出来事の後でも相変わらず王宮の門の前におりますが、ヨセフスは「そして王はモルデカイに王宮で仕えるように命じ、そしてこれらのことのために贈り物を与えた」とします。

王の腹心ハマン、モルデカイとユダヤ民族の者を憎む

ここで場面転換です。

姦智《かんち》にたけた宮廷人ハマンの登場です。

エステル記第二書三・一以下によれば、アガグびとハマンが王に取り立てられ、宮廷で最高の地位についております。そのため彼がやって来ると、王宮にいる者たちはみな彼に「ひれ伏した」そうですが、そこにいるモルデカイだけはそうしません。そのため彼がユダヤ人であることが暴露されます。

モルデカイの出身民族を知ったハマンは彼ひとりを討つのではなく、王国内に散在しているユダヤ民族の者たちすべての絶滅を考えます。絶滅の日はプルと呼ばれるくじを投げて「第一二の月、すなわちアダルの月」と決められますが、王に成り代わってハマンが署名した勅書には「第一二の月、すなわちアダルの月の一三日」と具体的です。

ここで問題になるのはハマンの出身民族です。

ユダヤ民族の絶滅を考えるのであれば、この民族を蛇蝎視《だかつし》する民族の出身者でなければなりません。エステル記第一書三・一はハマンをアガグびとにしますが、エステル記第二書はアガグびとを改めてブーガイオスびととし、ルキアノス写本はゴーガイオスびととします。アガグびとであれ、ブーガイオスびとであれ、またゴーガイオスびとであれ、ヨセフスの聴衆や読者にはよく分からない民族です。そのためでしょう、ヨセフスはハマンを「アマレーキティス（アマレクびと）の種族の子孫」（一一・二〇九）に改めます。出エジプト記一七・八‐一六によれば、アマレクびとは、モーセに率いられたイスラエルの子らがエジプト脱出後シナイ半島のレフィディムに滞在していたときに襲撃をかけ、戦いの後、主がモーセに「わたしはアマレクの記憶を天の下から完全に拭い去る」と約束したイスラエルの文字通り天敵となる民族ですが、サムエル記上の第一五章以下によれば、神はその約束を果たせずにおります。実際、アマレクびとの子孫はサウルを相手に戦っておりますから、ヨセフスがハマンを「アマレクびとの種族の子孫」としても、それにはそれなりの創意工夫があったと見なければなりません。

なお、脱線して一言申し上げておきますが、ここで神がモーセになした約束「……の記憶を天の下から完全に拭い去る」は、旧約の神の性格の一面がよく出ているとはいえ、ユダヤ民族ははるか後の二〇世紀の前半に、自分たちの民族としての記憶を天の下から拭い去られようとするわけですから、これ以上の悲劇はありません。民族鏖殺《おうさつ》の思想が聖書に淵源《えんげん》するものであることはよくよく覚えておく必要があります。

ヨセフスは、ハマンがペルシア人から跪拝礼《きはいれい》を受けたのは王門前ではなく、彼が王に伺候したときに改め、その場にモルデカイもいたとします。彼によれば、モルデカイはすでに王宮内に住むことが許されておりますから、モルデカイが王の前にいたとしても不思議ではありません。いや、王門の前ではなくて、王の前にいなくてはならないのです。

エステル記第二書（およびエステル記第一書）は、モルデカイがハマンに拝礼しなかった理由を説明しませんが、ヨセフスは「その知恵と祖国の律法のためにいかなる人間にも跪拝しようとしなかった」（一一・二一〇）と説明します。ローマでの『ユダヤ古代誌』の聴衆や読者の中には、すでに見てきたダニエル書のダニエルを思い起こす者もいたかも知れませんが、またヘーロドトスが語る、クセルクセス王の前で跪拝しなかったスパルタの二人の使節ペルティアスとブリスの話を想起する者たちもいたかもしれません。ヘーロドトス『歴史』七・一三六によれば、彼らは「……たとえ護衛兵たちの手によって頭を床に押し付けられようと、断じてそのような振る舞いはせぬと拒絶した。人間に拝礼するなどということは自分らの国の習わしにはないことで、また自分らはそのようなことをするために来たのではない、と言い張った」（松平千秋訳）そうです。異国の風習を理解しない石頭ですが、それなりに天晴れです。

エステル記第二書（およびエステル記第一書）はまた、ハマンが立腹した理由を説明しませんが、ヨセフスはハマンが「自由人であるペルシア人が自分を拝しているのに、奴隷のこの男はそうしない、とつぶやいた」（一一・二一〇）とします。

「自由人」（エレウテロス）と「奴隷」（ドゥーロス）の対比です。

エステル記第二書（およびエステル記第一書）は、ユダヤ民族絶滅のハマンの動機やユダヤ民族にたいするハマンの憎しみを十分には説明しておりませんが、ヨセフスは、ハマンをアマレクびとにしたことで、その説明が可能とされ、「ハマンは、自分の出身部族のアマレーキタイ（アマレクびと）がユダ部族に滅ぼされたためにユダヤ人を憎んでいた」（一一・二一一）とします。

エステル記第二書三・八以下によると、ユダヤ民族絶滅の日取りを決めたハマンは、王にその決定を奏上して次のように申します。

「あなたさまの王国全土に散らされているひとつの民族があります。（他の）すべての民族のそれとは異なり、彼らの法律は王の法律に従うものではありません。この民族をそのままにしておくことは王にとり得策ではございません。もし御意《ぎょい》にかなうのであれば、彼らを滅ぼすご決定をなして下さい。そうすればわたしは、王の金庫に銀貨一万タラントンを納めます。」

ヨセフスが語るユダヤ民族の生活様式

ヨセフスは、ハマンの奏上の言葉の内容を改めます。

エステル記第二書は、ユダヤ民族が民族独自の法律をもっていることが問題にされたとしておりますが、ヨセフスはそれに触れません。ユダヤ民族の法が、たとえそれが神の法であったとしても、ユダヤ民族の者がディアスポラの身となっている国の法を越えるものであるのかどうかは、すぐれた議論の対象となるものだけに、ヨセフスがここでそれに立ち入らないのは残念ですが、彼が触れるのはユダヤ民族の生活習慣（生活様式）です。

「（王よ。）王の治める人の住む世界には性質《たち》の悪い民族がおり、しかも彼らは（各地に）散らばっております。この民族の者は孤立主義者で（他の民族の者と）交わろうとはせず、他（の民族）とは異なる宗教をもち、（異なる）法律を守っております。その習慣と生活様式のため、この民族は王の民と全人類の敵です。

もし王が臣下（の民）と力を合わせ、何かよき業《わざ》を積みたいと願われるのでしたら、この民族を根絶やしにし、彼らの中の一人たりといえども奴隷や捕虜になって生き残ることがないように命令して下さい。

ユダヤ人は（現在）王に貢ぎを納めております。王に損失があってはなりませんので、王が命令を下せば、わたしは自分の財産から銀四万タラントンを出して（その補填《ほてん》）を約束いたします。害虫どもを一掃して王国が安泰になれば、わたしは喜んでこの金を差し出します。」（一一・二一二―二一四）

ヨセフスが冒頭の一文で、「王の治める人の住む世界には……彼らは（各地に）散らばっております」と言うとき、彼は彼の時代の「離散のユダヤ人」を念頭に置いております。そして彼はここで、ヘレニズム・ローマ時代に異教徒の著作家たちがユダヤ人の生活慣習を批判して盛んに口にした言葉「孤立主義／付き合いの悪さ」（アミクシア）を使用しております。

この言葉に留意することは重要です。

この「孤立主義」ないしは「付き合いの悪さ」は、彼らユダヤ人の生活習慣と生活様式に由来するものだけに、その重要性は突出したものになるからです。たとえば、ヘレニズム・ローマ時代のことですが、ユダヤ人が寄留先の異国の軍隊にリクルートされることがありました。軍隊の食事に豚肉が出るのはまれではありませんが、ユダヤ人兵士はそれは口にできないと申し立てればどうなるのでしょうか。厨房は彼らのために別のものを用意しなければならなかったのです。ローマ社会にはさまざまな組合や寄り合いがありました。その集まりで、ある重要な決定が金曜日の夕方になされることになったらどうでしょうか。「これから重要な集まりがある。おれは失礼する」と言って、そこでの会合には出ず、シナゴーグの集まりには出ていたとしたらどうなるでしょうか？　人は、自分たちとは異なる民族の者たちが周囲におれば、彼らの生活を観察し、それについてひそひそと語るものですが、その観察を書き残した者たちもおります。前三〇〇年ころのアブデラのヘカタイオス（ディオドーロス『世界史』四〇・三・五）にはじまる異教の知識人たちです。ヨセフスは『アピオーンへの反論』の中で、ユダヤ民族を孤立主義者とか、付き合いの悪い民族と非難した知識人の言説を取り上げて、それに一々反論を加えておりますから、ここでのヨセフスの一文をよりよく理解しようとしたら、彼の『アピオーンへの反論』を手もとに置く必要があります。

ヨセフスはここでエステル記第二書三・九に見られる、ハマンが王に約束した貢ぎの補塡額銀一キカル、すなわち銀一万タラントンをその四倍の四万タラントンに引き上げておりますが、これは見逃せません。補塡額を引き上げることで、ユダヤ民族にたいするハマンの憎悪が強烈なものであることを聴衆や読者に印象付けるものになるからです。なお、もし奴隷の相場がひとり頭一タラントンであったとしたら（第5章で語られる「ヒュルカノス物語」では、奴隷の相場が一タラントンとされております）、四万タラントンは奴隷になり得るユダヤ人が四万いたことになります。

王名で出された布告

エステル記第一書三・一二以下は、ユダヤ民族絶滅のために掲示された王名の布告が、ハマンの命じるがままに書かれたとしておりますが、その具体的内容には触れておりません。その内容を想像し、それを付加記事の中に書き込んでみせたのがエステル記第二書の著者です。ヨセフスはその布告の内容を彼自身の言葉でほぼ忠実に再現してみせますが、それには留意すべき箇所が三つばかりあります。

ひとつは、すでに指摘しておりますが、エステル記第二書の著者が、ヘブライ語エステル記の著者とは異なり、エステル物語をクセルクセスの時代ではなくて、アルタクセルクセスの時代の出来事としていることです。したがって、エステル記第二書の「付加B」に見られる布告の書き出しは「大王アルタクセルクセース（アルタクセルクセス）はインドからエチオピアに至る一二七州の長官、およびその下にある地方長官に書を送る」ではじまるものとなり、ヨセフスもそれにしたがっていることです。

次の留意すべき箇所は、ユダヤ民族を告発するアルタクセルクセス王の発言箇所です。エステル記第二書の著者はこう書きます。

「……予らの中の怜悧《れいり》で、その善意で心変わりすることなく、不動の忠誠心を示し、王に次ぐ第二の地位につけられているアマン（ハマン）が、予らにこう指摘した。人の住む世界の全種族の中に敵意を抱く国民《くにたみ》が混じっている。この民族は自分の法律を楯にあらゆる民族に反抗的で、つねに歴代の王の命令を蔑ろにし、予らが正しくも押し進めてきた共同統治を遂行できなくしている、と。予は、この民族だけが、つねにすべての民に敵対的で、その法律に従って奇異な生活を送り、予らの政体に馴染《なじ》まず、悪しきことを行い、そのため王国が安定していない、と。……」

たとえ表面的、皮相的であったとしても、これはこれでひとつの観察です。ヨセフスは彼自身の言葉でこの観察をなぞります。

「ところで、その思慮分別《しりょふんべつ》と廉直《れんちょく》な精神のゆえに予のもとで大きな栄誉と名誉を受け、また、その献身と揺るぎなき忠誠心のゆえに、予に次ぐ第二の者とされているアマネース（ハマン）が、（帝国の将来を）案じ、全人類の中に入り込んでいる非友好的な民族の存在を予に教えてくれた。この民族は、珍奇な法律をもち、王に不服従で、その慣習も異なり、君主制（モナルキア）を憎悪し、われわれの帝国に不忠実である。……」（一一・二一七）

「全人類の中に入り込んでいる非友好的な民族」とは、当時の「人の住む世界」（オイクメーネー）のほとんどすべての都会に入り込んでいたユダヤ人たちを指します。「全人類」とはひどい誇張であるように思われるかもしれませんが、これはこれで言い得て妙なものですが、わたしたちはここでそれに納得する前に、『古代誌』一四・一一五に残されているストラボーン（前六三ころ—後二三）の言葉、「ユダヤ人はどの町にも住み着き、人の住む世界でこの民族の者たちのいない場所を見つけるのは困難である」を想起する必要があるかもしれません。

一般の異教徒たちが、彼らの中の知識人を含めて、ユダヤ民族の法を知るはずがありませんが——わたしは異民族の知識人たちが、たとえば、モーセ五書を読んでいた例をひとつしか知りません——、ユダヤ人の生活習慣が彼らの独自な法律にもとづくものであることぐらいは多くの者たちが承知していたはずです。なお、わたしはこの翻訳ではギリシア語モナルキアに「君主制」の訳語を与えましたが、「単独支配」の方がよかったかもしれません。ヨセフスのここでのこの言葉の選択には曖昧《あいまい》さが残ります。ローマの読者であれば、皇帝支配のことを思い浮かべるかもしれませんし、またユダヤ民族の神支配はモナルキアでないのかと半畳を入れられる恐れがあるからです。

そして第三の留意すべき箇所は、ユダヤ民族絶滅の日付けに見られる齟齬《そご》です。エステル記第一書三・一三によれば、それはすでに見てきたように、「第一二の月、すなわちアダルの月の一三日」ですが、エステル記第二書（付加B）によれば、それは「本年の第一二の月、アダルの月の一四日」です。

わずか一日の違いでしかないではないかと言うなかれです。民族絶滅の日が文書によって異なっていては困ります。エステル記第一書の著者の前に置かれたヘブライ語エステル記には「アダルの月の一四日」と書かれてあったのかもしれません。ヨセフスは「本年の第一二の月の一四日に決行する」（一一・二一九）とします。彼がエステル記第二書を使用しているのはもう明らかです。

モルデカイの苦悩と王妃エステルの行動

エステル記第二書四・一以下によると、モルデカイは事の一部始終を知ると、自分の服を裂き、粗《あら》布《ぬの》をまとい、灰をかぶって外に出て行き、罪のない民族が抹殺《まっさつ》されようとしていると通行人に訴えます。

モルデカイがこのとき王宮から飛び出して行ったのか、それとも彼の自宅から飛び出して行ったのか、テクストはその辺りのことを曖昧にしております。ヨセフスも曖昧です。彼は、見てきたように、モルデカイが「王宮に住むことを許された」としておりますから、モルデカイが「王宮から飛び出して行った」と書いてもよさそうなものですが、そうはしていないのです。彼はエステル記第二書にしたがって、モルデカイが「不義不正を働いていない民族が滅ぼされようとしている」と大声を上げながら訴え、町中を巡ったとします。そして彼はつづけて、モルデカイが「そう叫びながら王宮の所まで来て、そこで立ち止まった。そのようないでたちで王宮に足を踏み入れることは許されなかったからである」（一一・一二一）と述べます。これではモルデカイが王宮から飛び出したのではなく、自宅から飛び出して王宮に向かったかのような印象を読者に与えます。

モルデカイが惨《みじ》めな風体《ふうてい》で広場に立ち尽くしているのを王妃エステルに報告する者がおります。王妃は使いの者をモルデカイのもとへ遣って、粗布《あらぬの》を脱がせようとしますが、彼はそれに応じません。そこで彼女は次に宦官のひとりを遣わし、何事があったのかを聞き出そうとします。

モルデカイ、王妃エステルに民族絶滅の危機を伝える

エステル記第二書四・七以下によると、モルデカイは遣わされた宦官に、ハマンがユダヤ民族絶滅を画策していることを告げ、そのためにスサで公示された布告の写しを彼に託して王妃に見せるように、そしてエステル自身が王に会ってユダヤ民族のために寛大な処置をもとめ、嘆願するように伝言させます。それにたいして王妃は、王に召し出されずに王に近づく者は処刑されること、ただし王が黄金の笏をその者に差し伸べる場合は別であることをモルデカイに伝えますが、モルデカイは宦官に、

この民族絶滅の危機のときに、王妃の位に登り詰めたエステルが何もしないとは、と訴えます。エステルはそれを聞いてスサのユダヤ人に断食を求めると同時に、自分も王の前に出る覚悟をしたとモルデカイに伝えます（図18、19）。エステルは、ここから先で、あっぱれな救国の女性へと変貌していきます。それにしても民族の一大危難のとき、救国の人物となるのは、ユディト記のユディトもそうですが、女性なのです。

ヨセフスはエステル記第二書に書かれていることをほぼ忠実に再話しますが（一一・二二四―二二八）、そこでの一文もまた、彼がエステル記第二書を使用していることを示唆いたします。ヨセフスは、布告の写しをもたせて宦官を王妃のもとに送り返すとき、モルデカイは宦官に、王妃に「（ユダヤ）民族の救いのために彼女が粗末な身なりをすることを不名誉なことと考えないように――彼女がそのような身なりをすれば、絶滅の危機にあるユダヤ人のために執り成しができるとされるのです――、王妃に（伝えるように）指示した」（一一・二二五）としますが、これはエステル記第二書四・八に、モルデカイが「おまえがわたしの手で養育されていたころの、あの身分の低かったころの日々を思い起こしてみるがよい」を王妃に伝えるよう宦官に指示したとあり、粗末な身なり云々は、この辺りの記述にもとづくヨセフスの想像です。彼はエステルが粗末な身なりをする必要の理由を想像してみせ、「（こうするのは）王につぐ名誉を受けているハマンが、ユダヤ人を告発し、王の怒りをユダヤ人に向けさせているからである」（一一・二二五）と述べます。

図18●エステルとモルデカイ
図19●エステルとモルデカイ

布告で民族の危機を知ったユダヤ人たちは、モルデカイの指示にしたがって民族の慣習である断食作戦に出ます。三日間も飲まず食わずです。宮廷の女官たちも同じです。彼女たちがユダヤ人女性だったことが分かります。ペルシアの王宮には相当数のユダヤ人が入り込んでいたかのようです。王妃ばかりか女官たちも立派な「宮廷ユダヤ人」です。

モルデカイの嘆願とエステルの祈り

ヨセフスは次に、エステル記第二書（付加C）にもとづいて、モルデカイの嘆願の言葉とエステルの祈りを使用します。そこでのエステルの祈りは付加部分の著者が渾身《こんしん》の力を込めて書いたものですが、著者は、モルデカイがハマンの前にひれ伏さなかった理由を、神の栄光の上に人の栄光を置かないためであることにもとめ、それをモルデカイに言わせます。ヨセフスはモルデカイの嘆願の祈りを五分の一くらいに短縮いたします。

「（神よ。）滅びの中にあるあなたさまの民を、黙って見過ごさないで下さい。あなたさまは今までもたびたび彼らのために心遣いをし、罪を犯したときにもそれを許して下さいました。どうか今、目睫《もくしょう》の間《かん》に迫った破滅から彼らを救ってやって下さい。

彼らが不名誉な死にさらされているのは、罪を犯したからではなく、あなたさまがご承知のように、アマネース（ハマン）の怒りのためです。主よ、わたしがアマネースを拝さず、あなたさまだけに捧げた名誉を捧げなかったために、彼は激怒し、あなたさまの律法を犯そうとしない者たちを滅ぼすためにこのような手段を考えついたからです。」（一一・二二九―二三〇）

エステルの祈りも短縮され六分の一くらいの長さにされますが、ヨセフスは、王の前に伺候することになるエステルが彼女の言葉や美貌を武器として使用できるよう彼女に祈らせます。

「（神よ、）どうか、わたしに憐れみをかけて下さい。王の前に姿を見せて嘆願するときにはわたしの言葉に説得力があるように、そして、わたしの容貌をこれまで以上に美しいものにして下さい。それは王が万が一激怒しても、王の怒りをわたしの言葉や美貌でそらすためです。どうかわたしを破滅の淵にいる同胞たちの代弁者にし、王がユダヤ人を憎み、また、たとえユダヤ人が王に蔑視されても、王が彼らの破滅をもたらそうと待ち受ける連中に憎しみをぶつけるようにして下さい。」（一一・二三二―二三三）

女性には美貌という武器があったのです。

ユディト記のユディトも美貌を武器にして、敵将ホロフェルネスの前に着飾って伺候しました。ヨセフスはローマのフラウィウス一族の主催する酒宴などで、美貌を武器にして皇帝や高位高官に近づく女性たちをうんざりするほど目撃していたにちがいないのです。なおここでの、「王がユダヤ人を憎み……」以下は、ローマ皇帝の対ユダヤ人政策を念頭に置いて読み込めば、ここでの「王」を「皇帝」と読み替えることも可能となります。ヨセフスが『古代誌』のここら辺りを執筆していた当時のローマ皇帝はウェスパシアヌスの次男のドミティアヌス（在位、後八一－九六）です。確か、彼はユダヤ人（哲学者ら）をローマから追放しております。

エステル、着飾って王に伺候する

エステル記第二書（付加D）によれば、エステルは着飾って王の前に行こうとします。彼女には二人の女官が付き添いますが、召し出されてもいないのに王の前に伺候してきたわけですから、王は彼女を激しい怒りの眼差《まなざ》しでにらみつけます。エステルはよろめき、その顔色は血の気が引けて青ざめております。卒倒しそうになります。王は玉座から飛び出して彼女を抱きかかえると、エステルに向かって、王の命令は一般の民に向けられたものであって、エステルにたいしてではないと言い、黄金の笏を取ると、エステルの首に当てます。そのとき彼女は次のように申します。「ご主君さま。あなたさまは神のみ使いのようにわたしには思われました。あなたさまの栄光に恐れを抱き、わたしは心を取り乱しました。ご主君さま、あなたさまは驚くべきお方です。あなたさまのお顔は恵みに満ちておりますȷと。王妃エステルにとっては、こう言うのが精一杯だったようで、またしても卒倒いたします（図20、21、22、23）。

ヨセフスもエステル記第二書で語られた筋書きにしたがって物語を再話いたしますが、笏を首に当てられて意識を回復したエステルが口にした言葉の内容を改めます。

「ご主君さま。あまりにも突然でしたので、わたしに何が起こったのか申し上げられません。あなたさまがわたしの目には、偉大で立派であり、しかも恐ろしいお方だと映ったとき、霊（プネウマ）がわたしのもとから去って生命（プシュケー）だけが残されました。」（一一・二四〇）

エステル記第二書（付加D）に見られるエステルの言葉には「ご主君さま、あなたさまはわたしには神のみ使いのように思われました」とありますが、ヨセフスは、「神のみ使い」が「神」と等値であることを知っております。そのため彼は、ギリシア語訳聖書に認められるこの表現を避けてきておりますから、ここで王を神と見なさないことを前提とする物語の展開の中で、エステルに王が神にも等しい方に見えるなどと言わせることはできないのです。そこでヨセフスは、エステル記第二書（付加D）の一文を書き改めたのです。

図20●アハスエロスの前に出るエステル
図21●アハスエロスの前に出るエステル

図22●アハスエロスの前に出るエステル
図23●アハスエロス王の前で卒倒するエステル

エステル、王とハマンを宴席に招く

エステル記第二書五・一以下によれば、意識を回復したエステルに向かって、王は「エステール（エステル）よ、何か望むものでもあるのか？（願いとあれば、）予の王国の半分なりともおまえにくれてやろう」と申します。「（願いとあれば、）予の王国の半分なりとも……」。どこかで聞いたセリフです。ヘロデがヘロディアに約束した誓いの言葉です（マルコ六・二三）。

エステルは王の申し出には応ぜず、王に自分が今日主催する酒宴にハマンと一緒に来てくれるよう嘆願します。

王とハマンは後宮での酒宴に出席します。エステルは酒で上機嫌になった二人に向かって、明日もう一度彼女の主催する酒宴に来てくれるよう嘆願いたします。ハマンは大喜びしますが、王宮にモルデカイがいるのを見て不快になります。彼は自宅に戻ると、妻や友人たちに向かって、自分がエステルの酒宴に招かれたことを報告いたしますが、ユダヤ人のモルデカイが王宮にいるのを見ると――エステル記第一書五・九は、モルデカイの所在の場所を「王宮の門」としております――不快になると訴えます。するとハマンの友人たちは「高さ五〇アンマの木を切り出し、それにモルデカイを吊るすよう王に進言することを提案いたします。ハマンはこの提案を喜び、木柱の準備をさせます。

ヨセフスは王がエステルに王国の半分をプレゼントする話を王がエステルに招かれた酒宴の席での

話に改めますが、「それにたいして彼女は、王がハマンとともに再び自分の所に来てもてなしを受けてくれれば（と言って、その望みを）口にすることを翌日までのばした」（一一・二四三）とします。これから先に起こることを読める聡明な女性像の誕生です。

ヨセフスはまた、王妃の二度目の酒宴に招かれたハマンの喜びと、モルデカイを見て不機嫌になった彼の様子を語ります。

「……ハマンは、自分だけがエステルの王宮で（王と）ともに宴席に与ることを許され、かつてだれ一人としていかなる王からもこのような名誉を受けたことがない、と有頂天になって外に飛び出した。ところが、彼は（王宮の）広場でモルデカイに会うと、（たちまち不機嫌になって）激昂した。モルデカイが彼を認めても少しも敬意を払わなかったからである。」（一一・二四四）

ヨセフスはここでモルデカイの居場所を王宮内から王宮の外の広場に改めております。ハマンが喜びを爆発させて王宮の「外に飛び出して行った」からです。

王、モルデカイの忠誠を知り、数かずの栄誉を与える

エステル記第二書六・一以下によると、その夜王はなかなか寝付けず、そのためお付きの者に宮廷

日誌を持ってこさせてそれを朗読させます。王はその日誌から、二人の宦官が自分を倒そうとしたが、モルデカイがそれを知らせたことが記録されていることを知ります。王は侍従にどのような栄誉と賞讃をモルデカイが受けたかを尋ね、彼が何の栄誉も受けてないことを知ります。王はそのとき、ハマンが王宮の外庭に来ていることを知り、彼を招き入れます。王はハマンに、王が栄誉を与えることを望む者には何をすればいいのかと尋ねます。ハヤトチリしたハマンは王が自分に栄誉を与えてくれるものだと思って、かくかくしかじかの方法でその者に栄誉を授けることを進言いたします。王はそこでハマンに、王宮の門に座っているモルデカイを召し出して、彼が言ったとおりのことを実行させます。ハマンは、モルデカイに王衣を着せ、頭に王冠をつけた馬に乗せ、「王が栄誉を与えることを望む者には、このようなことがなされる」と、町の広場で触れ回ることになります（図24、25、26、27、28）。

ハマンは王命に従わねばなりません。

その命令内容は彼自身が提案したものです。これほどの屈辱はありません。ハマンは王命を実行したあと、悄然《しょうぜん》として帰宅します。

ヨセフスは寝付けぬ王が持ってきて朗読させた文書を「宮廷日誌」から「歴代の王の記録と王自身の事績（の記録）」とします。これでは「列王記」で、少しばかり、お膳立てが仰々しいものとなっております。そしてそのためでしょう、彼はテクストからは引き出せない一文を想像して次のように

図24●モルデカイの勝利
図25●ハマンの先導で町中を行進するモルデカイ

図26●モルデカイの勝利
図27●モルデカイの勝利

図28●モルデカイの勝利

申します。

「書記が（記録を）持って来て朗読していると、そこに、ある男があるとき武勇の報償として何ほどかの土地――その土地の名も記されていた――を下賜《かし》されたとあり、また書記が読み続けると、その忠誠心を買われて贈り物を受けた男の名があり、（さらに）進むと、……」（一一・二四九）

「（さらに）進むと、……」の先で初めて王にたいして陰謀を企んだ二人の宦官の名前が出てくるのです。王はそこで二人の陰謀を通報したモルデカイに報償が与えられたかどうかを尋ねるわけですが、王は報償を与えられたことが「王の事績の（どこかに）書かれているのか」と尋ね、そのような記録がどこにも見当たらないことを教えられます。王はこの時点で書記の朗読を止めさせ、侍従たちに「夜の何時か」と尋ね、すでに朝であることを知ります。朝ですから、ハマンが広場に来ていてもおかしくない状況が生まれますが、ここでのポイントのひとつは、寝付かれなかった王の時間が非常に長いものであったこと、それゆえに、それをテクストから読み取ったヨセフスの仰々しいお膳立ても納得できるものとなります。王の前で歴代の王の記録や王自身の記録が長々と時間をかけて朗読されたと彼は明らかに想像しているのです。

ヨセフスはエステル記第二書にしたがって物語を再話しますが、一か所でエステル記第一書の記述の不自然さを改めております。それはエステル記第一書六・八に認められる、モルデカイが乗ることになる「頭に王冠をつけた馬」です。エステル記第二書では「王が乗る馬」であって、王冠には触れておりません。馬に王冠をつける……、それはあり得ないことです。馬が首をまわしたりすれば、また頭を上に持ち上げて嘶《いなな》いたりすれば、王冠はたちまち地上にずり落ちるからで、これでは王冠の権威は文字通り地に落ちたものになります。そこでヨセフスはエステル記第二書にしたがって、「頭に王冠をつけた」を省略し、多分、その代りでしょう、モルデカイに「金の首飾り」をつけさせて馬に乗せるのです。非常に自然です。不自然なものは自然なものに改める、これはヨセフスの再話の仕方です。

王命を受けたときのハマンの反応は容易に想像できるものですが、エステル記第二書（およびエステル記第一書）はそれに触れません。ヨセフスは「まったく予期しなかった王の言葉に、ハマンは、何が何だか分からなくなり、茫然自失の態であった。（しかし、ともかく）彼は外に出て行き……」（一一・二五六）とします。

突然、紫の王衣を無理矢理に着せられることになるモルデカイの当惑ぶりも容易に想像できるものですが、エステル記第二書（およびエステル記第一書）はそれに触れません。ヨセフスは「モルデカイは事情がのみこめず、自分がからかわれていると思い込んでこう言った。『この恥知らずめ。おまえはこんなやり方で、われわれの不幸を（喜び）、あざわらうのか』と。しかし（やがて）モルデカイは、宦官たちの陰謀を事前に王に知らせて王の命を救ったことに、王がこのような報償を与えてくれたのだと納得した」（一一・二五七）とします。

ここでのモルデカイはあくまでもハマンに抵抗してみせる気骨《きこつ》のある、そしてことの展開を瞬時にして推理して見せる頭の回転の早い人物とされております。なお、余計なことを付け加えますが、ヨセフスがある人物を「頭の回転の早い人物」として描いているとき、それは彼自身がその人物に多大な敬意を払っていることを示すものとなります。

エステル記第二書六・一三によれば、屈辱のハマンが帰宅すると、そこで待っていたのは妻たちの「モルデカイはユダヤ人の血筋の者で、その前で落ち目になりだしたら、あなたにはもう勝ち目はなく、あなたはその前でただ落ちぶれるだけです」という冷たい言葉ですが、エステル記第二書は「もしマルドカイオス（モルデカイ）がユーダイオイ（ユダヤびとたち）の種族の出であるのなら、あなたはこれから彼の前で貶《おとし》められるようになり、失脚するばかりです。彼に仕返しすることはできないでしょう。生ける神が彼とともにおられるからです」とします。ヨセフスはエステル記第二書にもとづいて、帰宅したときに待ち受けていた妻や友人たちの言葉を「神がモルデカイとともにいるのだから、ハマンが彼に復讐することは二度とできない、と言った」（一一・二五九）に改めます。

ハマンの完全敗北です。白旗を上げようにも、手が上がりません。

さて、そうこうするうちに、王の宦官たちがハマンの家にやって来て、エステル主催の酒宴に早く来るよう促します。エステル記第二書は、王の宦官ではなくて、エステルの宦官がやって来て、エステルの準備した酒宴に出るようハマンを「せき立てた」とします。ヨセフスもエステル記第二書にしたがいます。迎えの宦官たちと彼らによるせき立ては、ハマンの足がすでに重く、エステルの後宮に向いていなかったことを示します。

エステル、ハマンを王に告発する

エステル記第二書七・一以下によれば、エスエルの後宮で王とハマンと王妃の三人が酒を酌み交わします。やがてほろ酔い機嫌になった王は、王妃に向かって、「おまえの願いは何か。おまえの望みは何か。（願いとあれば）予の王国の半分なりともおまえにくれてやろう」と、先になした申し出を繰り返します。そんなに執拗に言われるのであれば、王国の半分でももらい、そこにディアスポラ（離散）ユダヤ人のための共和国でもつくっちゃえば……、と茶々を入れたくなりますが、王妃はそのとき、自分自身が属する民族が存続の危機にさらされていること、その危機をもたらした元凶《げんきょう》が目の前に座っているハマンであることを王の前で告発するのです（図29、30）。ハマンはすっかり取り乱します。

予想しなかったことの展開だからです。王は王で、酒がまずくなったのでしょう、酒宴の席を立って庭に出て行きます。この間ハマンはエステルが座っている長椅子に身を投げかけて彼女に命乞いを

図29●エステルの酒宴、アハスエロス、ハマン
図30●アハスエロスの前のエステルとハマン

しますが、そのとき戻ってきた王は、ハマンが王妃を辱めようとしていると勘違いします（図31）。しかし、わずかの間隙《かんげき》をぬってのチン・プレーなど可能なのでしょうか？　そのときハマンを迎えに行った宦官のひとりが、ハマンの家には五〇アンマの高さの木柱が立てられていると報告いたします。怒りのおさまらない王はハマンをそれに吊るすよう命じます。ハマンはモルデカイを吊るすために用意した木柱に自分が吊るされる羽目になるのです。

ヨセフスもエステル記の物語を忠実に再話いたします。ただし、彼が言及する木柱の高さは、五〇アンマではなくて、相変わらず六〇ペークスです。一ペークスは腕の長さですから、四五センチくらいと考えて下さい。するとその高さは約二七メートルとなります。日本の電信柱で一番高いものでも一六メートルを超えるものはありませんから、それは電信柱よりもはるかに高いものとなります。こんな高い木柱なんてあるのでしょうか。

ハマンは木柱に吊るされます（図32、33）。

ヨセフスはハマンがモルデカイを吊るすはずの木柱に彼自身が吊るされる羽目になったことに感嘆の声を上げて、次のように申します。

「わたしはこの一件から、神の業を賛嘆せずにはいられないし、また、神の知恵と正義をはっきりと認めざるを得ない。神はハマンの邪《よこ》しまな思いを罰したばかりか、彼がモルデカイを除くために

図31●エステルの憐れみを乞うハマン

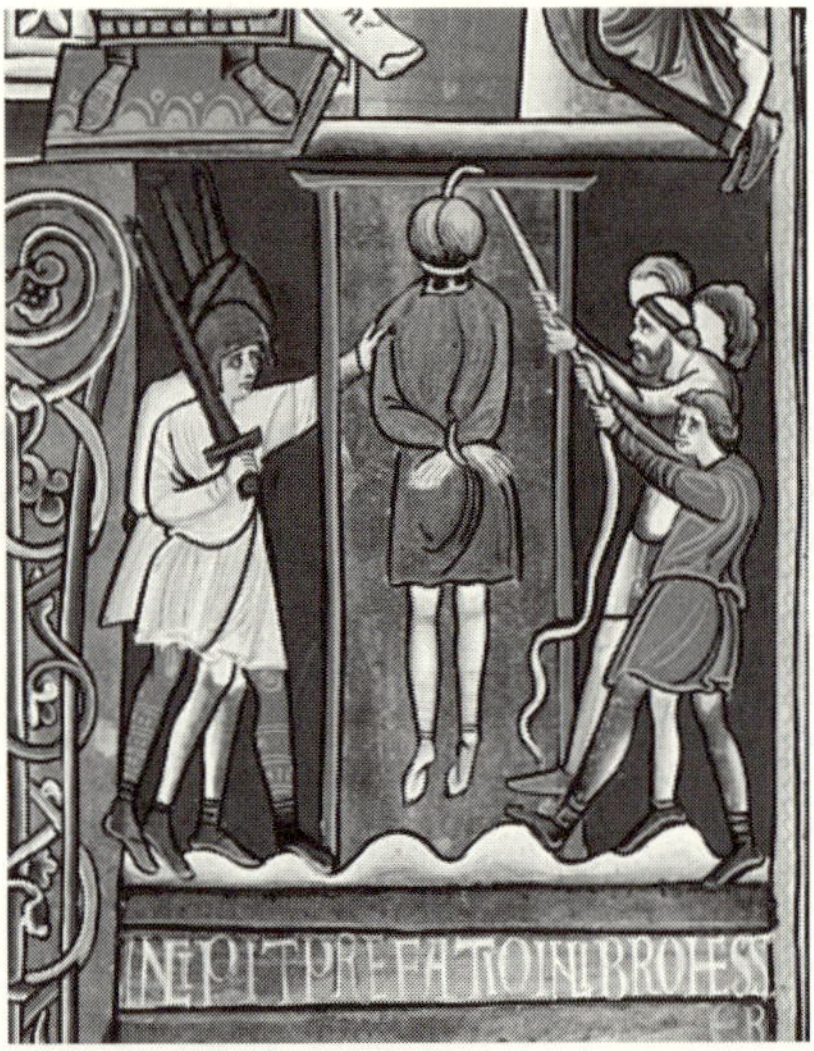

図32●木柱に吊るされるハマン
図33●T字型（十字架状）の木柱に吊るされるハマン

しつらえた処罰の木柱に自分自身が吊るされるようにされたからである。こうして神は余人に次の教訓を残された。それは、他の者を陥れようと何か危害を企む者は、それとは知らずに自らを陥れるために準備をしているのだ、ということである。」（一一・二六八）

ヨセフスはここで少なくとも二つのメッセージを発しております。ひとつはディアスポラのユダヤ人たちを陥れようとしている者たちへの警告のメッセージです。もうひとつは同胞の者たちへのもので、それは、神は自分たちの側についているのだから……という励ましのメッセージです。ダブルなメッセージです。しかしそれ以外にも、ローマの宮廷にいる彼を陥れようと企む者へのメッセージがあるかもしれません。もしそうなら、ダブルどころか、トリプルです。

エステルとモルデカイ、数かずの栄誉を受ける

エステル記第二書八・一以下によると、ハマンの財産は取り上げられてエステルのものとなり、また自分と同族の者であることをエステルが明らかにしたために、モルデカイには王がハマンから取り戻した指輪が与えられます。

ヨセフスは、王がモルデカイに指輪を贈ったばかりか、王妃もそのとき叔父のモルデカイに「土地

を贈った」(一一・二七〇)とします。その土地は王がハマンから取り上げ、エステルに与えたものかもしれません。いずれにしても叔父には動産と不動産の二つが贈られたことになります。これは叔父が王宮から出て行くことを暗示するものとなるのでしょうか?　なお『自伝』四二三によれば、ヨセフスも確か、戦後、エルサレムの近くの土地をティトスから贈られております。

ユダヤ民族絶滅の布告の取り消し

ユダヤ民族の天敵となったハマンは滅ぼされました。

しかし、帝国の各地に送られたユダヤ人絶滅の布告はまだ効力を有しております。早くしなければ、絶滅の日が迫ってきます。

エステル記第二書八・三以下によれば、エステルは再び王の前に出て行き、王の足元にひれ伏したそうです。王は再び笏を差し伸べます。彼女は王に、ハマンが公布したユダヤ民族絶滅の布告を取り消してほしいと訴えます。エステル記第一書八・六は、そのときのエステルの訴えの言葉を「わたしは自分の民族に降りかかる不幸を見るに忍びず、また同族の滅亡を見るに忍びないのでございます」としますが、エステル記第二書の同掲箇所は、この言葉を書き改めて、「……自分の民に降りかかる災難をどうしてわたしが見ておられましょう。わたしの親族が滅ぼされれば、どうしてわたしは救われるのでしょう」とします。ヨセフスは「(王よ、)もしわたしの祖国がなくなり、同胞たちが滅ぼされるようなことがあれば、わたしは生きることに耐えられません」(一一・二七〇)とします。

なぜ、「自分の民族」や「わたしの親族」ではなくて、「わたしの祖国」なのでしょうか。

この一文の解釈は二つの意味で重要です。

ひとつは、この一文の中に、ローマに渡ってからすでに三〇年が過ぎているヨセフスの祖国への思いが込められているからです。またひとつは、この一文がそれを読む同胞ユダヤ人たちに、対ローマのユダヤ戦争でユダヤ人たちは敗北したが、祖国は依然としてそこに存在しているという事実を教えるものになっているからです。

後の時代のキリスト教は、対ローマの戦争の敗北の結果、ユダヤ人はイエスをキリストとして受け入れなかったことへの神の罰としてパレスチナの土地から追い立てられて「流浪の民」となったと手《て》前勝手《まえがって》な神学的解釈を施し、それが今日迄のキリスト教徒一般のユダヤ人にたいする誤解や偏見を生むものとなっておりますが、事実は、彼らユダヤ人たちは、ユダヤ戦後も、パレスチナからは追い立てを食らってはいないのです。キリスト教徒の無責任な神学的解釈を一蹴するためにはいくつもの証拠を挙げることが可能です。まず、ヨセフスの『戦記』にも『古代誌』にも、パレスチナからの追い立てを示唆する一文はどこにもないことです。いやヨセフス自身、先に述べたように、ユダヤ戦争の終了後にローマ軍からエルサレム近辺の土地をもらっているのです。『戦記』七・一七によれば、戦後エルサレムには第十軍団フレテンシスの残存兵力が駐留することになりますが、その兵力だけでは、エルサレムの土地を管理することはできたとしても、パレスチナ全体を管理することなど到底できなかったはずです。これらのことなどを云々すれば、ユダヤ人たちは戦後パレスチナから追い立てを食らったとする議論を論破するのに十分ではないかと思われますが、ガリラヤのセッフォリスで行われてきた近年の考古学的調査の結果を見れば、親ローマを貫き通したその町は、ユダヤ戦争後も、異教の祭壇がつくられ、ローマ式の劇場などもつくられて繁栄していたことが明らかにされているのです。キリスト教神学にもとづく思い込みの歴史解釈などはここでは成立しないのです。そのことを改めて認識しておく必要があります。

話を元に戻します。

帝国各地の総督領に送られることになる王の勅書が作成されることになります。エステル記第一書はその内容を記しておりませんが、エステル記第二書八・一二の記事につづく「付加E」は、勅書の内容を想像してみせます。非常に長いものです。ヨセフスはそこに見られる勅書の内容を彼一流の仕方で書き改めます。それも長いものなので、二つか三つに分けて紹介いたします。

「付加E」によれば、勅書の冒頭は「大王アルタクセルクセース（アルタクセルクセス）はインドからエチオピアに至る一二七州のアルコーンたちや予らの王国に忠実なる者たちに挨拶を送る」ではじまりますが、ヨセフスはそれを「大王アルタクセルクセース（アルタクセルクセス）から、知事、および、われわれのために配慮してくれている者たちに挨拶する」（一一・二七三）に書き改めます。

「付加E」によれば、王の挨拶につづく一文は、「多くの者は、恩人たちの愛顧を受けて重用されるにつけ増長し、予らの配下に置かれている者たちに危害を加えようと熱心になるばかりか、その地位に満足できなくなり、自分の恩人たちにたいする陰謀に手を出すようになる。この者は人びとから感謝の念を取り去るばかりか、道を外れている者どもの世辞に乗せられ、すべてのことにつねに監視しておられる神の、悪を憎む裁きを逃れることができると思い込んでいる」です。ここで王の念頭に特定の人物、すなわちハマンが置かれていることが分かりますが、ヨセフスは次のように申します。

「おまえたちは、付与者たちの過度の親切心から過分の恩恵と名誉を与えられているが、多くの者が（自分よりも）劣る（民族の）者たちに非道な仕打ちをしているのみならず、その恩恵者にたいしても恥じることなく不義不正を働き、かくして人びとの間から感謝の念を喪失させている。そして、彼らは予期せざるこうした数々の恩恵に感謝せず、恩恵者に傲岸無礼《ごうがんぶれい》に振る舞い、そのように振る舞えば、神（の目）を避け、神の罰を逃れられるものと考えている。」（一一・二七三―二七四）

ヨセフスはこの段階でハマンを暗示することを避け、一般論での議論を行っているのです。

「付加E」は次に、「また権力をになう地位につけられた多くの者が、実務を託された友人たちの影響を受けて、無辜《むこ》の者たちの血の加担者となり、致命的な災禍に関わったり、権力を握る者たちの純粋な特別のはからいを、悪意のこもった偽りの言葉で欺いたりすることはしばしばであった」と書き記しますが、内容が漠としすぎていて、誰を指して何を言おうとしているのかはよく分かりません。ヨセフスはここでハマンの存在を暗示して、「また（予の？）腹心の中の国事を託された者の中には、ある者たちへの個人的な怨念《おんねん》から、偽りの告発や中傷で権力にある者たちを欺き、何ら不正も働いていないその民族の者に怒りを爆発させようとする者がいる。そのためその民族は破滅の危機に見舞われた」（一一・二七五）と申します。

次のパラグラフはすっ飛ばします。

ハマンはマケドニア人、それともアマレクびとの子孫？

ここでようやくハマンの名前が王の言葉の中に出ます。

「付加E」は次のように書き記します。

「ところで、アマダトス（ハメダダ）の子アマン（ハマン）であるが、彼はマケドニア人で、真実はペルシア人の血を引かない異邦人で予らの善意を受けるに全く値いしない者であったが、客人として遇され、すべての民族にたいする予の人類愛にこの上なく浴し、その結果、公けに『われらの父』と呼ばれ、王位に次ぐ第二の者としてすべての者によって拝され続けるほどであった。ところが彼は、その増長した心を押さえきれず、予らの支配権と命までを奪い去ろうと企み、予らの救い主であり、つねに善意を示すマルドカイオス（モルデカイ）と、王国の、非の打ちどころのない同伴者であるエステール（エステル）を、狡猾《こうかつ》な策略を用いて、この二人の民族すべてを道連れに滅ぼそうとしたのである。」

ここではじめてハマンがマケドニア人であったことが明らかにされます。マケドニアの武将アレクサンドロスは前三三一年に、ガウガメラの戦いでダレイオスの率いるペルシア軍を破り、そのためペルシア帝国は滅びるわけですから（第3章参照）、ある時期のペルシア人にとってマケドニア人は憎むべき相手であったに違いありませんが、「付加E」はハマンをマケドニア人とすることで、彼がペルシア宮廷の天敵であったことを読む者に印象付けます。なお、余計なことを付け加えますが、マケドニア人を登場させたことにより、「付加E」のあるエステル記第二書は、ペルシア時代の作品ではなく、その著作年代の上限が前三三一年かそれ以降の作品であったことが暴露されます。著作年代については、先に進んでから、もう一度触れます。

ヨセフスは次のように書き改めます。

「アマレーキティス（アマレク）部族の出身で、ペルシア人とは何ら血縁関係のないアマダトス

(ハメダタ)の子ハマンこそ予がいまここで(糾弾《きゅうだん》した悪しき例である)。彼はわれわれの寵愛《ちょうあい》を受け、万人に示すわれわれの行為をほしいままにし、ついには〝予の父〟と呼ばれるに至った。そして人びとからはつねに跪拝され、予につぐ王のような名誉をすべての者から受けてきた。ところが、彼はこの僥倖《ぎょうこう》をもち続けようとはせず、また、過分の幸運を冷静な判断力によって控え目に使おうともせず、それどころか、陰謀を企て、彼に権威を与えた予から、王国と予の命を奪おうとさえした。そして、奸計《かんけい》を弄し、予の命の恩人であるモルデカイや、予の伴侶であり王権を分ちあっているエステルの破滅をもとめた。この男はこのような手段で予から忠実な友人たちを奪い、王権を他の者たちに移そうと画策したのである。」(一一・二七七―二七八)

ヨセフスはすでに『古代誌』一一・二〇九で、ハマンをイスラエルの子らの天敵であるアマレクびとの子孫にしておりますが、ここでもそれを繰り返しているのです。

「付加E」は続けます。

「アマン(ハマン)は、これらのことを介して、このように予らを孤立させ、ペルシア人たちの支配権をマケドニア人たちの手に移そうと目論んでいたのである。しかしながら予らは、この三重にも悪辣《あくらつ》な者によって絶滅の危機に引き渡されたユダヤ人たちが悪人でないことを知るに至った。彼らはもっとも正しい法にしたがって市民生活を送り、至高にして偉大な生ける神の子らであり、その神は王国を、予らのためにも予らの先祖のためにも最上の状態に保ってこられたのである。それゆえ、当然のことながら、アマダトス（ハメダタ）の子アマンによって送付された文書を無効とするがよい。」

エスエル記第二書の著者は間違いなくユダヤ人ですから、彼が彼らユダヤ民族の者たちの律法が「もっとも正義にかなった」ものであり、彼らユダヤ民族の者たちが「至高にして偉大な生ける神の子ら」であることを強調し、その言葉を王の口に入れてみせるのは当然と言えば当然です。

ヨセフスは次のように申します。

「予の見るところ、この卑劣漢《ひれつかん》によって滅びに引き渡されたユダヤ人たちは、害虫などではなく、最高最善の統治原理の下に暮らし、予と予の父祖たちのために王国を守ってくれた神を頼みとしている。そのために、予はハマンが送った書簡に指示された処罰を撤回するので、その書簡は完全に無視してよろしい。予は、彼ら（ユダヤの者たち）があらゆる名誉にあずかるようにしたい。」（一一・二八〇）

すでに何度も見てきたように、ここに見られる「統治原理」（ポリテイア）という言葉はヨセフスがここまででしばしば使用してきたものです。モーセの律法にもとづくユダヤ民族の「統治原理」こそは、ユダヤ民族の者たちが死守しなければならないものであり、異民族の者たちはそれを知らなければならないとするものです。なお、ここでの最後の一文である「彼ら（ユダヤの者たち）があらゆる名誉にあずかるようにしたい」は、エステル記第二書からは引き出せないものですが、ヨセフスはここで彼の時代のディアスポラのユダヤ人で窮状に置かれている同胞たちを励ます意味で、こう付け加えたように思われます。実際、先に進んで第5章で見るように、ドミティアヌスの統治下におけるシリアのアンティオキアに住むユダヤ人たちはそれまで与えられていた諸特権を剥奪《はくだつ》されるか、剥奪されそうになっていたのです。

ハマン、処刑される

「付加E」は次に、ハマンの処刑について述べます。

「これらのことを策謀した本人はスーサ（スサ）の城門で、その全家族と一緒に木柱に吊るされた。それはすべてのことを支配される神が速やかに彼に下されたその（行為に）応じた審判であった。そこでこの書簡の写しをあらゆる場所に公示し、ユダヤ人たちが彼ら自身の法にしたがうことを許し、彼らにとって受難のときと定められた、第一二の月、アダルの月の一三日には、まさにその日には、彼らに襲いかかろうとしていた敵どもを退けることができるよう、彼らを手助けするのだ。すべてのものを支配される神がこの日を、選ばれし種族の殲滅《せんめつ》の日ではなくて、彼らのために歓喜の日に変えられたからである。それゆえおまえたちは、おまえたちの公的な祝祭日のひとつとしてこの記念すべき日を盛大に祝うがよい。こうして今もまたこれからも、この日が予らと善良なペルシア人たちにとっては救い（の記念日）となり、予らに陰謀を企む者たちにとっては滅びを想起させるものとなるように。

これら（の命令）にしたがって行動を起こさないすべての町や州は、槍と火で怒りをもって滅ぼし尽くされるであろう。そしてその場所は人間たちにとっては足を踏み入れることができない場所となるばかりか、獣や鳥たちにとっても未来永劫に近寄れない場所となるであろう。」

ヨセフスもほぼこの内容のことを繰り返します。彼はここまででユダヤ民族絶滅の日取りを「第一二の月の一四日」（一一・二二九）としておりましたが、ここでは主資料としたエステル記第二書の「付加E」にしたがって「第一二の月の一三日」（一一・二八一）としております。

ユダヤ民族の者たちの喜び

エステル記第一書八・一四以下によると、王の勅書を携えた使者が王国の各地に早馬で飛びます。この間、モルデカイは「王服に、大きな黄金の王冠と白と赤の上着」を身につけてスサに住む同胞ユダヤ人たちの前に現れます。エステル記第二書でもヨセフスでも王服と王冠は同じです。それにしても、フィクションとはいえ、一介の臣下の者が王衣をまとい、王冠を頭に置くものなのでしょうか。それはともかく、モルデカイの姿を見たユダヤ人たちは大喜びいたします。逆にユダヤ人たちのはしゃぎぶりを目にした非ユダヤ人たちの中には彼らに襲われ復讐されるのではないかといち早く危険を察知する者たちもおります。エステル記第一書八・一七によれば、そのため「その地の民族にもユダヤ人になろうとする者が多く出た」そうですが、どのような仕方でユダヤ人になろうとしたのかを記しておりません。エステル記第二書八・一七は「異民族の者たちの多くがユダヤ人を恐れるあまり、割礼を受け、ユダヤ人になりすました」と具体的です。ヨセフスもエステル記第二書にしたがって「（帝国内の）他民族の多くの者も、ユダヤ人を恐れ、性器に割礼を受けて身の危険を避けようとした」（一一・二八五）とします。当時の、少なくともヘレニズム時代で通用し、ローマ時代でも通用した「ユダヤ人」の定義をこの一文に見出すことが可能となります。性器の割礼なんです、相も変わらずです。なお、後の時代に編纂された『バビロニア・タルムード』のイェバモート二四・bは、ここに見られるユダヤ人になる動機を不純なものと見なし、このような「にわか仕立てのユダヤ人」を認めておりません。

ユダヤ人を恐れたのは一般市民ばかりではありません。

それは第一二の月の一三日、すなわちユダヤ民族が滅びの日と定められた日に、ユダヤ人たちはその仇敵《きゅうてき》を滅ぼすことになったからです。エステル記第二書九・三によれば、そのため「地方総督たちのアルコーンたちや、有力者たち、王の書記官たちは、ユダヤ人を丁重に扱った。彼らはマルドカイオス（モルデカイ）を恐れた」そうで、ヨセフスも、「そこで総督領の指導者や、君侯、王室書記たちは（戦々恐々として）ユダヤ人に敬意を払いはじめ、モルデカイへの恐怖から（ずる）賢く立ち振る舞った」（一一・二八六）とします。

ユダヤ民族の者たちの復讐と祝宴

ユダヤ民族の者たちの復讐がはじまります。

これはハムラビ法典の「目には目を、歯には歯を」に見られる同害報復の拡大版なのかもしれませんが、エステル記第二書九・五によれば、スサのユダヤ人たちは、アダルの月の一三日に、「日の出の勢い」にあるモルデカイの権力を背景にして、スサに住むユダヤ人の敵五〇〇人を殺します。ハマンの子ら一〇人も殺されます。彼らは、エステルの要求で、木柱に吊るされます。翌一四日にも、三〇〇人が殺されます。王国の諸州でも同じアダルの月の一三日には仇敵七万五〇〇〇もの者が殺されます。

ヨセフスもほぼ同じ事を語ります。彼は王国の諸州でユダヤ人に殺された者の数をエステル記第二書の数一万五〇〇〇に合わせるのではなくて、エステル記第一書に合わせ、七万五〇〇〇としております。彼はエステル記第二書を主として使用しながら、エステル記第一書にもちらちらと目をやっていたことが分かります。彼にとっては、ここでの数は大きければ大きいほどいいのです。

七万五〇〇〇であれ、一万五〇〇〇であれ、どちらも「南京大虐殺」が真っ青になる虐殺の数です。なお、一般論の形で申し上げておきますが、大虐殺の宣伝にはつねに数の誇張が伴います、昔も今も。

そして復讐が終ると、祝宴です。

スサのユダヤ人は一五日を祝宴の日とし、地方のユダヤ人は一四日を祝宴の日といたします。飲めや歌えのばか騒ぎの日であったと想像したいものです。ヨセフスもほぼ同じ事を語ります

プリムの祭について

エステル記第二書九・二〇以下によれば、モルデカイの提案により、毎年アダルの月の一四日と一

五日が祝祭日と定められ、ユダヤ民族の滅びの日がプル（くじ）を投げて決められたことから、その陰謀に勝利した日を祝う日をプリムの祭と呼ぶことにしたそうです。

ヨセフスもこの祭に触れ、ユダヤ人がそれを「現在でも祝っている」（一一・二九五）とします。ヨセフスの時代のラビは一四日と一五日の祝祭を区別し、一四日の祝祭はより小さな町で、一五日はより大きな町で執り行われるとしておりますが（『ミシュナー』メギラー一・一）、「より小さな町」と「より大きな町」の間の線引きはそこではなされておりません。

エステル記第一書一〇・一―三は、全体を締めくくる一文なのでしょうが、次のように語ります。「クセルクセス王は全国と海の島々に税を課した。王が権威をもって勇敢に遂行したすべての事業と、またその王が高めてモルデカイに与えた栄誉の詳細は、『メディアとペルシアの王の年代記』に書き記されている。ユダヤ人モルデカイはクセルクセス王につぐ地位についたからである。彼はユダヤ人には仰がれ、多くの兄弟たちに愛された。彼はその民の幸福を追い求め、そのすべての子孫に平和を約束した」と。

ここで『メディアとペルシアの王の年代記』が引き合いに出されておりますが、これは物語に「史実性」か「もっともらしさ」を与えるために案出された文書であって、そのような文書が実在したなどと想像する必要などまったくありません。エスエル記第二書の同掲箇所も同じような事を語り、さらにその「付加F」で、モルデカイが、自分が見た夢（付加A）を解いた話が彼の独白の形式で語られ、その後に、次の一文を加えて、全体の締めとします。「プトレマイオスとクレオパトラの治世の第四年に、祭司にしてレビびとであると申し立てるドシテオス、およびその子プトレマイオスがこの書簡をもたらした。彼らの申し立てによると、これがフルーライの書簡であり、エルサレムの住民のプトレマイオスの子リュシマコスが翻訳したものである」と。

意味のよく取れない一文ですが、冒頭の「プトレマイオス王とクレオパトラの治世の第四年」に注目すれば、分かることがひとつあります。ここでのクレオパトラはエジプトのプトレマイオス王朝の最後の女王となるクレオパトラ七世を指しますが、彼女が弟のプトレマイオスと共同統治をしたのは、前五一年のことですから、共同統治の第四年は前四八年のこととなります。そしてこれが事実そうであったのであれば、このエステル記第二書の著作年代は、多分、前四八年かそれ以降のものとなります。

ヨセフスはエステル記第一書やエステル記第二書の締めの部分には触れず、モルデカイが王と権力を分かち合ったこと、そして王妃エステルとモルデカイのお陰でユダヤ人の環境が彼らの望む以上に改善されたことに触れたあとで、「以上は、アルタクセルクセース（アルタクセルクセス）治下のユダヤ人を見舞った事件である」（一一・二九六）で締め括ります。

この締め括り方はすでに第1章で見たネヘミヤの生涯を締めくくるときの言葉「以上は、クセルクセース治下の出来事である」と同じです。

第3章 アレクサンドロス大王登場前後のユダヤ

ヨセフスは、アレクサンドロス大王の登場について語る前に、ネヘミヤの事績について語り終えた『ユダヤ古代誌』一一・一八三以降でエステル物語を語りましたが、その物語を削除してみますと、『古代誌』一一・二九七以下で語られるエルサレムの大祭司の継承をめぐる争いについての話は、『古代誌』一一・一五八の「同じころ、大祭司ヨーアケイモス（ヨアキム）も亡くなり、その息子のエリアシボス（エリアシブ）が大祭司職を継いだ」の一文に接続するものとなります。

大祭司ヨハナンとバゴセスの争い

ヨセフスはエルサレムでの大祭司の継承をめぐる争いについて語ります。

ここでの資料はヘブライ語聖書の文書やそのギリシア語訳にもとめられるものではなくて、それ以外のユダヤ側の資料です。

ここまでで見てきたように、ヨセフスは大祭司の継承をユダヤ民族の歴史の縦軸としており、そこに連続性を認めておりますから、彼自身大祭司の継承リストを手もとに置いているはずです。それは七〇年秋のエルサレム神殿炎上のさいに、ローマ軍が神殿から持ち出し、その指揮官ティトスがローマに持ち帰り、ウェスパシアヌスかティトスの指示でヨセフスに貸与されたものだと想像されます。

「大祭司エリアシボス（エリアシブ）が亡くなると、息子のヨーダス（ヨイアダ）が大祭司職を継いだ。そして彼が死ぬと、息子のヨーアンネース（ヨハナン）がその地位を継承した。そして、この男のために、アルタクセルクセース二世（アルタクセルクセス二世）の指揮官バゴーセース（バゴセス）が聖所を汚してユダヤ人に貢納を課したために、彼らは日々の犠牲の献げ物を捧げる前に、子羊一頭につき公金五〇ドラクメーを支払わねばならなかった。」（一一・二九七）

『古代誌』一一・一五八と右に引いた一文の前半部分で語られているのは、ヨアキム→エリアシブ→ヨイアダ→ヨハナンとつづく大祭司のネポティズムによる継承ですが、最後の大祭司のところで異変が起きます。アルタクセルクセス二世（在位、前四〇四—三五九）の指揮官バゴセスが、ヨハナンが原因で、エルサレムの聖所（神殿）を汚したというのです。

バゴセスなる人物について少しばかり触れておきます。

ヨセフス研究者は、この人物がアルタクセルクセス二世の指揮官であったならば、ダレイオス二世（在位、前四二三―四〇四）の治世の終わりころにユダヤのペルシア知事に任命された人物で、前四〇八年のエレファンティネー・パピリにその名が挙げられている人物だと想像したり、またアルタクセルクセス三世（在位、前三五九ころ―三三八）治下の人物であったならば、ディオドーロス『世界史』一六・四七でバゴーアース（バゴアス）の名で言及されているアルタクセルクセス三世の指揮官であったと想像したりしますが、バゴセスが歴史上のどの人物に該当するのかは今のところ不明です。

ヨセフスはバゴセスが聖所を汚してユダヤ人に貢納を課すに至った事情をさらに説明いたします。少し長くなりますが、全文を引いてみます。

「ヨーアンネース（ヨハナン）には弟イェースース（ヨシュア）がいた。イェースースの友人バゴーセース（バゴセス）は彼のために大祭司職を手に入れてやると約束していた。イェースースは、この保証を楯にヨーアンネースと言い争って兄を怒らせ、神殿内で怒りにかられたヨーアンネースによって殺されてしまった。

ヨーアンネースが祭司の身でありながら、弟にたいしてそのような神を恐れぬ仕打ちに出たことは由々しきことであった。ギリシア人の間でもバルバロイの間でも、かつてこれほど残酷で不信仰な所業はなかった。

神がそれを見過ごされることはなく、まさにこのために民は奴隷にされ、神殿はペルシア人に汚されることになった。すなわち、アルタクセルクセースの指揮官バゴーセースは、イェースースがユダヤ人の大祭司ヨーアンネースによって神殿内で殺されたことを知ると、即刻ユダヤ人のもとへやって来て、怒りをこめて言った。『おまえたちは、こともあろうに、おまえたちの聖所内で殺人事件を引き起こしたのだ』と。人びとが神殿内に足を踏み入れようとするバゴーセースを阻止すると、彼は彼らに毒づいて言った。『では、わたしは神殿内で殺された男よりも穢《けが》れているとでも言うのか』と。

バゴーセースはこう言い放つと、神殿の中に入って行った。彼はこうした言いがかりで、イェースースの死によって七年間ユダヤ人を苦しめたのである。」（一一・二九八―三〇一）

この一文を少しばかり説明いたします。

大祭司職の継承は、「父から子へ」のネポティズムですから、兄に子がいれば、その継承は「兄のヨハナン」→「その息子（＝ヤドア）」となり、「兄のヨハナン」→「弟のヨシュア」ではありません。したがって、ヨシュアの友人バゴセスがヨシュアに、大祭司職を手に入れてやると約束しても、この約束は本来無理なものです。しかし、それができたということは、大祭司の継承が正統的な仕方で行われていなかったことを示唆いたします。実際、神殿のあった時代の南王国での大祭司職の継承や、バビロン捕囚時代の大祭司職の継承を調べてみれば、そこには大祭司職の正統性が継承されなかった事例がいくらでもあり、「あの大祭司の継承にも正統性はなかった、この大祭司もそうだった」状態となるのは必至で、一度、正統性のラインが崩れると、それを元に戻すことなど至難のこととなります。そうなれば、「大祭司職を手に入れてやる」の約束が無理なものではなくなります。そこで、その約束を信じた弟ヨシュアは兄ヨハナンの子を差し置いて、ヨハナンと争うことになります。そしてヨハナンがヨシュアを殺してしまうのです。

ある写本は、「ヨーアンネースは祭司の身でありながら」を「ヨーアンネースは聖所で」と読んでおります。もしギリシア語のテクストが「ヨーアンネースは大祭司の身でありながら」と読んでいるのでしたら、問題はないのですが、「祭司」と読んでいるのです。ここにテクスト上の不自然さが残り、別の写本の読み「ヨーアンネースは聖所で」の方がよりナチュラルとなるかもしれません。それはともかく、兄の大祭司が自分の地位を狙った弟を、こともあろうに神の聖性が宿ると喧伝されてきた聖所で殺したとなれば、これ以上のスキャンダルはありません。「前代未聞」、「驚天動地」の四字熟語が踊る一大スキャンダルです。ヨセフスが「ギリシア人の間でもバルバロイの間でもかつてこれほど残酷でかつ不信仰な所業はなかった」と嘆いてみせるのは当然です。彼にとって、これは語るのを避けたい事柄であったに違いありませんが、それはできないのです。それはここまでで何度も指摘しているように、彼はユダヤ民族の歴史を語るにあたり、大祭司の継承を縦軸にしているからです。『古代誌』一一・三〇一に見られる、バゴセスが「こうした言いがかりで、イェースース（ヨシュア）の死によって七年間ユダヤ人を苦しめたのである」は、一体、何を指しているのでしょうか？いろいろなことが想像されますが、そのひとつはテクストが示唆するように、ペルシアのユダヤ総督となったバゴセスが、その在任期間の七年間、エルサレムの神殿に貢納の義務を課したことです。『古代誌』一一・二九七のテクストが言及する「子羊一頭につき公金五〇ドラクメー」ですが、子羊ばかりか、その他の犠牲の献げ物にも税が課せられたと思われます。そうでなければ「ユダヤ人を苦しめた」ことにはならないからです。

大祭司の弟マナセとサマリアびと

バゴセスは、ユダヤの大祭司職の継承には介入しなかったようです。それは先に進んでから見るように、ヨセフスが「ヨーアンネース（ヨハナン）が死に、息子のヤッドゥース（ヤドア）が大祭司職を継承した」（一一・三〇二）と述べているからです。なお、ヤドアには「マナッセース（マナセ）と呼ばれる弟がいた」（前掲箇所）そうです。

そしてヨセフスは次のように述べます。

「さて、ここに、サナバルレテース（サンバラト）という人物がおり、（ペルシア）の最後の王ダレイオスによって総督としてサマリアに派遣されていた。彼はサマリアびとの先祖であるクータイオス（クタびと）の種族の出身であった。彼はエルサレムが有名な都で、しかもそこの歴代の王がアッシリアびととコイレー・シリアの住民を大いに苦しめた実績のあることを知ると、自分の娘のニカソーを喜んでマナッセースと結婚させた。この姻戚関係こそユダヤ民族全体の好意を引き出す保証になると信じたのである」（一一・三〇二―三〇三）

ここに登場するサンバラトは誰のことでしょうか？

この人物をエスドラス第二書一三・二八に登場するサナバルラトと同定する研究者がおります。そこに「大祭司エリスーブ（エルヤシブ）の子ヨーアダ（ヨヤダ）の一族の中にホーラニトス（ホロニびと）サナバルラトの婿になっている者がいたので、わたし（ネヘミヤ）は彼をわたしのもとから追い出した」とあるからです。しかし、「わたし（ネヘミヤ）」の登場はペルシア王アルタクセルクセス一世王（在位、前四六四―四二四）の治世の第二〇年後のことですから（エスドラス第二書一一・一）、その同定には年代上の整合性はありません。

では、ここで言われているサンバラトを総督としてサマリアへ派遣した「最後の王ダレイオス」とは誰のことでしょうか？

この人物はダレイオス三世コドマンヌス（在位、前三三六―三三〇）とされます。ダニエル書一一・二で、三人の王の後、「巨大な富を得る」四人目の王として言及されている人物です。彼はポンペイ出土のモザイク画「イッソスの戦い」で描かれております（図34）。もしサンバラトをダレイオスの指揮官とすると、彼はネヘミヤよりも一〇〇年後の人物だったとしなければなりません。

ヨセフスによれば、サンバラトは自分の娘ニカソーをエルサレムの大祭司ヤドアの弟マナセと結婚させたというのです。もしヤドアが息子なくして亡くなれば、兄の大祭司職がマナセに転がり込んでくるのは確実です。

では、将来大祭司となるのが確実な人物が異民族の女と結婚などできるのでしょうか？

ヨセフスはここまでで、バビロン捕囚からエルサレムに帰還した祭司たちが土地の異民族の女と同衾したものの、結局は女たちを追放したという話を語ってきたので、将来大祭司となる人物が異民族の女と結婚したとなれば、彼の再話を聞くローマの聴衆の耳に空しい響きのものになります。「あの追放は何だったのか」となります。そこでヨセフスは次に、この結婚に反対の声が上がったことを伝えます。次に引く一文でのマナセは祭壇で奉仕する祭司であることが前提とされております。

図34●イッソスの戦いでのダレイオス王

ユダヤ人の抗議／マナセ、サンバラトのもとに逃げ込む

「エルサレムの長老たちは、大祭司のヤッドゥース（ヤドア）の弟（マナッセース）が異民族の女と結婚しながら大祭司職についていることに不満を鳴らし、彼に激しく抗議した。彼らは、この結婚が律法を犯して（異民族の女）と結婚しようとする者の足がかりとなり、異民族の者たちとの交わりの端緒《たんしょ》になると考えたのである。彼らはさらに、往時の捕囚や災禍の原因、結婚について（の律法の定め）にしたがわずによその国の女と結婚したことにある、と信じていた。彼らはマナッセース（マナセ）に、妻と別れるか、祭壇に近づかないか（のいずれかにするように）と強硬に申し入れた。大祭司は民の苛立《いらだ》ちに理解を示し、弟を祭壇から遠ざけた。マナッセースはそのためサナバルレテース（サンバラト）の所へ行き、次のように訴えた。『わたしはあなたの娘を愛しています。しかし、（大）祭司職は（わたしたちの）民族の最高の地位であり、今まで（わたしの）一族のものでした。だから、それを彼女のために奪われたくないのです』と。

それにたいしてサナバルレテースは、彼が自分の娘と一緒にやっていく気があるならば、彼が祭司職（の名誉）を維持できるばかりか、大祭司職の権力や名誉も手に入れてやり、また、現在自分が支配しているすべての土地の知事に任命しようと約束した。さらに、『サマリアの山々の中で一番高いガリゼイス（ゲリジム）山に、エルサレムにあるような神殿を建てよう』と言い、その建設

をダレイオス王の同意のもとに行うと約束した。

マナッセースはこの約束に喜び、サナバルレテースのもとに滞在した。彼は、サナバルレテースがすでに年老いているので、ダレイオスが自分に大祭司職を与えると信じたのである。

ところで、祭司やイスラエルびとの多くの者も（異民族の）女と結婚していたためにエルサレム人の間では大騒ぎが起こった。（異民族の女と結婚した）者たちはマナッセースのところに逃げ込んだ。それは、サナバルレテースが彼らに金や耕作地を与えたり居住地を割り当てたりして、義理の息子のために好意を得ようとあらゆる手段を弄したからである。」（一一・三〇六―三一二）

右に長々と引用したのは、出所不明の資料にもとづくヨセフス一流の再話です。「わたしはあなたの娘を愛しています。……だから、それを奪われたくないのです」ばかりか、それにつづく一文に見られる、サンバラトがサマリアの「大祭司職の権力や名誉」をマナセのために手に入れてやるという話、そして異民族の女と結婚してマナセのもとへ逃げ込んだ者たちにサマリアの耕作地を与えたり、居住地を割り当てたりしたという話は、創作臭のするものです。

右の一文にはサマリアの神殿建設についての言及があります。こちらも創作なのでしょうか、それとも歴史的な事実なのでしょうか？

ヨセフスはそれをアレクサンドロスのエジプトへの遠征の途次の出来事として語りますので、わた

したちはそれを取り上げる前に、アレクサンドロス大王の遠征を見ておかねばなりません、

アレクサンドロスの登場

ヨセフスはマナセに対するユダヤ人の抗議について語る前に、マケドニアの王フィリッポス二世（在位、前三八二―三三六）がケラステスの子パウサニアスによって暗殺された前三三六年の出来事に触れ、フィリッポスの子アレクサンドロス三世（在位、前三三六―三二三）がマケドニアの新王になったことを伝えます。この暗殺事件に触れるのはそれから二〇〇年後のシケリアのディオドーロス（前九〇―三〇）ですが、彼は資料の出所を明らかにせずにそれに触れているため、真相は闇の中だとされます。

ヨセフスは本書一一・三〇四―三〇五で、アレクサンドロスの遠征について簡単に触れておりますが、そこでの彼はエルサレムでの大祭司の問題やサマリアの神殿建設の問題などをアレクサンドロスのエジプト遠征と巧みに絡めております。

アレクサンドロスは父の暗殺された翌年、すなわち前三三六年にヘラス同盟の盟主となり、前三三四年、四万の軍隊を率いてヘレースポントス（マルマラ海とエーゲ海を結ぶダーダネルス海峡の古名）を渡りペルシア遠征を開始します。彼はまずヘレースポントスの近くのグラニコス河畔の緒戦で、ペル

シア知事の連合軍に大勝し、小アシアのギリシア都市を解放します（図35）。そしてその翌年の前三三三年の十月に、シリアの海岸アレクサンドレッタ近辺のイッソスの戦いで、ペルシア王ダレイオス三世の率いる大軍を激戦のすえ打ち破ります（図36、口絵3参照）。このときのペルシアの軍勢は、アリアーノス、前掲書二・八・八によれば六〇万、ディオドーロス『世界史』一七・三一・二によれば五〇万、そしてユスティノス一一・九によれば四〇万だったそうです。それにたいしてアレクサンドロスの軍勢はわずか四万たらずです。六〇万、五〇万、四〇万、どれをとっても桁違いに大きな数字です。わたしは資料の挙げる数字にはいつも敏感で、常識的な判断で疑ってかかることがしばしばです。そして、現代に至るまで、戦争での数字にはなぜ誇張がつきものなのかを考えることにしております。

ヨセフスもイッソスの戦いに触れます。

彼はダレイオスがエウフラテース川を渡ってキリキアのタウロス山を越え（正確には「アマヌス山を越え」。アリアーノス『アレクサンドロス後継者史』二・七・一）、キリキアのイッソスでアレクサンドロスを待ち受けたとして、次のように語ります。

「サナバルレテース（サンバラト）は、ダレイオスが（イッソスまで）下って来たことを喜び、ダレイオスが敵に勝って戻ってくれれば、即刻約束を果たす、とマナッセース（マナセ）に告げた。サナ

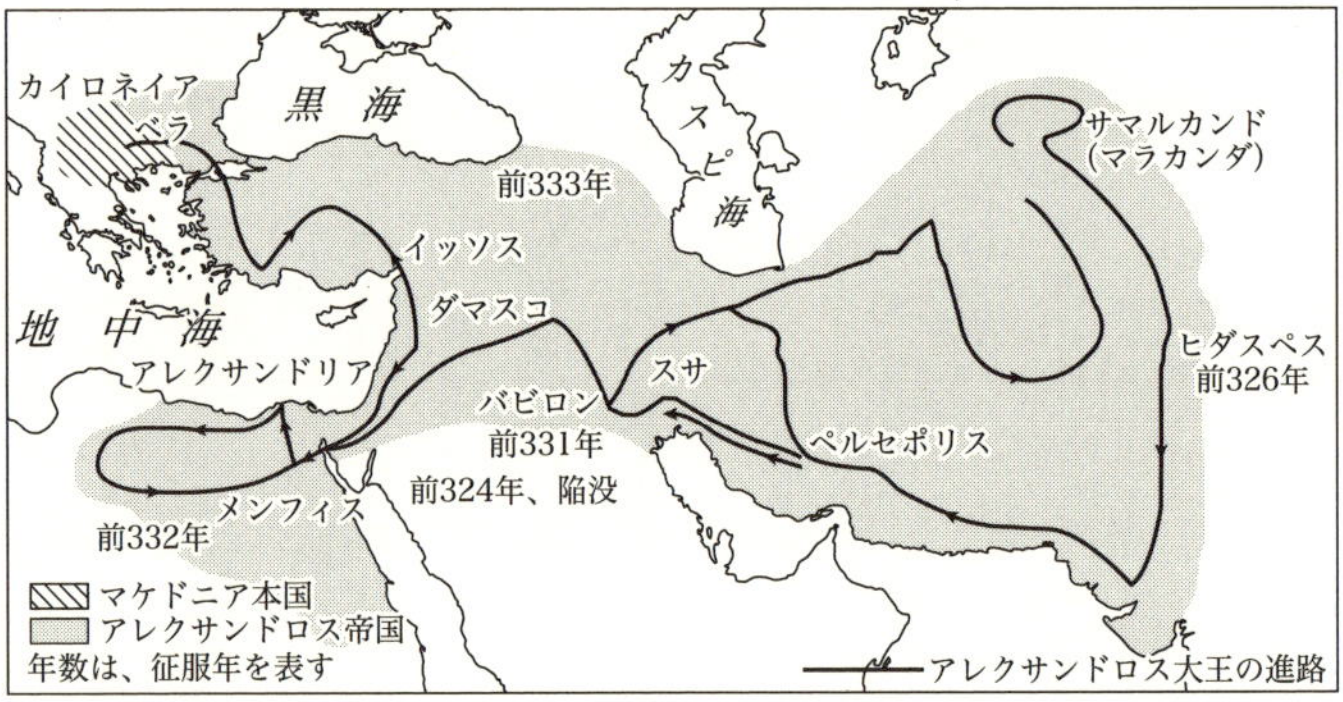

図35●アレクサンドロスの遠征地図

図36●イッソスの戦いでのアレクサンドロス

バルレテースだけでなくアシアのすべての者は、マケドニア人がペルシア人の大軍を相手には戦えないと確信していたのである。

ところが、結果はまったく予期せぬものであり、(ダレイオス)王はマケドニア人と戦って敗れ、軍隊の大半を失ってしまった。彼の母親や祭司らは捕虜にされ、王自身もペルシアに逃げ込む始末であった。」(一一・三一五―三一六)

アレクサンドロスは、イッソスの戦いの後ただちにシリアへやって来て、ダマスコとシドンを制圧します。そして次にテュロスを包囲します。テュロスは小さな町です。しかし、後の十字軍時代の包囲戦から知れるように、この町の城壁による守りは意外にも固いです。そのため包囲は前三三二年の一月から七か月つづきますが、その包囲とて数千人の兵士がおれば充分なものであったはずです。もしアレクサンドロスがイッソスの戦いの後、そこでの残存兵力を従えてテュロスへやって来たのであれば、イッソスでのペルシアの軍勢の規模も自ずと知れるものとなります。

脱線しました。

アレクサンドロス、大祭司ヤドアに書簡を送る

ヨセフスは、イッソスの戦い後のアレクサンドロスに触れ、ここではじめてアレクサンドロスと大祭司ヤドアやサンバラトを絡《から》めます。

彼は次のように言います。

「アレクサンドロスはシリアへ来ると、ダマスコを略取し、シドンを制圧し、テュロスを包囲した。彼は、そこからユダヤ人の大祭司（ヤドア）に書簡を送って支援（部隊）の派遣と物資の補給を求め、さらに、（今後は）ダレイオスに納めていたユダヤ人の貢ぎを自分におくって、マケドニア人との友好をもとめるように要求した。ユダヤ人がこのような要求に応じても後悔はしないだろうというわけであった。

しかし、大祭司は書簡を持って来た者たちに答えた。自分はダレイオスに武器を執らないとすでに誓約しているので、彼らの存命中はその誓いを破るわけにはいかない、と。

それを聞いたアレクサンドロスは激怒し、陥落寸前のテュロスを離れぬことにしたが、テュロスの攻略を終えしだいユダヤ人の大祭司に軍を向け、大祭司を介して、誓約を守らねばならぬ相手がだれであるかをすべての者に教えてやると恫喝《どうかつ》した。王はこのために、テュロスの包囲攻撃にいっ

そう精を出し、ついにそこを陥落させた。テュロスでの後始末を終えた王は、ガザびとの町に向けて進軍し、ガサとガザの要塞指揮官バベーメーシスを包囲した。」（一一・三一七－三二〇）

ユダヤは祭司国家で王はおりません。

「大祭司にして王」なる人物が登場するのは前二世紀後半のマカベア時代以降のことですから、アレクサンドロスがユダヤの大祭司に書簡を携えた使節を送ったとしても不思議ではありませんが、ここでの記述には不自然な箇所があります。それはアレクサンドロスがテュロスを陥落させた後ただちにエルサレムに向かうのではなく、パレスチナの沿岸沿いに南下をつづけ、要塞の町ガザを包囲していることです。エルサレムの大祭司にたいする恫喝は二の次になっているのです。もうひとつ不自然なのは、アレクサンドロスが使者を介して、支援部隊の派遣と物資の補給をもとめていることです。このような要求は両国間に同盟関係（スュンマキア）がある場合にのみ可能とされますが、アレクサンドロス（マケドニア）と大祭司（ユダヤ）の間には同盟関係の協定書などは交わされておりません。

サマリアびと、アレクサンドロスに忠誠を誓い、神殿建設を認めさせる

ヨセフスはサマリアの実質的な支配者であるペルシア総督サンバラトが、この機会に抜け目なく行

動したとします。エルサレムの大祭司が毅然《きぜん》とした態度でアレクサンドロスからの使節に応じたのとはよい対照です。もちろんこれは意図的な対比から生じた対照です。

ヨセフスは次のように言います。

「一方、サナバルレテース（サンバラト）は自分の計画を実行する絶好の機会がきたと判断してダレイオスを見捨て、支配下の民八〇〇〇を率いてテュロス包囲を開始したアレクサンドロスのもとにやって来た。そして彼は自分の統治する土地を引き渡し、主君としてダレイオス王ではなくアレクサンドロスを喜んで迎えると宣言した。アレクサンドロスは彼を歓迎した。勇気を得た彼は胸中の計画を打ち明けて言った。

『（王よ、）わたしのところには義理の息子のマナッセース（マナセ）という、ユダヤ人の大祭司ヤッドゥース（ヤドア）の弟がおります。そして、彼とともに彼の大勢の同胞たちもおり、彼らは今、わたしの土地に神殿を建てたいと願っております。

王には、ユダヤ人の勢力が二分されていたほうが好都合です。そうなれば、革命を企んでも国論がひとつにまとまらず、かつてのアッシリアびとの支配者のように王が苦しむこともありません。』

アレクサンドロスが（神殿建設に）同意したので、サナバルレテースは全精力を傾注して神殿を建て、マナッセース（マナセ）を（大）祭司に任命した。それが自分の娘の子らにとって最大の名誉になると考えたのである。しかし、このサナバルレテースは、テュロス包囲の七か月後、ガザ（包囲）の二か月後に亡くなった。そして、アレクサンドロスは、ガザの攻略後、急いでエルサレムびとの都に上った。」（一一・三二一―三二五）

ここに書かれていることは史実なのでしょうか？

ペルシア総督サンバラトが、テュロス包囲を開始したアレクサンドロス王のもとへサマリアの住民八〇〇〇を率いて向かい、自分の統治するサマリアを王に引き渡し、それればかりか、主君としてアレクサンドロスを迎えると宣言したというのです。本当でしょうか？

ある研究者はこのころのエルサレムの人口は一万を割るものだったと推定しますが、もしこの推定が正しければ、サマリアの人口は八〇〇〇よりもはるかに小さなものだったと見なければなりません。ここでの数には誇張があるのです。そして仮に二、三〇〇〇の男子を提供できたとしても、この者たちは普段から有事に備えて軍事訓練を受けていた者たちではありません。もしそうであれば、アレクサンドロスの軍隊にとって、いくら彼らを提供されたとしても、彼らの存在は足手纏《あしでまと》いのものとなります。わたしたちはここでヨセフスが『戦記』二・五七六以下で書いている記事、すなわちガリラヤにエルサレムの臨時政府から遣わされた彼が、その地で徴募した若者たちにローマ式の軍事訓練を徹底的に施したことを想起したいものです。平時の軍事訓練を受けたことのない若者たちの群れなどは、烏合《うごう》の衆の集まりにすぎないのです。ですからわたしたちはここで、総督サンバラトがサマリアの若者たちを率いてアレクサンドロスに会ったとする話を資料中の創作話か、ヨセフス自身の創作話としなければなりません。もしそうならば、サンバラトがアレクサンドロスの同意を得て、サマリアに神殿を建設したという話も創作話となります。もちろん、サマリアに神殿跡がある以上、サマリアに神殿がある時期に、エルサレムの神殿に対抗して建てられたのは歴史的な事実としなければなりませんが、その「ある時期」は、考古学上の証拠により、アレクサンドロス登場以前のペルシア時代のある時期なのです。これについては先に進んでからもう一度触れます。

アレクサンドロスのエルサレム訪問

ヨセフスによれば、大祭司ヤドアはアレクサンドロスがガザから上って来ることを聞きます。ガザはパレスチナの地中海沿岸の町ですから、そこからエルサレムへ上るのは簡単至極です。

大祭司は苦悩します。

苦悩して当然ですが、彼はそのとき「民に祈願の祈りを命じ、彼らとともに神に犠牲を捧げた。そして、神が楯となって民を守り、目前の危難から彼らを救ってくれるようにと嘆願した」（一一・三二六）そうです。

「危難のときの神頼み」は大祭司や祭司たちが好んで行うパフォーマンスのひとつで、そのときの彼らは犠牲の献げ物を祭壇に供えます。そしてヨセフスによれば、大祭司が犠牲の献げ物を捧げて眠りにつくと、神が眠りの中で彼に語りかけ、町を飾って城門を開き、大祭司は黒服をまとい、他の祭司たちは白服を着て出迎えるのだ、決して危害を受けるなどと恐れてはならないと励ましたと言うのです。

翌日、大祭司はアレクサンドロスの一行が近づくと、祭司や大勢の市民たちを従えて城門の外で彼を出迎えようとします。

ヨセフスは次のように記します。

「そのとき（王に）同行していたフェニキアびとやカルデアびとたちは、王が怒りのために、自分たちに都の略取を許し、大祭司を辱めて殺すであろうと考えていたが、ことは彼らの思惑どおりにはいかなかった。というのも、アレクサンドロスは、白い服を着た大勢の市民やその前に立つ亜麻布の服をまとった祭司たち、青みがかった紫と金（の糸で織った）長衣をまとい、神名がほられた黄金の板金のついたキダリスを頭にかぶった大祭司らを遠方から認めると、一人で進み出て、「み名」（オノマ）の前に跪拝し、真っ先に大祭司に挨拶したからである。するとユダヤ人たちもみな声を合わせてアレクサンドロスに挨拶し、王を取り囲んだ。シリアの王たちやその他の者は、アレ

クサンドロスの振る舞いに驚き、王は気が触れたのだと思った。」（一一・三三〇―三三二）

右の一文には、先行する記述と齟齬《そご》をきたす箇所があります。それは先行箇所で、神が眠りについている大祭司に、彼と祭司たちは黒服をまとってアレクサンドロスに会うように指示しているのに、大祭司はその指示にしたがっていないからです。

不自然な箇所もあります。

この記述にカルデアびとが登場していることです。ある写本の読みではサマリアびとを示す「クータイオイ（クタびと）」です。これはカルデアびとを意味する「カルダイオイ」が不自然であると判断した転写生の訂正によるものでしょうが、訂正したくなる箇所です。

もうひとつ不自然な箇所があります。

それはアレクサンドロスが大祭司に「真っ先に」挨拶したと書かれていることです。「真っ先に」の訳語を与えたギリシア語はプロートスです。このギリシア語はここで、アレクサンドロスは「大祭司の挨拶を受ける前に、大祭司に挨拶した」ことを示すために用いられておりますが、相次ぐ町の包囲攻撃と征服に成功している男がエルサレムの大祭司に会うにあたり、彼よりも先に手を出して挨拶をするでしょうか。それはあり得ないことです。

アレクサンドロスの軍隊で彼につぐ指揮官はパルメニオーンと呼ばれる人物ですが、彼は王の前に進み出ると王に向かって、すべての者が王に跪《ひざまず》くのに、なぜ王が大祭司の前に跪くのかと尋ねたそうです。これは当然の問いかけです。それに対して王は次のように答えます。

「予はあの男ではなく、彼に大祭司の名誉を与えた神に跪拝したのである。マケドニアのディオンにいたとき、予は夢の中で、(大祭司の)式服を今のようにまとったあの男に出会った。予がアシアの征服について思案していると、あの男は予に、躊躇《ちゅうちょ》せず勇を鼓して(アシアに)渡るようにすすめ、彼が予の軍隊を率い、ペルシア人の帝国を引き渡してやるというのだ。そのとき以来、予はあのような式服をまとった者を見たことがない。今あの男を見て、そのときの夢の幻と勧告を思い出しているのだ。

予のこれまでの遠征には神の導きがあったと信じる。予はダレイオスを撃破し、ペルシア人の軍隊を粉砕し、予の全計画を実現するだろう。」(一一・三三一―三三五)

これではアレクサンドロス王の方が先に手を出し、その託宣ゆえに、大祭司に跪拝礼の挨拶をしなければならなくなりますが、アレクサンドロスにアシアに渡るように勧め、ペルシアとの戦いで王の勝利を約束したのは、エジプトのシワのオアシスにあるアンモンの神殿祭司だったと思われます。王はパレスチナの沿岸都市のいくつかを征服した後シワに赴き、そこでアンモン神の託宣と称したものを受けているからです。もしこの想像が正しければ、わたしたちはここで、そのことが書かれている

「アレクサンドロス・ロマンス」とでも呼び得る資料の存在を想定し、それを読んだヨセフスが、シワの神殿祭司の託宣をエルサレムの大祭司の託宣に置き換えたとしなければなりません。(アンモンの神殿詣でとそこでの託宣は、ストラボーン『地誌』一七・一・四三に保存されているカリステネースの言葉、およびプルタルコス『アレクサンドロス』二七参照)。

ヨセフスは資料を改変しました。その改変の決定的な証拠は次の一文にもとめられます。

「王はパルメニオーンにこのように答え、右手を大祭司に差し出した。そして、王はユダヤ人が小走りについて来る中を都に入城した。王は神殿に上り、大祭司の指示にしたがって神に犠牲を捧げ、大祭司や祭司たちに向かって(それぞれに)ふさわしい仕方で敬意を表した。

アレクサンドロスは、ペルシア人の帝国をひとりのギリシア人が粉砕すると、はっきり記されたダニエーロス(ダニエル)の書を示されると、自分こそその人物であると信じ、喜びのうちに群衆を解散させた。そして翌日、王は彼らを召集し、彼らが望む贈り物を求めるように指示した。大祭司は、民が父祖伝来の律法を守ることができ、第七年目には貢納を免除されるように願い出た。王はそのいずれをも許した。次に、彼らは王に、バビロンとメディアのユダヤ人が律法に従って暮らすことができるように嘆願すると、王は喜んで彼らの望みを実現しようと約束した。

そして、王が群衆に向かって、彼らの父祖伝来の慣習や生活を堅く守りながら王の軍隊に加わり

たい者は歓迎すると言明した。多くの者は喜んで王の軍隊に加わった。」（一一・三三六―三三九）
ここに、ダニエル書がアレクサンドロスに示されたとあります（口絵6参照）。そこには「ペルシア人の帝国をひとりのギリシア人が粉砕すると、はっきりと記されて」いたとあります。
この箇所はどこなのでしょうか。
ダニエル書の第八章は、バビロニアの最後の王である「ベルシャツァル王の治世の第三年」に「わたしダニエルが見た」幻と称するものを記述しておりますが、そこにこうあります。
「……わたしが注意して見ていると、雄山羊が西の方から、（足も）地に就かぬような（速さで）全地を駆け巡ってやって来た。」（八・五）
「毛深い雄山羊はギリシア王、その両の眼の間にある大きな角は第一の王である。それは折れて、その代わりに四本（の角）が生えたが、それはひとつの民族から四つの王国が興るということだが、（先に折れた）彼ほどの力はない。」（八・二一―二二）。
ここに見られる「雄山羊」がアレクサンドロス大王のメタファーであることは誰の目にも明らかだと思われます。その雄山羊の角が折れた後、「四つの王国が興る」とされておりますが、その「四つの王国」とは、この先で取り上げるアレクサンドロスの後継者争いの結果誕生する王国です。ダニエル書のこの箇所は明らかに事後預言ですので、このことからして、アレクサンドロスの死後の後継者争いがあった時代以降に書かれたものとなりますが、実際にはダニエル書それ自体は前二世紀後半のマカベア時代の著作物とされます。もしそうだとすると、エルサレムの神殿を訪れたアレクサンドロスに、王の死後一五〇年以上も経て書かれた文書が示されたことになります。「これってあり?!」の疑問符とビックリ・マークです。

これは与太話としては面白いのですが、それ以上の何ものでもありません。

問題はなぜヨセフスがここでダニエル書を引き合いに出せたかです。

それは彼がダニエルをバビロンの宮廷に仕えるユダヤ民族出身の若者で、アレクサンドロスの登場とその死後興る四つの王国の登場を預言したダニエル書の著者であると信じていたからです（拙著『南北分裂王国の誕生』四一一頁以下参照）。

さてわたしたちは文書資料としての「アレクサンドロス・ロマンス」の存在を想像してみましたが、このようなロマンスが誕生する背景はお分かりになると思います。アレクサンドロスがヘレニズム世界の英雄であったからです。どの町も、とくにその町が彼の遠征路にあるか、その近くにあれば、「アレクサンドロスはおらが町に立ち寄った」とか「アレクサンドロスはおらが町にかくかくしかじかの恩恵を施した」といった類いの話は生まれるのは自然で、その話に尾ひれや背びれがついてさらに大きく成長すれば、それはひとつのロマンスとして語り継がれて行きます。このような形成過程を経て語られる物語などは、おそらく掃いて捨てるほどあると思われます。西洋の聖人伝説などはこのような類いのものが多く、「どこに真実があるのやら」状態のものばかりです。なお、アレクサンドロス伝説の展開を詳しく論じた論文があります。山中由里子さんの力作「アラブ・ペルシア文学におけるアレクサンドロス大王の神聖化」（国立民族博物館研究報告、二七（三）、三九五―四八一（二〇〇三年）です。ネットで引き出せるので、一読をおすすめいたします。さらにペンギン古典双書に入っている、オックスフォードの古典学者リチャード・ストーンマンの著作『アレクサンダー・ロマンス』も必読の書です。

ヨセフスはダニエル書云々についての加筆以外にも三つの話を書き加えます。もちろん、意図的にです。それは、（一）大祭司がアレクサンドロスに、民が父祖伝来の律法を守ることができ、第七年目には貢納を免除されるよう願い出たところ、王はそれを承諾したという話、（二）バビロンとメディアのユダヤ人が律法にしたがって暮らすことができるように嘆願すると、王は大祭司の望みを実現すると約束したという話、そして、（三）王が、父祖伝来の慣習や生活を守りながら王の軍隊に加わりたい者は歓迎されると言明したとする話です

なぜヨセフスにはここでこれら三つの話を書き加える必要があったのでしょうか。

それは第5章で取り上げる主題と直接関わるのですが、ヨセフスはここで『ユダヤ古代誌』の読者のひとりになることを期待するローマ皇帝ドミティアヌスに、アレクサンドロスがユダヤ人たちに寛

大で、ユダヤ人たちの独特の文化や生活様式に理解を示す人物であったことを示すことで、ドミティアヌスもまたユダヤ人たちにたいして寛大であり、彼らの生活様式に理解を示すよう訴えているのです。そしてそのため、エルサレムの大祭司の発言はユダヤに住むユダヤ人たちの幸せだけを慮るものではありません。ヨセフスは「ユダヤの民が父祖伝来の律法を……」とは書かず、「ユダヤ」を故意に落として、「民が父祖伝来の律法を……」と書き、そうすることで、大祭司の発言をユダヤ（ユダ）の国境を越えるものとし、そして事実彼は大祭司に、バビロンとメディアに住むユダヤ人たちも律法にしたがって暮らせるようにと嘆願させ、さらには、そうは書いてはいませんが、ドミティアヌスにたいして、ユダヤ人たちは父祖伝来の慣習や生活を守ることができれば、ローマ軍でも奉仕することもできるのだと行間から訴えているのです。ヨセフスは巧みなのです。

サマリアびととアレクサンドロス

ヨセフスは「アレクサンドロス・ロマンス」に彼が憎悪してやまないサマリアびとをも巻き込みます。彼は、これまで繰り返し示してきた彼の反サマリア感情をここでも爆発させます。

「さて、アレクサンドロスは、エルサレムで百般の仕事を片付けると、近隣の町に軍隊を率いて行った。王が入城した町の人びとは、こぞって彼を友好的に迎えたが、サマリアびとだけは——当時その首都はガリゼイス（ゲリジム山近くのシキマ［シケム］）で、ユダヤ民族の中の背教者が住み着いていた——、アレクサンドロスがユダヤ人にかくも大きな名誉を与えたのを見ると、自分たちもユダヤ人であると公言するに至った。すでに（たびたび）示してきたように、これがサマリアびとの性格なのである。彼らは、ユダヤ人が災禍に苦しんでいると、（ユダヤ人との）近親関係を否定するが——実際、そのとき彼らはその事実を認めているのであるが——、ユダヤ人が何かすばらしい幸運に与っているのを見ると、今度は豹変《ひょうへん》してユダヤ人との近親関係を云々し、エフライメース（エフライム）とマナッセース（マナセ）の末裔《まつえい》を僭称《せんしょう》して、（ユダヤ人との）同族関係を持ち出すのである。」（一一・三四〇—三四一）

ヨセフスはさらに続けます。エルサレムのユダヤ人にたいするアレクサンドロス王の態度とサマリアびとにたいする王の態度が極端なまでに対比されます。

「彼ら（サマリアびと）は、（アレクサンドロス）王がエルサレムを出るか出ないかのところで威儀《いぎ》を正し、熱烈に王を迎えた。そして、アレクサンドロスがそれに感謝すると、シケムびとは、サナバルレテース（サンバラト）が王のもとに送ると（申し出ていた）兵士たちを連れて進み出た。彼らはアレクサンドロスに、自分たちの町に来て神殿にも敬意を払ってほしいと頭を下げた。

それにたいしてアレクサンドロスは、彼らのところに戻って来たときにそれに応じると約束した。しかし、彼らが種蒔《たねま》きをしない第七年目の貢納を免除してくれと要求したので、こんな要求をする彼らは何者かと尋ねた。彼らは自分たちはヘブル人であり、シケムのシドンびとと呼ばれていると答えた。王は再び彼らが（本当に）ユダヤ人かどうか尋ねた。彼らがそれを否定したので、王は言った。『予がこのような特権を与えたのはユダヤ人にたいしてである。しかし、予が戻ったとき、おまえたちからさらに正確な情報を得たならば善処しよう。』

王はこう言ってシケムびとを去らせた。そしてサナバルレテースの兵士にエジプトへの同行を命じ、『予はそこでおまえたちに土地を割り当てよう』と言った。事実、王はそれからほどなくしてテーバイでそれを行い、彼らにその土地を守るように命じた。」（一一・三四二—三四五）

この一文は先行する一文と齟齬《そご》をきたすものとなっております。

先行する箇所では、「アレクサンドロスは、エルサレムで百般の仕事を片付けると、近隣の町に軍隊を率いて行った。王が入城した町の人びとは、こぞって彼を友好的に迎えた」と書かれておりますが、この一文では「彼ら（サマリアびと）は、（アレクサンドロス）王がエルサレムを出るか出ないかのところで威儀を正し、熱烈に王を歓迎した」とあるからです。わたしは先行する一文はヨセフスが資料としたアレクサンドロス・ロマンスにあったもので、後者はヨセフスの創作であると考えております。

アレクサンドロスのその後と死

アレクサンドロスのその後についても触れておきます。

アレクサンドロスは、前三三一年、エジプトを去り、パレスチナ沿岸沿いに北上して東に向かい、メソポタミアの平原ガウガメラで、ダレイオスの率いるペルシア全軍と会戦、それを壊滅させます（口絵4参照）。ダレイオスは、山中に逃亡しますが、結局、側近によって暗殺され、その結果、キュロス二世以来つづいたアケメネス朝ペルシア（前五五〇―三三〇）は滅びます。アレクサンドロスはこのとき「王」（バシレウス）を称します。

ついでアレクサンドロスは、ときをおかず、第2章で見たエステル物語に登場するバビロン、スサ、エクバタナなどの主要都市を占領、自軍を再編後、メディアからパルティアへ入り、バクトリア、ソグディアでの激戦後、前三二七年に、インドへの侵入をはたします。そこでの遠征はインダス川の河口地帯にまでおよびます。

前三二四年、スサに凱旋したアレクサンドロスは、バクトリア人オクシアルテースの娘ロクサネーと結婚、一万の部下をもペルシアの女性と結婚させ、東西融和をはかったとされます。この辺りは民族の純血を守ろうと妄想し、異教徒の女たちを追放したエスドラス（エズラ）らに見られる視野《しや》狭窄《きょうさく》の民族主義の世界とは異なります。アレクサンドロスは、翌年、アラビア遠征の準備中に急死しますが、そのときの彼は三二歳の若さであったとされます。

ヨセフスの触れるアレクサンドロス死後のサマリアびと

ヨセフスはアレクサンドロスの死後、その帝国が「後継者たち」（ディアドコイ）と呼ばれる者たちの間で分割されたことに触れると同時に、そこでもサマリア問題を蒸し返します。

「アレクサンドロスの死後、その帝国がディアドコイの間で分割されたが、ガリゼイス（ゲリジム山）の神殿は（そのまま）残った。そして、汚れた物を口にしたり、安息日に律法を破ったり、その他それに類する罪を犯したかどでエルサレムびとに告発された者は、シケムびとのもとに駆け込んで、自分が不当にも（エルサレムから）追放されたなどと口にするのであった。

なお、このころには（すでに）大祭司ヤッドゥース（ヤドア）も亡くなり、息子のオニアスが大祭司職を継承していた。以上は、エルサレムびとをめぐるそのころの様子である。」（一一・三四六―三四七）

アレクサンドロスの後継者たちの争い

ここから先は『ユダヤ古代誌』の第一二巻です。

ヨセフスはその冒頭で、アレクサンドロスの死と、彼の帝国の分有について触れます。

「ペルシア帝国を壊滅させ、ユダヤ（ユダ）の諸事件を、前記の仕方で処理したマケドニア人アレクサンドロスが死に、多くの者たちの分有するところとなった。」（一二・一―二）

アレクサンドロスの死後、その跡目となったのは、妻のロクサネーから生まれたアレクサンドロス四世と異母兄弟のフィリッポス・アルヒダイオスです。二人は共同統治の王となりますが、王家は前三一〇年までに絶えてしまいます。多くの研究者は、アレクサンドロスの亡くなった前三二三年から、前三〇一年のイプソスの戦い、あるいは前二八一年のコルペディウムの戦いまでの期間を「後継者戦争の時代」と呼びます。ヨセフスはその結果を簡潔すぎるほど簡潔に書いてくれます。

「アンティゴノスはアシア諸民族の王に、セレウコスはバビロンとその周辺の民族の主人となり、リュシマコスはヘレースポントスを支配し、カッサンドロスはマケドニアを保持、ラゴスの子プトレマイオスはエジプトを略取した。」（一二・二）

ここでのアンティゴノスはアンティゴノス一世（在位、前三〇六―三〇一）を指します。アレクサンドロスのペルシア遠征では指揮官をつとめ、後継者争いをし、アンティゴノス王朝を前三〇六年に開祖した人物です。彼の添え名はモノフタルモス（隻眼王）です。片目だったのです。かつて「イスラエルの鷹」と呼ばれた片目の将軍モーシェ・ダヤンを思い浮かべたくなります。

ここでのセレウコスはセレウコス一世ニカトール（在位、前三五八―二八一）です（図37）。彼はアレクサンドロスの父フィリッポスの諸将のひとりだったアンティオコスの子で、アレクサンドロスの東方遠征でも臣下のひとりとして参加し、シリアのセレウコス王朝の開祖者となります。添え名のニカトールは「勝利王」を意味します。リュシマコスはアレクサンドロス王に仕えた護衛兵のひとりで、王の死後は、トラキア、小アジア、マケドニアの王（在位、前三六〇―二八一）となります（図38）。カッサンドロスはアンティパトロスの死後、摂政のポリュペルコーンをマケドニアから追放します。彼はカッサンドロス王朝の初代の王（在位、前三〇五―二九七）です。最後のラゴスの子プトレマイオスは次の第4章でも登場するプトレマイオス一世を指します（図39）。エジプトのプトレマイオス王朝の創始者（在位、前三二三―二八三）です。

ここでその名前が挙がった五人の武将たちが相争うことになるのです。

ヨセフスは次のように言います。

図37●セレウコス１世

図38●リュシマコス

図39●プトレマイオス１世

「彼らは（新しい）自分の王国を守るために、互いに嫉妬深い争いを繰り返した。その結果、執拗《しつよう》な長期の戦争が（各地で）発生し、それに巻き込まれた他都市は大災厄をこうむり、多くの住民が生命を失った。そして、当時救済者（ソーテール）と呼ばれたラゴスの子プトレマイオスの手中にあった全シリアも、その（救済者という）添え名にもかかわらず、彼によって塗炭《とたん》の苦しみをなめさせられた。」（一二・三）

ここでのヨセフスは、アレクサンドロス大王死後の、五人の武将による執拗な争いがもたらした災厄を一般論の形で述べておりますが、彼の念頭にあるのはセレウコス王朝のシリアだと思われます（図40）。なぜならば、ディオドーロス『世界史』一八・三四やアピアーノス『シリア戦争』五二によれば、プトレマイオスとその将軍ニカノールは前三二〇年に、それぞれ「海陸からコイレー・シリアに」（一二・九）攻め入り、その地を征服、シリアをエジプトに併合したからであり、さらにディオドーロス、前掲書一九・八〇以下によれば、シリアは、アンティゴノスの手に渡りますが、プトレマイオスは前三一二年に、アンティゴノスのシリア不在を知ってその子デーメートリオスをガザの戦いで破り、シリアを含む全パレスチナの占領に成功したからです。また同じディオドーロス、前掲書二〇・一一三、二一・一によれば、パレスチナ占領の一年後、プトレマイオスは、アンティゴノスと条約を結んで和睦《わぼく》しますが、前三〇二年と前三〇一年にもシリアに侵入しているからです。シリアは

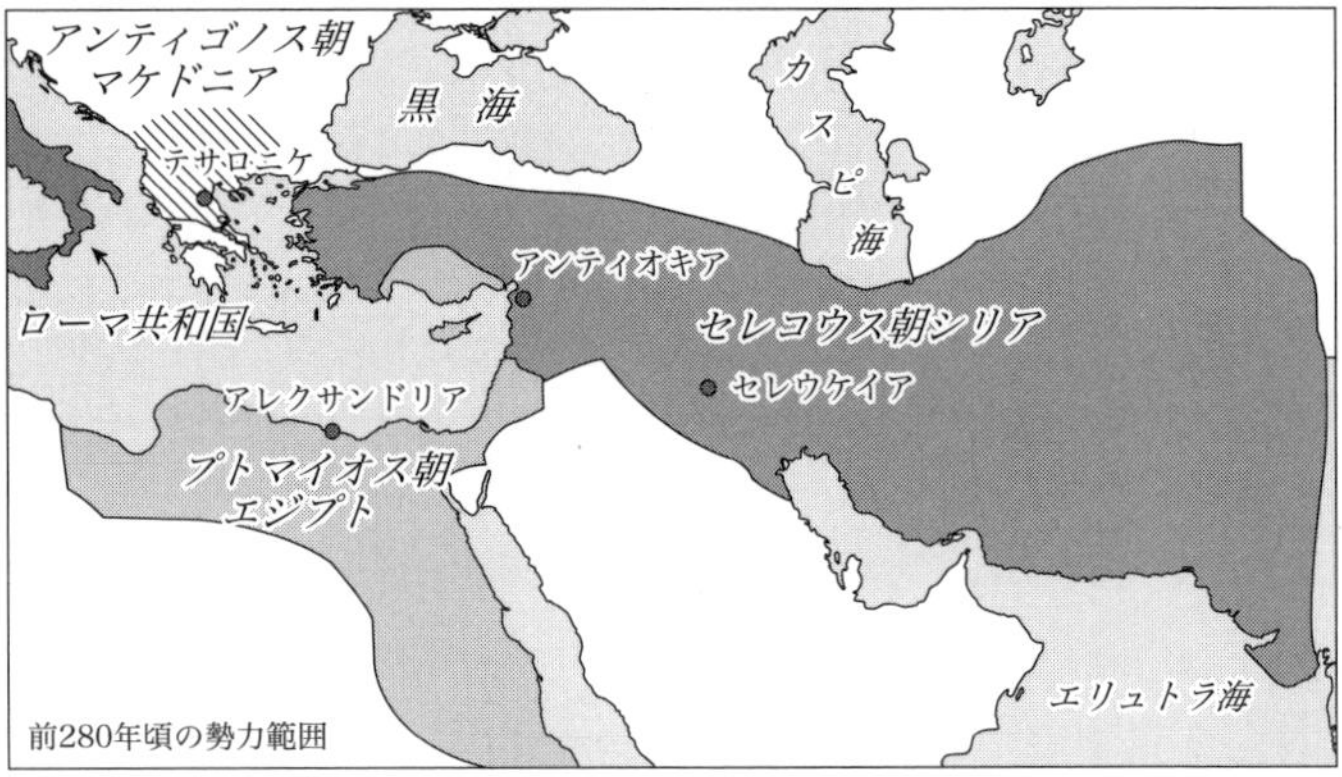

図40●セレウコス王朝とプトレマイオス王朝の版図

散々だったのです。ということは、シリアに住むユダヤ人たちも散々な目に遭っていたということです。

プトレマイオスのエルサレム侵入

ヨセフスは次に、プトレマイオス一世のエルサレム侵入について語ります。

「ところでプトレマイオスのエルサレム占領は、はなはだ狡猾な、詐欺的手法によるものだった。まず彼は、安息日に、（神殿で）犠牲を捧げるかのように装って、市中に入り込んだ。ユダヤ人たちは、日が日でもあり、警戒心もいくらか緩んでいたが、彼に敵意のある行為は認められなかったので、そのまま安息日を守り、とがめ立てを全くしなかった。すると、彼は、これ幸いと難無く市中を占領し、市民の（新しい）主人として、彼らを過酷に取り扱いだしたのである。

この話の真実性は、（アレクサンドロスの）後継者たちの事績を書き記したクニドスのアガタルキデースが証言している。もっとも彼はわたしたちを、迷信ゆえに自由を失った、と非難してのことである。すなわち彼は、次のように言っている。

ユダヤ人と呼ばれる民族は、エルサレムと呼ばれる堅固で偉大なポリスに住んでいた。しかし彼らは、迷信を信じて、ときをわきまえなかったため、武器を執ってポリスを守る代わりに、それをプトレマイオスの手に引き渡したので、(その後)過酷な主人に隷属することになった。

これが、そのとき、アガタルキデースがわたしたちの民族に下した批評である。」(一二・四―七)

ここでヨセフスが典拠としているのは、前二世紀のアガタルキデースと呼ばれる、クニドス出身の著作家の著作です。なかなか鋭い観察眼をもつ者のようです。

「ユダヤ人と呼ばれる民族は……」は、ヨセフスの『アピオーンへの反論』一・二〇九―二一一でも見られるものですが、そちらの方がより詳しいものになっております。

ヨセフス研究者たちはここで言及されているプトレマイオスのエルサレム侵入は先に見た前三一二年、前三〇二年、前三〇一年のいずれかの年であったと想像します。彼らは、プトレマイオスのシリア征服やパレスチナ占領との関わりの中で、アガタルキデースが残したこの一文を読もうとします。これは、多分、正しい手続きでしょう。

エルサレム略取の戦略上の前提となるのは、攻撃は金曜日の日没後の二四時間以内に行うことです。この時間帯は安息日の聖なる時間だからです。エルサレムに住む者たちは、その時間帯に、武器を執ることが許されないのです。したがって、エルサレムの突入をこの時間帯にすれば、侵入者たちにとって、エルサレム略取は非常に容易なものになります。

引用されているアガタルキデースの言葉、エルサレムのユダヤ人たちは「迷信ゆえに自由(エレウテリア)を失った」とは言い得て妙なるものがあります。

ここで「迷信」の訳語を与えたギリシア語はデイシダイモニアです。それに積極的な意味を与えれば「宗教的熱心」となりますが、一神教の神が、国家の存亡、いや自分が祭られているエルサレムの存亡のときに機能しないのにもかかわらず、そしてそれを百も承知の上で、エルサレムの大祭司や祭司たちは粗布を身にまとって神の加護をもとめて祈るのです。よくよく考えてみれば、いや考えてみなくとも、これほど滑稽な光景はありません。もっとも、ユダヤ人たちもやがては歴史の教訓を学ぶようになり、安息日といえども、その日を選んで攻撃してくる敵を相手に戦うことは正当だとする議論がラビたちの間で生まれてきます。ばかばかしいほど正当な議論ですが、それについてはヘロデのエルサレム侵入を語るときに触れる予定です。

ヨセフスはプトレマイオス一世についてさらに書き記します。それは吟味するに値する一文なので、もうしばらく引用をつづけます

「さて、プトレマイオスは、ユダヤの丘陵地帯、エルサレムの周辺、サマリアおよびガリゼイス(ゲリジム山)の諸処から多数の捕虜を得、それらすべてをエジプトに送りそこに定着させた。ところがプトレマイオスは、エルサレムの人びとがダレイオスを破った後に派遣されたアレクサンドロ

スの使者への返答を今もって墨守《ぼくしゅ》しているのを見て、彼らが、誓いを守り信頼に応えることにかけてはもっとも確かな者たちであることを知り、多数のエルサレムびとを守備兵に起用した。またアレクサンドリアでは、マケドニア人と同等の市民権を与えると同時に、信頼を与えた自分の子孫たちにたいしても、将来その信頼に応えるよう彼らに誓わせた。また、少なからざる他のユダヤ人たちも（エルサレムから）自らの意思でやって来た。彼らは、その国の長所やプトレマイオスの寛容さに引かれたのである。」（一二・七－九）

右に引用した一文には強調されていることが三つあるように思われます。

ひとつはプトレマイオスがパレスチナから、サマリアびとをも含む「多数」の戦争捕虜をエジプトへ連れてきてそこに定着させたことです。しかし、この強調には難点がひとつあります。それはその戦争がいつ行われたどことの戦争であったのかが明記されていないことです。もちろん、常識的に考えればそれは、セレウコス王朝が誕生した前三一二年以降であれば、パレスチナの領有をめぐるセレウコス王朝との戦いとなります。なお、プトレマイオス一世が戦争捕虜をエジプトに「送りそこに定着させた」というのは、彼が戦争捕虜をアレクサンドリアの町づくりの労働力として使用したということです。ユダヤ人たちが――サマリアびとたちをも含めて――、再びエジプトで新しい町づくりのためにこき使われることになったということです。

二つ目の強調は、プトレマイオスがエルサレムから連れて来た者たちが守備兵に起用されたことです。これは本当でしょうか？

もしここでのエルサレムびとが先行する箇所で述べられているプトレマイオスのエルサレム占領で連れて来られた者たちであるとすると、そもそもこの者たちはプトレマイオスの軍隊に抵抗することなくエルサレムを明け渡した者たちですから、軍事訓練などまるで受けていなかった者たちとなります。この者たちはエジプトの守備兵として使いものになるのでしょうか？

確かに、先に進んで見るようにプトレマイオス王朝下のユダヤ人たちの中からは王朝の軍隊で奉仕する者たちも出ましたが、彼らは自ら志願した者たちで、自らが王朝の兵士になり得る者であると自覚していた者たちなのです。この者たちとエルサレムから連れて来られた者たちは違うはずです。ここでヨセフスが真に強調したいのは、実は、守備兵にエルサレムびとが実際に起用されたかどうかではなくて、ユダヤ人の信頼性なのではないでしょうか？　そしてこのさいの「ユダヤ人」とは、ある特定の時代の、ある特定の地域の「ユダヤ人」ではなくて、アレクサンドリア以外のユダヤ人であってもよかったのです。そのことは本書の第5章で議論いたします。

三つ目の強調は、プトレマイオスがパレスチナからの戦争捕虜に最初から「マケドニア人と同等の市民権」を与えたということです。

しかし、これは本当でしょうか？

なぜ、その市民権はサマリアびとに与えられなかったのでしょうか？　プトレマイオスの目からすれば、どちらも戦争捕虜という点で、またアレクサンドリアの町づくりに従事させるという点では変わりない民族であったはずです。ここはヨセフス研究者の多くが論争してきた箇所のひとつです。戦争捕虜に市民権を、しかもマケドニア人と同等の市民権を与えることなど考えられないからです。そしてサマリアびとを除外しているからです。わたしはこれを、セレウコス王朝の開祖のセレウコス一世ニカトールがアンティオキア在住のユダヤ人たちにたいして最初から市民権を与えたとする記述と一緒に考えねばならぬ問題と見なしますので、ここでの問題は第5章で考察いたします。

ヨセフスは次に、サマリアびともアレクサンドリアに連れて来られたことを述べた行きがかりからでしょう、彼らとエルサレムびとの間のトラブルに触れます。

「ところで、彼らの子孫は、父祖伝来の生き方や慣習をあくまで守り抜く決意をかためていたので、サマリアびとと（しばしば）トラブルを起こした。すなわち、エルサレムから来た者は、自分たちの（エルサレムの）神殿こそは（唯一の）聖なる場所であると主張し、犠牲はそこに送らねばならないと要求したのにたいし、一方のシキマ（シケム）びとは、ガリゼイス（ゲリジム）山に送ることを強く望んだため争ったのである。」（一二・一〇）

ここで言及されている「シキマびと（シケムびと）」は、サマリアのシケムとその周辺地区に住む者たちを指す言葉です。またここでのガリゼイス山は、ヘブライ語でハル・ゲリジムと言い表されるゲリジム山のことで（図41）、この山頂にサマリアびとの神殿があり、ヨセフスによれば、それは前三三二年に、アレクサンドロスの許可により建設されたものですが（本書一一・三一〇、三四六参照）、先行したわたしたちの議論によれば、それはアレクサンドロスの許可により建てられたものではありません。それは、繰り返しになりますが、アレクサンドロス大王以前のペルシア時代のある時期に建てられたものです（図42）。ここでのトラブルは二つの神殿が存在することに起因するものです。ユダヤ教の正統神学では「神はひとつ、神の宿る神殿もひとつ」であり、したがって「神はひとつ、神殿はいくつでも……」とはならないのですが、問題はサマリアびとにも神殿を建てる正当な聖書的な根拠があり（申命記二七・四参照）、神殿を建てた後でもその神殿の正統性をエルサレムの大祭司や祭司たちに申し立てていた場合どうなるかです。

次巻で取り上げますが、前二世紀の中頃、エジプトのブーバスティスと呼ばれる土地にも、エルサレムでの大祭司の権力争いに破れて逃亡してきたオニアス四世により、エルサレムの神殿を模した「そっくりさん」が建てられます。彼がエルサレムから連れて来た祭司やレビびとたちが大活躍です（『戦記』一・一、七・一〇、『古代誌』一二・五、九、一三・三参照）。そしてこちらはこちらでイザヤ書の第一九章に見られる預言、すなわち「その日には、エジプトの地の中心に、主のために祭壇が建て

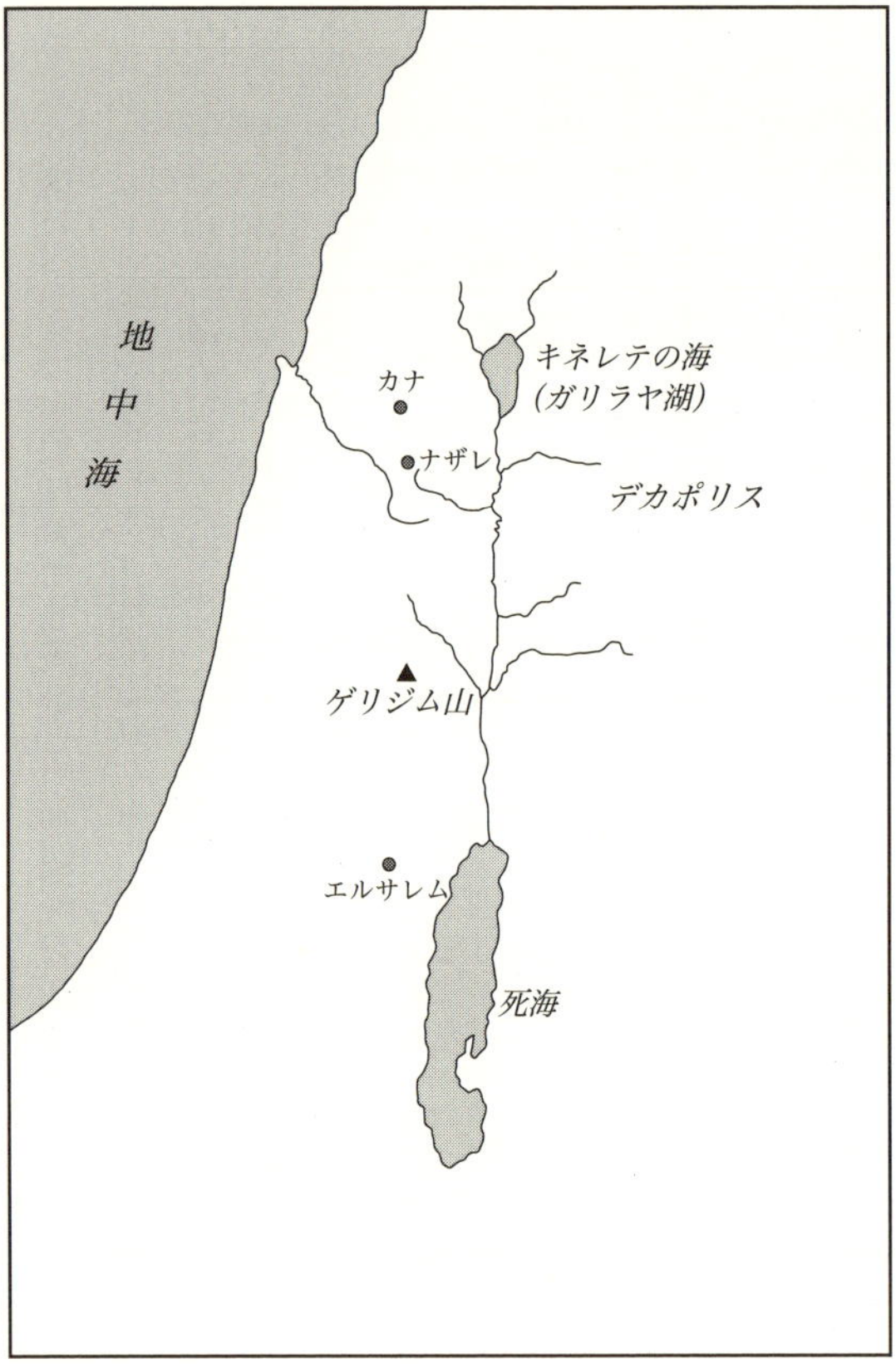

図41●ゲリジム山の場所

図42●サマリアの神殿跡

られ、その境には主のために柱が立てられる」の言葉で神学武装していたのです。おかげで、いやそのため、ある時期以降のユダヤ教はサマリアとエジプトのブーバスティスに神殿をもつことにより、「神はひとつ、神の宿る神殿は都合三つ……」となります。

次巻で議論する予定ですが、一神教だとばかり想像していたユダヤ教が、「これって三神教？」の分裂状態となります。

面白そうではありませんか。

第4章 アレクサンドリアにおける律法の書の翻訳

本書の第4章が取り扱う主題は、アレクサンドリアにおけるトーラー（モーセ五書）のギリシア語訳成立の事情です。

背景となるアレクサンドリアは、第3章ですでに触れた古代エジプトの首都で、プトレマイオス一世ソーテール（在位、前三二三―二八五）によって創建された町です。この町についてはいろいろと書かれてきました。パソコンで「アレクサンドリア」と入力すると、いくつかの書物の名が挙がるはずです。古代の書物ではポントスのアマセイア出身のストラボーン（前六四ころ―後二五ころ）の『地誌』は必読の書です。彼は前二五年から前一九年までエジプトに滞在しており、アレクサンドリアについては滅法《めっぽう》強いのです。この書物については、先に進んでから触れます。

ここから先で語られる「トーラーのギリシア語訳」とは、パレスチナを離れてディアスポラ（離散）の地アレクサンドリアに長く住み、そのためギリシア語が第一言語となったユダヤ人たちが必要としたトーラーのギリシア語への翻訳を指すもので、それ以外の文書を含むギリシア語訳のことではありません。

一般論として

さてその翻訳です。

なぜトーラーの翻訳が必要とされたのでしょうか。

さまざまな事情があってパレスチナのユダヤ（ユダ）の地からアレクサンドリアに移り住むことを強制されたり、あるいは自らの意思でそこに移り住む者たちが登場した場合、第一世代の者はパレスチナで使用されていた言語を、アレクサンドリアに移り住んだ仲間内で日常言語として使用したでしょうが、第二世代の者たちは、パレスチナではなくて自分たちが生まれ育ったアレクサンドリアの言葉に慣れ親しむものです。たとえ親が教育熱心でパレスチナで通用したヘブライ語やアラム語を教えたとしてもです。第二世代の者たちが置かれる環境がもはやパレスチナを疑似体験できるものではないからです。そして第三世代ともなれば、パレスチナで使用されていた言語は完全に無視されます。これは当然の事態です。

アレクサンドロスの東征以降、ギリシア語は、東はインドに至るまでの「人の住む世界」（オイクメーネー）に少しずつ浸透して行ったはずですが、わたしたちの目をアレクサンドロスの名を冠したプトレマイオス王朝のアレクサンドリアに向ければ、そこでも種々雑多な言語が使用されていたと思われます。アレクサンドリアの社会を構成するヒエラルキーの一番下で大きくそれを支えていたエジプト人の間では、土着の言語が使用されておりました。商人たちは商人たちで、彼らの仲間うちで通用する言葉を使用していたはずです。アレクサンドリアの港町では現代で言うピジン・イングリッシュのようなものが耳に飛び込んできたはずです。しかし、アレクサンドリアの社会を構成する上流階層や中流階層では早い時期からギリシア語が使用されておりました。

パレスチナを離れた、あるいはパレスチナを捨てたユダヤ人たちがいつ頃から大量にアレクサンドリアの社会に流入してきたのでしょうか？

その歴史的な詳細は不明ですが、第４章で見てきたように、パレスチナに住むユダヤ人たちは、パレスチナの領有をめぐって争われたプトレマイオス王朝とセレウコス王朝の間の数次の戦争に巻き込まれます。彼らは、プトレマイオス王朝が勝利したときには、彼らの戦争捕虜としてアレクサンドリアに連行され、町づくりの進行中であったその地で酷使されます。しかし、それ以上のこと、たとえばこの戦争捕虜たちがどのようなユダヤ人であったのか、その中にエルサレムを代表する知識人や神殿関係者たちが入っていたのかどうかは全く分かっておりません。しかし、強制連行された者たちの大半がエルサレムの外のパレスチナの地に住む者たちでイスラエル民族の伝統的な生き方や文化などに精通していなかったとしても、ある程度の数が集団でアレクサンドリアに住み着いて、そこでの町づくりに土着のエジプト人やその他の民族の者たちと一緒に働きはじめたと想像できれば、当然のことながら彼らは、彼我の差異を認めることにより、自分たちの文化や宗教をそれまで以上に意識しはじめたと思われます。その証拠のひとつとなるのは、アレクサンドリアで、ギリシア語で「祈りの家」（プロセウケー）と呼ばれるシナゴーグが建てられたことです。「祈りの家」と呼ばれた以上、そこは金曜日の日没時に集まって来るユダヤ人たちが祈りを捧げる礼拝所として機能したはずですが、そこはまたユダヤ人たちが彼ら独自の文化や歴史を共有できる場所であったはずです。

前二世紀や前一世紀、あるいはそれ以降のローマ時代に、アレクサンドリアの町にいったいいくつのシナゴーグがあったのか、その規模はどれほどのものであったのか、アレクサンドリアのシナゴーグとエルサレムの神殿との関係はなんだったのか、これらの詳細もまた不明ですが、いやそもそも前二世紀や前一世紀のアレクサンドリアの町の規模ですら正確なことは不明なのですが、一般には、ローマ時代のアレクサンドリアであれば、そこはローマにつぐ「人の住む世界」の第二の大都市であり、当時の世界の大都市を指してメートロポリスと言うときの、その形容にふさわしい大きな都であったのであり、もしそうであれば、そこには大小さまざまないくつものシナゴーグがあったと想像することが可能となります。とくにユダヤ人住民たちに割り当てられたアレクサンドリアの町の大きな一画

（図43）には複数のシナゴーグが存在していたと思われます。

この町の発展の過程でアレクサンドリアのディアスポラのユダヤ人にとって必要となるのはヘブライ語で書かれた彼らの父祖たちの文書、トーラーのギリシア語訳です。とくに二代目、三代目となるとその必要は深刻なものとなります。なぜならば、彼らが出入りするシナゴーグが保守的なものであれば、そこでの礼拝の言語は依然としてヘブライ語であって、それは彼ら二代目、三代目のユダヤ人にとってはチンプンカンプンの代物《しろもの》に化していたからです。もちろん、「礼拝の言語はチンプンカンプンの方がありがた味がある」と感じるへそ曲がりもいたでしょうが、多くの者はそうとは理解せず、「やっぱり不便だ」と感じたはずです。

そういう者たちは、折りに触れて、チンプンカンプンの言語で礼拝の儀式が執り行われても、それが理解できるトーラーの巻物のギリシア語訳はシナゴーグに常備すべきであるとか、礼拝でヘブライ語で記されたトーラーの巻物が使用されても、その後ではギリシア語での説明があってしかるべきだと申し立てたにちがいないのです。ギリシア語での説明のためにも、トーラーのギリシア語訳は必要であったのです。しかし、トーラーのギリシア語訳の先鞭をつけたのは、多分、アレクサンドリアの特定のシナゴーグ、あるいは有力なシナゴーグの指導者たちではなく、シナゴーグに出入りしていたかどうかは定かではない知識人たち、中でもギリシア人たちと日常的な接点をもつ者たちだったと思われます。彼らにもトーラーのギリシア語訳をつくりだすそれなりの必要性があったのです。彼らの

図43●ユダヤ人地区のあるアレクサンドリアの町

必要性は、民族の歴史の古さをめぐるギリシア人たちとの論争にあったのです。彼らユダヤ人知識人たちは、ユダヤ民族の歴史は彼らギリシア人たちが考える以上に古い、由緒あるものであることを訴えたかったのであり、その証拠を、創世記や出エジプト記のギリシア語訳でもって示そうとしたのです。

もしこの想像が正しければ、トーラーのギリシア語への翻訳の先鞭をつけた者（たち）の動機はシナゴーグでのその使用にあったのではないということになりますが、最初に完成された創世記と出エジプト記のギリシア語訳は、翻訳書としてはよい出来映えのものではなかったとはいえ、それを必要としたシナゴーグによって使用されます。正確にそれがいつからのことであったのかは不明です。

トーラーのギリシア語への翻訳の経緯を語るひとつの文書

わたしたちはヘブライ語聖書を構成する諸文書のギリシア語への翻訳に至るプロセスの一々を学問的に検討・検証することはできません。しかし、ここにその詳細の一部に入って行けると研究者を錯覚させる、したがってトーラーのギリシア語訳の起源に関心をもつ聖書学者ならば飛びつきたくなるような——実際、長い間、飛びついてきたのですが——ギリシア語訳聖書の起源について語ってくれる「伝承」があるのです。それがギリシア語で著された「アリステアスの書簡」（以下、『書簡』と略記）と呼ばれる文書で、聖書関係の文書の分類では「外典文書」ではなく、「偽典文書」のジャンルに分類されております。「偽典文書」ですから新共同訳聖書の中には入れられておらず、そのため、その存在を知る人は少ないのですが、ヨセフスがここから先で語るアレクサンドリアにおけるトーラーのギリシア語訳の誕生物語は、この偽典文書にもとづくものなのです。もちろん、ヨセフスはそこに書かれている内容をすべて歴史的事実だと理解した上でそれを利用しているのであり、この『書簡』にアクセスできなかった欧米のキリスト教徒たちは、それを取り上げるヨセフスの『ユダヤ古代誌』の第一二巻を読んで、『書簡』を読んだ気になり、アレクサンドリアにおけるトーラーのギリシア語訳についていっぱしの知見を披瀝《ひれき》してきたのです。もっともヘブライ語聖書のギリシア語訳を自分たちの聖書として使用した古代キリスト教世界はもっとひどいもので、教会教父と呼ばれる教会の物書きたちは、この『書簡』をもとに、旧約聖書のすべての書の翻訳がプトレマイオス王治下のアレクサンドリアでなされたと申し立てたばかりか、ユダヤ人たちが使用するヘブライ語聖書を意識して、このギリシア語訳聖書は彼らのヘブライ語聖書にまさる正確な、神の霊の宿る文書だと申し立てたりしたのです。「えぇっ」の事態なのですが、これは本当なのです。

ヘブライ語聖書の文書とそのギリシア語訳を比較しますと、ほとんどの書において、大きな違いがあります。その訳文が何を言おうとしているのかさっぱり分からない文書もありますが、それでも最初の数世紀の教会の物書きたちは、このギリシア語訳を絶対的で神的な権威が付された文書と信じ込んで、それに基づいてイエスが神の子であることを論証しようと必死になったのです。もちろん、わたしたちに言わせれば、「ムリ、ムリ、それはムリ」となります。

プトレマイオス二世フィラデルフォス、トーラーの翻訳を望む

前三世紀のある時期、アレクサンドリアの町でトーラーのギリシア語訳が行われます。ここでのトーラーとは、すでに述べたように、ヘブライ語聖書の根幹部分となる、創世記、出エジプト記、レビ記、民数記、申命記を指しますが、わたしたちの議論では、最初は創世記と出エジプト記の翻訳です。

ヨセフスは、『書簡』が語る物語の再話の冒頭部分で、プトレマイオス王朝のどの王のもとでギリシア語訳がなされたかを述べ、次のように申します。「アレクサンドロスの統治は一二年で終わり、後継者プトレマイオス・ソーテールは四一年にわたって支配をつづけた。ついでフィラデルフォスが、エジプトの王位に就き、その地位にあった」（一二・一一）と。

すでに第3章の終わり部分で見たように、前三二三年に亡くなったアレクサンドロス大王（在位、前三五六―三二三）の後を継ぎ、プトレマイオス王朝の創始者として登場したのはプトレマイオス一世ソーテール（在位、前三〇五―二八二）です。ここでヨセフスはプトレマイオス一世の統治期間を

「四一年」とします。この年数は、彼がエジプトの総督であった期間、すなわち前三二三年から前三〇五年までの一八年と、彼が王位に就いていた期間、すなわち前三〇五年から二八二年までの二三年を合算したものです。

ヨセフスはついでプトレマイオス一世ソーテールの後継者となったプトレマイオス二世フィラデルフォスに言及いたします。『書簡』によれば、このフィラデルフォスの時代にユダヤ人たちの父祖の文書がアレクサンドリアでギリシア語に翻訳されたというのです。この王の統治期間は前二八二年から前二四五年までですから、前二八二年にはじまる彼の統治のある時期に翻訳がアレクサンドリアではじまり、それが前二四五年より前のある時期に完成されたというのです。

ヨセフスは次にこの王について「彼は、（ユダヤ人の）律法を翻訳させ、またエジプトで奴隷とされていた約一二万のエルサレムびとを解放したが……」（一二・一一）と申します。ここでヨセフスが使用する「律法」という言葉からして、彼がここで父祖たちの文書の翻訳範囲を限定していることが分かりますし、また「一二万のエルサレムびとの解放」という言葉からして、そこには誇張が大ありなのですが、アレクサンドリアにはすでに多数のユダヤ人が戦争捕虜として住んでいたことが示唆されます。

ヨセフスは、トーラーのギリシア語訳の要請はプトレマイオス二世フィラデルフォスによってなされたとする『書簡』の記述をそのまま受け入れ、最初にアレクサンドリアの図書館の館長ファレーロンびとのデメトリオスを登場させ、王と図書館長との関係や王の図書収集の趣味について、次のように云々いたします。

「(当時) 王の図書館を管理していたファレーロンびとデーメートリオスは、全世界の図書を収集しようと躍起になっており、研究に値する図書を見たり聞いたりすれば、必ず購入していた。王には図書の収集という特別の趣味があったからである。

さて、あるとき、すでに何万冊の図書を収集したか、というプトレマイオスの下問に、デーメートリオスは、現在手もとにあるものは約二〇万冊ですが、間もなく五〇万冊位にはなるでしょうと答え、次のように付け加えた。

情報によりますと、ユダヤ人たちは、彼らの律法に関する多くの書をもっており、それは研究に値し、王の図書館に (備え付けるに) ふさわしいものと思われますが、文字や言葉が彼らの言語で書かれているため、ギリシア語に翻訳するには相当な困難がともないます。と申しますのは、彼らの文字は特殊のシリア文字に似ており、またその発音もシリア文字のそれに似ているように思われますが、しかし実際には、全く独自なものだからです。

しかし、と彼は語を継いだ。現在では、これらの書を翻訳させ、図書館に備えることができないわけではありません。なぜなら、自分たちは、その仕事を賄うだけの資金を十分にもっておりますすから、と。

このようなわけで王は、自分の蔵書にさらに多数の書を加えたい野心をかなえてくれるよい方法をデーメートリオスが教えてくれたものと思い、ユダヤ人たちの大祭司に書簡を送って、自分の希望の実現に力を貸してくれるように依頼した。」（一二・一二―一六）

最初に、ここで言及されているアレクサンドリアの図書館とその館長デーメートリオスについて説明いたします。

アレクサンドリアの図書館とその歴史については多くのことが書かれてきました。図書館は魅力ある文化施設のひとつだからです。大図書館があるだけで、それを擁する町には知的な香りが漂うからです。ケンブリッジのユニヴァーシティ・ライブラリーとその小さな町がそうです。オックスフォードのボドレー・ライブラリーとその大きな町がそうです。

しかし、このアレクサンドリアの図書館は多くの謎に包まれております。

たとえば、その創始者は不明です。

その創立時期も不明です。

プトレマイオス王朝がアレクサンドリアを第二のアテーナイにしようとしたことから、アレクサンドリアの港や、王宮、市街区などについて触れたストラボーンの『地誌』の最終巻の第一七巻の第一章などをぱらぱらとめくってみても、その詳細は分かりません。しかし、一般には、その創始者がだれであれ、またその創立時期がいつであれ、この王立図書館が本格的なものへと発展したのはプトレマイオス二世フィラデルフォスの時代とされます。しかし、ここで問題が発生いたします。それはここでアレクサンドリアの図書館長であったとされるデーメートリオス（前三四五－二八三）が、その没年からして、プトレマイオス二世の時代の人物ではなくて、プトレマイオス一世の時代の人となるからです。

デーメートリオスはアテーナイの逍遥学派の哲学者、政治家、弁論家、著述家として知られ、その著作目録はディオゲネース・ラエルティオス（前三世紀前半に活躍）の『ギリシア哲学者列伝』五・八〇－八一に見られるほどですから、古代世界においてはよく知られた人物です。『書簡』の書き手は、デーメートリオスの知名度を利用したように思われます。こう考えれば、問題は解決されます。

プトレマイオス王の下問

ヨセフスによれば、プトレマイオス王の下問に答えたデーメートリオスは図書館が収集した本の数は、現在、「約二〇万冊ですが、間もなく五〇万冊にはなります」と答えます。『書簡』では「約二〇万冊」ではなくて「二〇万冊以上」です。ここでわたしたちが想像しなければならない光景は、パピル

図44●アレクサンドリア図書館内部想像図
図45●図書館の棚に並ぶ巻物

スに書かれた二〇万冊（二〇万本）の巻物が図書館の棚ごとに積み上げられている光景です（図44、45）。ここでの冊数「約二〇万冊」には誇張があるかもしれませんが、古代の著作家の中には「おれは一〇〇巻本の歴史書を書いた」などと言って、その内容ではなくて巻数や冊数を競って著作する者たちは大勢いたことも、そしてまたほかならぬヨセフスが『古代誌』の最終巻で「わたしはここに、二〇巻、六万行におよんだ『ユダヤ古代誌』を終える」（二〇・二六七）と書き記して、自分の著作が大作であることを読者に印象付けようとしたことをも覚えておきたいものです。それにしても、パピルス用紙に書かれたヨセフスの著作の巻数は一体どれほどのものとなったのか、知りたいものです。

アリステアス、王にユダヤ人捕虜の釈放を請願する

ここで『書簡』の書き手であるアリステアスを称する人物が登場します。

ヨセフスは次のように申します。

「王のもっとも親しい友人の一人で、慎重な言行ゆえに王から敬意を払われていたアリスタイオスという人物がいた。彼はかねがね、王国全土のユダヤ人捕虜の釈放を王に請願しようと考えていたが、そのためには今が絶好の機会であると判断した。まず王の護衛隊長のタラスびとソーシビオス

とアンドレアスに話し、王への請願に力を貸してほしいと頼んだ。二人の同意を得ると、彼は王のもとへ伺候し、次のように申し述べた。」（一二・一七—一九）

ここでのヨセフスは、『書簡』の書き手となる人物を「アリステアス」ではなくて「アリスタイオス」と呼んでおります。アリスタイオスの方が彼の「耳には快適に響く」（一・一二九）ようです。しかし、『アピオーンへの反論』二・四七では「アリステアス」です。転写の過程でこの『書簡』の内容を承知している転写生によって本来の表記に戻された可能性があります。

ここに登場するアリステアス（アリスタイオス）は、王にユダヤ人捕虜の釈放を請願しようとしておりますから、明らかにユダヤ人です。そしてまた彼は「王のもっとも親しい友人のひとり」とされておりますから、ヨセフスは彼を「宮廷ユダヤ人」のひとりとして登場させております。

『書簡』の書き手およびヨセフスは次に、王の警護隊長としてソーシビオスとアンドレアスを登場させます。

プトレマイオス二世治世下のアレクサンドリアにソーシビオスの名で知られている人物はただひとり、スパルタからアレクサンドリアにやって来た歴史家のソーシビオスしかおりませんが、時代をプトレマイオス四世フィロパトール（在位、前二二一—二〇五）に下げれば、その時代には首相をつとめたソーシビオスなる人物がおり（ポリュビオス『歴史』一五・二五以下）、同名のその子はプトレマイオス五世エピファネース（在位、前二〇五―一八二）治下の護衛隊員だったとされます。もう一人のアンドレアスですが、ポリュビオス、前掲書五・八一によれば、プトレマイオスの侍医で、薬物類について著作した人物にアンドレアスがおります。もしここで『書簡』の書き手がプトレマイオス四世治下の人物の名を借用しているのだとしたら、『書簡』の著作年代はプトレマイオス四世治下か、それ以降、すなわち前二二一年以降のある時点となり、またプトレマイオス五世治下かそれ以降であれば、それは前二〇五年以降のある時点となります。なおまたここで余計なことを書き加えます。『アピオーンへの反論』の前掲箇所では、ソーシビオスの名前は挙げられておりませんが、そこで触れられているアンドレアスとアリステアスは、王ではなくて、図書館長デーメートリオスの身辺を警護する者とされております。わたしたちは、「図書館長に二人の警護者が必要なのかよ。テロルの時代ではあるまいし」と、ヨセフスの側の混乱に頭を抱えてしまいます。

さて、『書簡』によると、王の前に伺候したアリステアスと王の間で、ユダヤ人の律法の書の翻訳についての遣り取りがあります。そのときのアリステアスの腹の中にはこの機会を捉えて、王の父、すなわちプトレマイオス一世ソーテールによってユダヤの国から強制移送されてきた「一〇万にものぼる」同胞たちの解放の訴えがあります。第2章で見たエステルがそうであったように、「宮廷ユダヤ人」は、同胞民族の安寧や幸せを考えて行動する運命に置かれるようです。

『書簡』はここで、アリステアスにユダヤ人が強制移住の憂き目にあった出来事に触れさせ、さらに彼の神理解を披瀝《ひれき》させます。それは捕囚期以降の神理解についての変化の一端を垣間見ることのでできるもので、少しばかり長いものですが、全文を引用いたします。

「王よ、起こった出来事それ自体によって非難されるのはとんでもないことでございます。律法は全ユダヤ人のためのものです。わたしどもはそれを転写（あるいは「翻訳」）するだけではなく、解釈（あるいは「翻訳」）までしようと願っておりますが、あなたさまの王国に（かくも）多数の者が隷属状態に置かれているのに、どうして使いの者たちを（エルサレムに）遣わすことができるというのでしょうか。しかし、あなたさまの高潔で寛容なお心により、悲嘆の中に置かれている者たちを釈放して下さい。わたしが示そうとしてきましたように、彼らに律法を付与された神があなたさまの王国を正しく導いておられるのです。この者たちはすべての者の監視者であり創造者である神を礼拝しておりますが、王よ、この方を、われわれを含めてすべての者が拝しているのです。ただ呼び名が異なるだけです。彼らはその方をゼウスとかディスと名付けております。昔の人たちは、この名（ディス）で一貫しており、その方によってすべてのものが生き、そして創造される方こそがすべてのものの導き手であり支配者であることを示してまいりました。あなたさまは高貴な魂によってすべての者を凌駕《りょうが》されておられるのですから、どうか隷属状態にある者たちを釈放してや

って下さい。」（パラグラフ一五－一六）

アリステアスがここで口にする神はもはやユダヤ民族「限定版」の神ではありません。限定版の狭い枠を突き破り、他民族の者たちとも共有できる普遍性を付与された神です。このような神の特質の変化は、バビロン捕囚後のペルシア時代やヘレニズム時代の離散のユダヤ人の文書に認められるものですが、ここでのアリステアス、すなわち『書簡』の著者とされる人物は、その変容した神理解を巧みに利用して、異教徒の王の心をくすぐりながら、わたしたちユダヤ民族の神はあなたさまのギリシアの神であり、あなたさまのギリシアの神はわたしどもユダヤ民族の神と同じであり、あなたさまの神は、わたしどもの神と同じく、あなたさまの善行を見守られる神だと訴えているのです。

ヨセフスも『書簡』の神理解に同意します。彼はすでにローマに在住して三〇年です。彼の神理解はパレスチナの保守的で、偏狭で、ときにパラノイア的な祭司たちのそれとは大きく変わっております。

「陛下、わたしたちは互いに欺きあってはならず、真実は（つねに）ありのままを語らねばなりません。

そこで申し上げるのですが、わたしたちは今、ユダヤ人の律法をたんに転写するだけではなく、あなたさまの喜びのために、それを解釈しようとしております。しかし、あなたさまの王国内に、多数のユダヤ人が奴隷として苦しんでいるというのに、わたしたちはどんな理由で、そのような翻訳をする権利があると言えるのでしょうか。お願い申し上げますが、どうかここは、王の寛大さと慈悲深さにふさわしく、彼らを今のこのあわれな境遇から救い出してやっていただけないでしょうか。と申しますのも、わたしが広く研究してきた結論によりますと、彼らに律法を与えた神と、あなたさまの王国を司っておられる神とは、同一のお方だからです。なぜなら、彼らもわたしたちもひとしくこの宇宙をつくられた神を崇敬の対象としておりますが、わたしたちは、すべての生物に命を吹き込まれたという理由から、その神の名を、わたしたちの言葉でゼーナと呼んでおります。

彼らは献身的にこの神を信仰しておりますが、しかし、祖国を奪われ、また祖国で行っていた生活様式にしたがうことも禁じられているのです。この神の栄光のために、どうか彼らの自由を回復してやって下さい。

陛下よ。これは、わたしが彼らと同じ民族であり同胞であるという理由で、お願いしているのではございません。すべての人間は、神によってつくられたものであり、また、神は善行を施す人たちを嘉《よみ》したもうことを実際に知っておりますがゆえに、このようにお願いするのでございます。」

（一二・二〇—二三）

ヨセフスはここで、『書簡』に見られる神名の語源的説明を少しばかり改め、またそこに見られる

「ゼウスとかディスとか、ほかの名をつけてですが……」の「ほかの名」には触れずに神の名の語源をゼウスに絞り込み、そうすることで、「わたしたちは、すべての生物に生命（ゼーン）を吹き込まれたという理由から、その神の名を、わたしたちの言葉でゼーナと呼んでおります」として、読者の注意の拡散を押さえ込もうとしております。

ここでの「生命」（ゼーン）とゼーナはともに、ゼウスの対格形です。このような語源的な説明は後期ヘレニズム時代のストア派の著作に見られるもので、前二世紀のヘレニスト・ユダヤ人著作家であるアリストブーロスにも見られるものです。論より証拠、四世紀のエウセビオス『福音の備え』一三・一二・七に保存されている彼の言葉がそれを物語ってくれます。もっとも、神の名の語源的説明の中にユダヤ民族の神理解に普遍性が持ち込まれたとする理解をエルサレムの祭司階級の者たちや知識人たちの神理解にまで拡大することは危険です。彼らは彼らでユダヤ民族に与えられた律法についての理解にもとづく神理解を堅持、いや護持していたからです。

わたしたちにとって神の名の語源的説明よりも重要なのは、ヨセフスがここでプトレマイオス二世フィラデルフォスへのアリステアスの嘆願の言葉を彼なりの仕方で再話すると同時に、それをローマ皇帝への嘆願の言葉にもなり得るものに変えていることです。この嘆願の最後部に見られる間投詞「陛下よ」を「皇帝陛下よ」に置き変えたらどうなるでしょうか。

「皇帝陛下よ。これは、わたし（＝ヨセフス）が彼らと同じ民族であり、同胞であるという理由で、お願いしているのではございません。……」と置き変えて、それにつづく一文をときのローマ皇帝を含む読者に読ませることは可能であり、ヨセフス自身もそのような仕方で読まれることを期待しているのです。そのような読み方を読者に期待する巧みな再話についてはここまでですでに何度か指摘したことからも明らかです。『古代誌』の著作目的のひとつは、その想定する読者の中にローマ皇帝やローマの知識人たちを入れることで、ユダヤ戦争の敗北後長くつづいている同胞たちの窮境《きゅうきょう》を訴えることだったのです。ヨセフスは本書の第5章でも、シリアのアンティオキアに住む離散のユダヤ人同胞の窮状を巧みな仕方でローマ皇帝に訴えております。

では、ヨセフスが『古代誌』の第一一巻や第一二巻を書いているときのローマ皇帝は誰なのでしょうか。

それは、すでに触れたように、フラウィウス朝を興したウェスパシアヌスの子で、後八一年に病死したティトスに代わって皇帝になり、自分を神格化して「主君にして神」（Dominus et Deus）を僭称《せんしょう》したことで知られるドミティアヌス（在位、後八一―九六）なのです。『古代誌』の完成を後九六年ころとすると、この部分の著作年代は後九〇年代のはじめころとされますが、そのころのドミティアヌスのユダヤ人嫌いや知識人嫌いは露骨なものとなっております。

さて『書簡』によれば、アリステアスの直訴の言葉を聞いたプトレマイオスは、その厚かましさに不快感を覚えるのではなく、むしろ鷹揚《おうよう》に構えて、解放しなければならぬユダヤ人の数を尋ねます。

『書簡』によると、そのとき王の傍らにいたアンドレアスが「十万を若干上回る数」であると答えますが（パラグラフ一九）、ヨセフスはその数に「一万」を上乗せして「一一万強」（一二・二四）といたします。『書簡』によれば、王は「アリステアスのもとめているのは小さなことだな」と言ったそうです。ヨセフスはその言葉を少しばかり脚色して「アリスタイオスよ、おまえの要求は、予にとってごく些細な贈り物ではないか」とします。ヨセフスの『古代誌』を読む読者の側には、寛宏で豪放磊《ごうほうらい》落《らく》な王のイメージが生まれます。もちろん、ヨセフスには、『古代誌』の読者のひとりとなることを期待するローマ皇帝ドミティアヌスにこのような寛宏な人物になってほしいという期待と願いがあるのです。

『書簡』によれば、プトレマイオスは、アリステアスらの要求をことごとくのみます。そのため法令が発布され、王の父やその軍隊によりエジプトへ連れて来られ、彼らが所有する奴隷たちの解放に金が支払われ、それ以前から王国に連れて来られた者や後になって連れて来られた者たちも等しく解放され、それればかりか恩賜金《おんしきん》が支払われることになります。また『書簡』によれば、兵士が所有するユダヤ人奴隷の解放のためにはひとり頭二〇ドラクメーが支払われることになりますが（パラグラフ二〇、二二）、ヨセフスは、王の太っ腹ぶりを強調しようとしたためでしょう、ここでの「二〇ドラクメー」を「一二〇ドラクメー」（一二・二五、二八、三三）に改めます。もっとも、父王以前にエジプトから連れて来られて奴隷とされた者たちを買い戻す費用の四〇〇タラントンには変更を加えてはおりません。ここでは『書簡』に認められる法令（パラグラフ二二―二五）とヨセフスの再話に見られる法令（一二・二二―三二）には立ち入りません。なおヨセフス研究者の中には『書簡』に見られる法令が純正なものであるかどうか大まじめに議論する人たちもおりますが、ヨセフスが法令でさえ、その細部をしばしば書き改めてしまう人物であることを忘れてはなりません。わたしたちはそのことをこれまでに何度も見てきました。

さて王国内のユダヤ人奴隷の解放の件が落着しますと、プトレマイオスはデーメートリオスにユダヤ人の律法の書の転写についての請願書を提出させます。もちろん『書簡』に認められる請願書も贋《がん》作《さく》でしょうが、そのことを承知の上で、『書簡』とヨセフスの再話を比較してみましょう。

最初は『書簡』です。

「デーメートリオスより大王へ。

王よ、わたしは王より、図書館完成のために（なお）欠けている書籍（＝パピルスの巻物）やたまたま破損した書籍の修復を命ぜられてこのかた、これらのことで多大の努力を払ってまいりました。わたしは今ここに以下の報告をいたします。

ユダヤ人の律法（ノモス）の書籍が、他の若干の（書籍）とともに未収集で残されております。これら（の書籍）はヘブル文字で（書かれ、固有の）発音で読まれているからです。また（それを）

見た者によって報告されているように、不注意に書き写されており、本来のものではありません。王のご配慮を受けていないからです。これらの（書籍の）正確なものが陛下の図書館に置かれなければなりません。その律法（ノモテシア）は、神からのものであるので、非常に哲学的で非の打ち所のないものであります。そこで、（多くの）著作家や、詩人、それに多数の歴史家たちはこれらの書籍やこれらの書籍の中に登場する者たちには触れないようにしてきました。それはアブデラびとヘカタイオスが言うように、そこに見られる考察が純粋で聖なるものだからです。

王よ、もしお認め下さるのであれば、エルサレムの大祭司宛にご書簡をしたためられ、もっとも模範的な生活を営み、彼ら自身の律法（ノモス）に関わることに精通している長老たち、各部族からそれぞれ六名ずつを派遣するようご要請下さい。それは大多数の者が一致するところのものを検討した後、翻訳における正確さを期し、その内容と陛下のご意向にかなったものをなんとしてでも（図書館に）置くためです。敬具。」（パラグラフ二九―三二）

では、ヨセフスです。

「デーメートリオスより大王へ。

王よ、わたしは王より、図書館完成のためになお不足している書籍の収集と破損した書籍の修復を命ぜられてこのかた、多大の努力を払ってまいりました。そして現在、ユダヤ人の律法（ノモテシア）の諸書が、他の書籍とともに未収集で残っております。その理由は、それらがヘブル文字で書かれており、またその民族特有の発音で読まれているため、わたしたちには理解しがたいものだからであります。しかもそれらは、これまで王のご配慮外にありましたため、必要な注意もなされないまま転写されておりました。

しかしながら、彼らの律法は、神より啓示された、非常に賢明な非の打ち所のないものでありますす。したがってそれらは（修復された）完全な形で、王の図書館におさめられねばなりません。なお、アブデラびとヘカタイオスの語るところによりますと、これまで詩人や歴史家が、これについて何一つ言及しなかったのは、あるいはまた、これにしたがって生活している人たちについても（全く触れなかった）のは、この神聖な律法がいたずらに俗人の口の端にかかってあばかれるのを恐れたからだ、とされております。

さて、事情はかくのとおりでございます。したがいまして、王よ、陛下のご意向にかないますならば、この際王はユダヤ人の大祭司に書簡を送られ、律法にもっとも精通している長老たちを、各部族からそれぞれ六名ずつ派遣するよう要請されることを希望いたします。そうすれば、わたしどもは、これらの（律法の）諸書に含まれている明快にしてかつ矛盾のない（意味）を彼らから学びとり、それによって正確な翻訳がわたしたちのものになると同時に、その内容にふさわしい、また陛下のご意向にもかなう書籍の収集が可能となるからでございます。」（一二・三六―三九）

『書簡』とヨセフスの間には使用されるギリシア語の語彙《ごい》の上でさまざまな違いがありますが、内容の上ではあまり顕著な違いはありません。ヨセフスは『書簡』を彼なりの仕方でパラフレーズしていると言えます。なお、『書簡』とヨセフスの双方に認められるギリシア語ノモテシアは、ヘレニズム・ローマ時代にユダヤ人の律法を指して用いられるものです。

ギリシア語訳聖書の起源論に興味をもつ研究者は、ここでアブデラのヘカタイオス（前三六〇ころ―二八五ころ）が言及されていることに注目いたします。たとえ『書簡』それ自体がフィクションであったとしても、この人物の時代に――彼はアレクサンドロス大王およびプトレマイオス一世治下の人物です――、すでにトーラーのギリシア語への部分訳がなされていたことを示唆するように思われるからです。

王、エルサレムの大祭司宛に書簡を送る

プトレマイオスはデーメートリオスからの請願書を読むと、エルサレムの大祭司エレアザル宛に書状をしたためます（図46）。その書状は『書簡』のパラグラフ三五―四〇に認められるもので、またエレアザルから送られた王宛の返書は『書簡』のパラグラフ四一―五〇に認められます。

王から送られた大祭司宛の書状では、プトレマイオス一世時代やそれ以前の時代にエジプトに強制

図46●プトレマイオス王（右）、エルサレムの大祭司宛の書状を書記に口述筆記させる

的に連れて来られたユダヤ人捕虜の釈放のことが最初に明記され、ついでそれは、図書館に置くユダヤ人の律法の書をヘブライ語からギリシア語に翻訳することになったため、そのため「十二部族」の各部族から六名ずつのバイリンガルな長老を選考して送ってほしい、そしてその協議のために警護隊長のアンドレアスとアリステアスを派遣すると述べております。一方エレアザルの返書は、冒頭で律法の書の翻訳という王の提案を歓迎し、アンドレアスとアリステアスが携えた王からの贈り物に感謝し、ついで「十二部族」のそれぞれから六名ずつの長老を選んで派遣することを、そして律法の書の翻訳が終わり次第、彼ら翻訳者たちを無事安全にエルサレムに戻すよう要請したもので、最後に、十二部族から派遣されることになる七二名の長老の名前を書き記しております。退屈きわまりない名前の列挙ですが、それでもそこからヘレニズム・ローマ時代のユダヤ人に付けられた一般的な名前が何であったかが分かります。たとえば、十二部族のうち四部族の長老の名がヨセフス（ヨセーポス）であることが分かったりします。

なお、ここでわたしたちが見落としてはならない事柄がひとつあります。

それはここで「十二部族」が言及されていることです。すでにここまでで見て来たように、イスラエルの民族の歴史においては、「十二部族」のうち北王国の十部族は消え失せているのであり、残っているのは南王国のユダ部族とベニヤミン部族の「二部族」だけなのです。したがって、『書簡』の研究者は一様にここでの「十二部族」への言及を史的錯誤として切り捨てますが、外典文書として扱われるエスドラス第一書七・八にも「イスラエルの十二部族」なる表現は認められます。

この『書簡』には、これから先でも指摘するように歴史的錯誤の事例が頻出いたしますが、『書簡』の書き手には、歴史的錯誤を乱発して読者を混乱させてひとり愉悦《ゆえつ》にひたる愉快犯的な気配があります。いや、見ようによっては、ヨセフスですら愉快犯的側面があります。彼は「十二部族」へ言及する『書簡』をおかしいとか、こんなものは歴史資料として活用できないと考えてこれをポイ捨てにするのではなくて、それを積極的に使用しているからです。なおヘレニズム時代のユダヤ人が書き残した外典や偽典文書の中には愉快犯的側面を有する文書は少なくないのであり、またとくにヘレニズム化したユダヤ人たちが書き残した文書や、ユダヤ民族の歴史や物語を書いた異邦人著作家の中にも愉快犯的性格の者たちがいたのではないかと思われます。

大祭司エレアザルについて

ヨセフスも王がしたためた大祭司エレアザル宛の書簡と大祭司の王宛の返書を紹介しますが、その前に彼は、エルサレムの大祭司を紹介します。

「エレアザルが大祭司についたのは、次のような事情による。すなわち、大祭司オニアスが死去すると、その後を継いだのは、神への敬虔さと同胞への思いやりにより義人（ディカイオス）と綽名された、その子のシモーン（シモン）であった。シモーンが亡くなったとき、オニアスと呼ばれる息子が後に残されたが、まだ幼少だったために、彼（シモーン）の兄弟エレアザルが大祭司職を引き継いだ。そしてプトレマイオスが次に挙げる書簡を送ったのは、このエレアザルであった。」（一二・四二―四四）

ここでの大祭司エレアザルについてのヨセフスの資料は、出所不明のものとされますが、この先で彼は今一度この人物に触れ、「大祭司エレアザルが死んだとき、その後を継いだのはマナッセース（マナセ）であったが、彼が死ぬと、義人と呼ばれたシモーンの子オニアスが継いだ。なお、シモーンは、すでに述べたように、エレアザルの兄弟である」（一二・一五七）と述べております。

ヨセフスの言及する七〇名の長老の数について

ヨセフスの語るエルサレムの大祭司宛の書簡や大祭司からの返書では、細部において異なるギリシア語が使用されており、内容が少しばかり改められている箇所もあります。たとえば、『書簡』によれば、大祭司は律法の書の翻訳が終わり次第、翻訳者が無事安全に大祭司のもとに戻れるよう配慮を願うと王に要請しておりますが（パラグラフ四六）、ヨセフスは大祭司の返書を「なお、翻訳の完成次第、その律法の書は、それを持参した者ともども、ご返却たまわらんことをお願いいたします」（一二・五六）で結び、トーラーの巻物はあくまでも一時貸与にすぎないものであることを強調します。もっとも実際には、エルサレムの神殿に安置されているトーラーの巻物は門外不出のものであったに違いありませんから、それをアレクサンドリアに持ち込むことなどは、絶対にあり得ないことです。しかし、そのナンセンスぶりを平気で物語の中に持ち込むのですから、先に指摘した『書簡』の書き手やヨセフスの愉快犯的要素をここでも認めておきたいものです。

ヨセフスは、大祭司の返書の末尾に書き記されている各部族から選出された長老たちの名前の列挙を「不必要であると思われるのでここでは省略する」と断り書きを入れております。

さてここで、七十人訳ギリシア語聖書の研究者にとって見落とすことができないのは、ヨセフスが次に「エレアザルに派遣されて律法（の書）を持参した七〇名の長老の名は……」（一二・五七）と言っていることです。「七二人の長老の名は……」ではないのです。しかも先に進んで取り上げる『古代誌』一二・八六でも「七〇人の長老……」としていることです。ヨセフスがここで、「六」（各部族から選出された長老の数）×「十二」（部族の数）＝「七二（人）」としていないことです。現在でもヘブライ語聖書のギリシア語訳は「七十人訳聖書」と呼ばれておりますが、七二人の長老がその翻訳に携わったのであれば、それは最初、「七十人訳」ではなくて、「七十二人訳」と呼ばれたと想像しなければなりませんが、転写か言い伝えの過程で、端数の「二」が脱落したようです。それがいつであったのかは不明ですが、わたしはすでにヨセフスの時代までには端数《はすう》が脱落して一部のサークルでは「七十人訳（聖書）」が一般的な呼称になっていたと想像します。その想像の根拠のひとつはここに求められるものです。もっともこの端数は早い時期に故意に落とされた可能性もあります。端数の二を落とせば「聖なる数」の七〇になるからです。「聖なる数」は有り難みのある、あだやおろそかにできない数なのです。

『書簡』は王と大祭司の間の書状による遣り取りを紹介したのち、王の贈り物であるエルサレムの神殿に置かれる供えのパンのテーブルや金製や銀製の杯などの作り方の詳細について延々と記述します（パラグラフ五一―八二）。

ヨセフスもこれらの奉献物とその出来映えのすばらしさについて、これまた延々と書き記しますが（一二・五八―八四）、『書簡』はともかくも、ユダヤ民族の「古代の物語」（アルカイオロギア）であることを銘打っている『ユダヤ古代誌』にとっては、それはあまりにも特殊でトリビアルな話題なので、ヨセフスの読者は戸惑いを覚えます。わたしはその翻訳の註で、次のように書きましたが、そこでの思いは今も変わるものではありません。「以下のテーブルの説明は、歴史書としてはあまりにも特殊は話題である。この際の最上の読書法は、ヨセフスのトリヴィアリズムに、あきれたり苦笑したりしながら、これを読み飛ばすことである。ライナッハや、マルカスらの訳者は、いずれも例外なく、書かれていることの具体的なイメージなど何ひとつないのに、ただ言葉から言葉へと模索をつづけ、翻訳を強行している。本訳者もまたそのひとり」と。

もっとも現在のわたしはなぜヨセフスがこのようなトリビアルな話題まで拾い上げねばならなかったのかを考えておりますが、その答えとなるものは、二つあるように思われます。ひとつはヨセフスがユダヤ民族の正史を書くと言いながら、その資料を外典文書や偽典文書にも求めていることから知られるように、ユダヤ民族の歴史を書くには資料が絶対的に少なく、そのため、こういうトリビアルな事柄も取り込まざるを得なかったとするものです。もうひとつはローマ人によって火を放たれ炎上崩壊したエルサレム神殿が有した調度品の豪華さを強調することによって、彼らローマ人たちに、ほかならぬ彼らが神殿を破壊したことを想起させようとしたとするものです。

『書簡』はつづいて、アレクサンドリアからエルサレムへ派遣された二人の使節、アンドレアスとアリステアスの目撃したエルサレムとその神殿についての報告（パラグラフ八三―九一）、祭司の職務や祭服についての報告（パラグラフ九二―九九）、神殿の聖域を防備するエルサレムの要塞、都の大きさや都での農業などについての報告（パラグラフ一〇〇―一二〇）などを延々と書き記しておりますが、ヨセフスは賢明にもそれらを省略し、次の記事に飛びます。

エルサレムから派遣された長老たちの受け入れ

『書簡』によると、エルサレムの大祭司エレアザルは、犠牲を捧げ、十二部族から七二人の翻訳者を選別し、プトレマイオス王への贈り物を用意すると、多くの護衛をつけて、彼ら七二人をアレクサンドリアに送り出します。ここで「護衛の者たち」への言及（パラグラフ一七二）は、たとえフィクションの中でのものであれ、ヘレニズム時代につくられた街道やローマ時代につくられた基幹街道を想像するときには重要な要素となります。なぜならば、どの街道にもしばしば追いはぎや強盗が出没したからです。わたしたちはここで、たとえば、エスドラス第一書四・二三以下で、男のすることは剣を手にして（公道で）略奪や強盗を働き、その略奪物を女のもとへ携えることだと述べていることや、ヨセフスの『戦記』に見られる、公道に出没する「強盗たち」（レイスタイ）への言及、またローマ時代になるとディアスポラのユダヤ人共同体がエルサレムに金を送るときには、ローマの官憲の保護をしばしば受けたこと、パウロがその書簡のひとつで「陸の難」に言及していることなども思い起こしたいものです。

脱線をしましたので、元に戻ります。

『書簡』によれば、一行がアレクサンドリアに到着すると、アンドレアスとアリステアスは王に挨拶し、王に大祭司エレアザルから託された親書を手渡します。王はエルサレムから派遣された長老たちに一刻も早く会おうとして、慣例を無視いたします。その慣例とは、重要な所用でやって来る者でも王の接見には五日を要し、諸国からの王の使節が王の前に伺候できるのは最低でも三〇日要することです。ヨセフスもこの慣例に言及いたしますが、彼はそこで再びエルサレムから派遣された長老たちの数を「七〇人」（一二・八六）としております。

『書簡』によれば、王と接見することになるエルサレムから派遣された一行は、大祭司から託された贈り物と、「金のユダヤ文字で書き記された」（パラグラフ一七六）羊皮紙の巻物を王に贈ります。『書簡』のハイライト場面のひとつです（図47）。

ヨセフスもその場面を再話します。彼は『書簡』の「金のユダヤ文字」を「金文字」としておりますが、「ユダヤ文字」という言葉は、角文字が一般化した第二神殿が崩壊した後、つまり後七〇年以降の挿入だとする説があることも覚えておきたいものですが、七〇年の秋に、エルサレムが炎上・崩壊する前にローマ軍によって持ち出された律法の巻物をヨセフス自身はローマでたびたび目にしているはずですから――それは間違いなく『古代誌』を著作する彼の机の上に置かれていたはずです――、ここでお得意の脱線でもして、エルサレムの神殿に保管されていた巻物の真実を語ってくれてもよかったのではないかと思われますが、金文字で書かれていたとする以上、彼はエルサレムの神殿に保管されていた巻物の原本を想定したのでしょう。もっとも、すでに述べたように、門外不出の巻物の原本か、それに近いものが神殿から持ち出されて王への贈り物にされることなどあり得ませんか

図47●プトレマイオス王と接見する72人の長老たち

ら、『書簡』の記述には「?」印を付けねばなりませんが、これもまた『書簡』がフィクションにすぎないものであることを暴露すると同時に、『書簡』の書き手が愉快犯的な顔をもつ人物であることをも暴露いたします。

『書簡』によると、エルサレムから携えられた巻物の覆いがとられ、それが王に披見されます。巻物にするには羊皮紙（あるいはパピルス用紙）の各葉が接合されておらねばなりませんが、その接合には職人技が要求されます。『書簡』は羊皮紙と羊皮紙の「接合部分は分からぬほどであった」（パラグラフ一七六）としその職人技を称賛すると同時に、王は覆いをとられた巻物にたいし七回ほど「跪《き》拝《はい》」（パラグラフ一七七）したとします。ヨセフスは、「王は、その羊皮紙の各葉があまりにも巧妙に接合されており、その接合部分が分からないほど見事な出来映えであったため、しばし感嘆の声を上げた」（一二・九〇）としますが、彼は七回の跪拝には言及いたしません。七回の跪拝では――ここでの「七」は聖なる数です――、王がユダヤ民族の象徴である律法の前にひれ伏したことになり、皇帝を含むローマ人読者を想定しているヨセフスには到底触れることができない光景なのです。いや、そもそもローマ軍がエルサレム神殿の炎上・崩壊直前に持ち出した律法の巻物などは、彼らにとっては戦利品のひとつにすぎず、格別な敬意を払うに値するものではなかったはずで、ローマで容易にそれにアクセスすることのできたヨセフスはそのことを百も承知していたはずです。

『書簡』によれば、王はエルサレムからやって来た長老たちが「王よ、幸あれ」と叫ぶと涙を流し、彼らが到着したこの日を記念日とすると宣言すると同時に、その日が王のアンティゴノスにたいする海戦の記念日に当たる日だと申します（パラグラフ一八〇）。ヨセフスの再話もこれに触れます（一二・九三）。

『書簡』には明らかな史的錯誤があります。

しかし、史的錯誤の繰り返しのおかげで、この『書簡』がフィクションであることが再び暴露されると同時に、『書簡』の著作年代の上限を設定することが可能とされます。マケドニア王アンティゴノス二世ゴナタス（在位、前二八三─二三九）にたいするプトレマイオス二世の海戦は前二五八年にコス島（小アジア西南部の沖合にある島）沖と、前二四五年にアンドロス島（キュクラデス諸島のひとつ）で行われたのですが、プトレマイオス二世は前者の戦いでは敗北しており、エジプト軍が勝利した後者の戦いは、プトレマイオス二世の在位が終わる前二四六年ではなくてその一年後の前二四五年ですから、話は途端におかしなものとなり、そのため、史的錯誤と断罪されてしまいます。しかし、この『書簡』の著作年代の上限は、アンティゴノス二世への言及により、前二八三年となります。

長老たちのためのウェルカム・パーティ

『書簡』によれば、王は長老たちに宿舎を手配させ、その後、彼らの到着を歓迎する祝宴を張ります。

祝宴の接待役はニカノールと呼ばれる人物です。彼は担当のドーロテオスを呼び出すと、長老たちは彼らの食事上の慣習を尊重し、不慣れなことを彼らに強制してはならぬとプロトコール（外交上の儀礼）について説明します。また王の命令により、寝椅子が二列に配置され、客の半数は王の側に、そして残りの半数は王の寝椅子の後方で横臥することになります。

祝宴がはじまります（口絵7参照）。

長老たちの中の最年長者の者が、王やその一族の繁栄のために祈ります。

この祈りを捧げた人物は「エレアザル」とされておりますが（パラグラフ一八四）、一部の研究者はこの名前をヨセフスが挙げる「エリッサイオス」（一二・九七）に改めます。『書簡』に見られるエルサレムから派遣されることになった長老たちの名前のリスト（パラグラフ四七－五〇）によれば、エレアザル（エレアザロス）と呼ばれる長老は第十部族から選出された長老たちの中におりますから、名前の訂正は必ずしも必要なものとはなりませんが、ヨセフスが『書簡』の再話をしばしばテクストに忠実に行うことからすれば、訂正の妥当性も生まれます。ちなみに、エリッサイオスと呼ばれる長老の名は、第一部族、第四部族、第十部族から派遣された者たちの中に見出されるものです。

『書簡』によると、宴たけなわになると、余興のひとつなのでしょうか、王は長老たちに人間の本性に関わる哲学的な問いを投げつけて、それに答えさせます。たとえば、王は長老のひとりに、「どのようにしたら人はその王国を躓《つまず》くことなく終わりまで保持することができるか」と尋ねます。それにたいして長老のひとりは「陛下が神の永遠の善性を見習うならば、もっとも安全に王国を保持することができるのです。……」（パラグラフ一八八）と答えます。すると王はその答を称賛し、次の者に向かって、「いかに個々の行動をなすべきか……」と質問いたします。長老たちの答の中には必ず「神」という言葉が入り込み、神の善性や本質、神への祈願などが語られたりするのですが、その理解を追って行くと、そこには当時の世界のストア派的な神理解が色濃くにじみ出ていることに気づかされます。そして、長老たちの応答にたいして王は一々「賛意を表明した」とか「称賛した」と書かれておりますから、また祝宴にはギリシアの哲学者たちも列席していたと繰り返し書かれておりますから（パラグラフ二〇〇、二九六）、わたしたちはここで王と長老たちの遣り取りの真の目的は「ユダヤ人（ユダヤ民族）の優秀性」の証明にあったと想像することが妥当なものになります。なぜならば彼ら長老たちは列席のギリシア人哲学者の前で王の質問にたいして臆すること無く当意即妙の答えを返し、しかも七二人の長老たち全員がそれをしたのですから、それはユダヤ人たちが列席のギリシアの哲学者たちにまさる優秀な者たちであることの証明になるからです。

ヨセフスは『書簡』に見られるこの延々とつづく王と長老たちの遣り取り（パラグラフ一八七―二九二）の一々には立ち入らず、「やがて王は、頃合いを見計らい、哲学的な問題を持ち出したが、（とくに人間の）本性について彼ら一人ひとりに質問した。そして王の質問に、一同それぞれが正確な説明を行うと、王はそれらの返答を嘉して、この宴席（シュンポシオン）を一二日間続けるように命じた。なお、この宴席で議論された諸問題の詳細は、そのために書かれたアリスタイオス（アリステアス）の文書を読めば知ることができよう」（一二・九九—一〇〇）にとどめます。なお、ここで指摘しておきたいことがひとつあります。

『書簡』はこの祝宴を、聖なる数を使って七日つづいたとしておりますが、ヨセフスはそれを、同じく聖なる数を使ってですが、「十二部族」の数を勘案《かんあん》した上でのことでしょう、一二日に改めていることです。彼は、そうすることで一日に六人の長老が王に応答したとしますが、『書簡』では、一日目から五日目までは、毎日一〇人の長老が、そして六日目と七日目にはそれぞれ一一人の長老が応答したとされております。こちらは少しばかり不自然な数の組み合わせです。不自然なものは自然なものに改めるのは、すでにここまでで何度も指摘しているように、ヨセフスの再話に見られるひとつのプリンシプルです。

王と長老たちの間の長い遣り取りには立ち入らないヨセフスですから、その祝宴にギリシアの哲学者が列席していたことにも触れませんが、彼はここで『書簡』に見られる律法の翻訳作業を再話する前に、次のコメント、すなわち「ところで、彼ら（長老たち）を称賛したのは王だけではなかった。たとえば、哲学者のメネデーモスは、すべては（神の）摂理によって支配されている。したがって、（摂理に導かれている彼らの）言葉に力強さと美しさが見られるのは当然である、と言った」（一二・一〇一）を挿入いたします。ここに登場するメネデーモスと呼ばれるギリシアの哲学者はエレトリア学派の祖として知られる人物（前三三九ころ―二六五ころ）でしょうが、この哲学者は「著述を残さなかったために、その思想内容は不詳」（松原國師）とされておりますから、ヨセフスがここで彼の言葉と称するものを拾い上げてくれても、それを読む読者は戸惑うばかりです。

トーラーの翻訳について

『書簡』によれば、王主催の祝宴が終わってから三日後、デーメートリオスは長老たちを引き連れて長さ「七スタディオン」におよぶ防波堤を渡ってアレクサンドリアの町の沖合のファロス島に赴き、島の北側にある「海岸のすばらしい、閑静なところに建てられた」一軒家に彼らを案内いたします。ここが彼らの仕事場、アトリエとなるのです。そこにはすでに仕事に必要なものは準備されております。デーメートリオスは長老たちに向かって、この場所で「翻訳の仕事を完成してもらいたい」（パラグラフ三〇一）と頭を下げます。なお、ここで言及されている「七スタディオン堤防」（図43参照）は、大港とエウノトス港を分ってファロス島にまで達するものですが、このファロス島は、ホメーロスの『オデュッセイア』四・三五で「さて波の荒い海の中に、ひとつの島が、エジプトのすぐ前にあり、人びとはそれをファロスと呼んでいる」とうたわれるもので、またそこには古代の七不思議のひ

図48●アレクサンドリアの灯台

とつとされる「アレクサンドリアの大灯台」（図48）も立っております。当時のアレクサンドリアのファロス島や、大灯台、港、王宮、市街区などを知るにはストラボーンの『地誌』一七・六を参照して下さい（日本語訳は飯尾都人訳『ギリシア・ローマ世界地誌』［龍渓書舎］）。

いよいよ翻訳の開始です。

七二人の長老たちの一日は、毎朝ファロス島の宿舎から宮廷に参内して王に挨拶することではじまります。そのあと彼らは島に戻り、彼らの慣習にしたがって海水で手を洗って身を清めます。そしてその後仕事場に入り、神に祈りを捧げた後、翻訳の仕事に取りかかります。その仕事は第九時（午後三時）まで続いたというのです（パラグラフ三〇一、三〇三―三〇七）。午後三時はティー・タイムの時間です。そうは書かれてはおりませんが、ここで彼らは朝からの緊張を強いられる仕事から解放されてドライフルーツでも入った焼き菓子やチャイでも楽しんだと想像したいものです。『書簡』によれば、彼らに供された食事は王の食事を担当するドーロテオスが、王に供する食事と同じものをつくったというのです（パラグラフ三〇四）。これでは、カロリー過多が心配になりますが、やる気が出ないわけがありません。

律法の巻物のどれが最初に取り上げられ、翻訳されたのかは記されておりませんが、創世記や出エジプト記もモーセが書いたトーラーの一部を構成するものと考えられていたことも、ここでは覚えておく必要があります。七二人の長老たちの間で役割分担があったのかどうかも記されておりません。

記されているのはただ「彼ら（長老たち）は、翻訳を照合してそれぞれの書を一致させて完成させた。そして一致を見たものはデーメートリオスの監督のもとで誤りなく転写された」（パラグラフ三〇二）のみです。

肝心要《かんじんかなめ》の翻訳作業についての記述はありません。

そのためわたしたちは、「これっきり、これっきり、これっきりですか」と鼻歌のひとつをも口にせざるを得ないのですが、気を取り直して、この一文を凝視《ぎょうし》しておりますと、それは七二人の長老たち全員が、仕事分担などはせずに、創世記から申命記までのモーセ五書を翻訳し、それを全員で照合しあったかのような印象を読む者に与えるものであることが分かります。しかし、こんな作業プロセスはたとえフィクションの世界の話であっても可能なのかと頭を抱えてしまいますが、とにかく翻訳の仕事は「七二日」で完了したそうです（パラグラフ三〇三—三〇七）。

ヨセフスは『書簡』に見られる律法の書の翻訳手続きには関心を示さず、それには触れませんが、その他では『書簡』に忠実に、次のように申します。

「三日後、デーメートリオスは、彼らを連れて七スタディオンにおよぶ防波堤を通って島に行き、橋を渡ってその北辺に出た。そして、海辺に建てられた一軒の家で会合を開いた。その家は、辺りがきわめて静かで、思索などにふけるにはうってつけの場所であった。

彼らを案内すると、彼は彼らに律法の翻訳に必要と思われるものはすべて取り揃えてあるので、どうか仕事を最後までやり遂げてもらいたい、と懇願した。

これにたいして彼らは、翻訳を正確にするためには、いささかの労も惜しまぬと約束し、仕事を第九時までつづけた後、体調に注意して休息を取った。食事は十分に与えられていたが、さらにドーロテオスは、王に用意された料理までも、王命で彼らに提供した。

彼らは、(毎日)朝早く宮廷に参上し、それから仕事場に戻り、両手を海水で洗って身体を清めた後、翻訳の仕事についた。

律法の転写が進み、翻訳の仕事は七二日で終わった。」(一二・一〇三―一〇七)

見られるように、『書簡』は、エルサレムからやって来た「七二人」の長老がその仕事を「七二日」で終えたとします。ここでの「七二人」と「七二日」に見られる数の「一致」(スュンフォーニア)は奇跡の要素になり得るものだけに、『書簡』の書き手は読者に、彼ら翻訳者たちが奇跡をもたらしたことを読み取ることを期待しておりますが、ヨセフスはエルサレムからやって来た長老たちの数を「七〇人」としているためでしょう、ここでの奇跡の要素を完全に無視し、それについて何のコメントもいたしません。なおわたしたちはここまでで、ヨセフスが聖書物語を再話するとき、奇跡的要素を無視する合理的な思考の持ち主であることをたびたび指摘しております。

翻訳されたトーラーの朗読

さて『書簡』によると、翻訳が完了すると、デーメートリオスはアレクサンドリアの祭司や、ユダヤ人共同体の代表者たち、それに民の指導者たちをファロス島に招き、彼らの列席する前で、その翻訳を通読して聞かせます。そして巻物の朗読が終わると、列席の客人たちは立ち上がって、「この翻訳は正しく、かつ敬虔な仕方でなされ、あらゆる点で正確になされたがゆえに、現在の形を保持し、いかなる改変も加えぬことが望ましい」（パラグラフ三一〇）と述べ、その結果、「もしもだれかが書かれてあるもののいかなる部分にも何かを加えたり変更したり、あるいは削除したりするならば、それをつねに永久不変のものとして保つために、彼らの慣習にしたがいその者を呪うことがよしとされた」（パラグラフ三一一）とします。

では、ヨセフスです。彼は次のように言います。

「一方、祭司や翻訳を行った長老たちや（ユダヤ人）共同体の指導者たち全員は、この翻訳がかくも見事になされている以上、この書は、このまま保持して改変は加えないようにと懇請した。全員がこの方針を承認した。ついで、この律法の書に、何らかの重複や逸脱があるのを発見した者は、それを検討して発表し、訂正すべき義務があることが宣せられた。ひとたびよしとされたこ

の翻訳が永遠に残るように、彼らは賢明にも念には念を入れたのである。」（一二・一〇八―一〇九）

右に引用したヨセフスの言葉の後半は『書簡』のそれとは大違いです。『書簡』は、アレクサンドリアでなされた律法の書の翻訳を最高・最善のものと見なし、そこには一切の誤りはないものであるから、それは未来永劫にそのままの形で保持されなければならない、それに手を加える不届き千万な輩がおれば、その者は「呪われる」と宣言しておりますが、ヨセフスはその反対のことを言っております。彼は「呪い」（アナテマ）には言及しません。

なぜでしょうか？

わたしたちはこう想像いたします。ヨセフスは『ユダヤ古代誌』を著作するにあたり、ローマで出回っているヘブライ語聖書のギリシア語訳ばかりか、外典文書として分類されている、最初からギリシア語で書かれた文書を何らかの仕方で入手いたしました。彼の手元には、エルサレムの神殿から戦利品としてティトスによって持ち帰られたヘブライ語聖書の巻物があるはずです。彼は、当然のことながら、入手したギリシア語訳をその巻物と比較します。その結果、彼はギリシア語訳聖書に重複や、逸脱、脱文、省略、誤りなどが散見されることを知ります。またもし彼がある文書のギリシア語訳を二つかそれ以上のものを入手していたと想像できるならば、彼はそれらのテクストも照合したはずです。するとそこにも「一致」（スュンフォーニア）など認められなかったことを知ったはずです。もしこの想像が正しければ、ヨセフスが『書簡』の「呪い」への言及を回避し、「この律法の書に、何らかの重複や逸脱があるのを発見した者は、それを検討して発表し、訂正すべき義務があることが宣せられた」に書き改めたのは当然のこととなります。

古代のギリシア人作家はなぜ律法について語らなかったか

『書簡』によれば、その翻訳が完成されたトーラーの巻物が翻訳者やユダヤ人指導者たちの前で朗読されたことが王に報告されます。

王はその完成を喜ぶと同時に、その全部を通読させます。そして王は律法の付与者であるモーセの「精神」（ディアノイア）に仰天し、デーメートリオスに向かって、なぜ歴史家や詩人たちはこの律法に言及してこなかったのかと尋ねます。それにたいして彼は、「律法（ノモテシア）が聖なるものであり、神からのものであるからです。それを企てた者たちの中のある者は神によって打たれ、その企図を断念しました」（パラグラフ三一三）と述べ、次いで彼は「テオポンポスから聞いたことですが……」と断って、「彼がそれまでに翻訳された律法の書の一部をあまりに軽率に紹介したのがもとで、三〇日以上にもわたって精神が錯乱してしまった」（パラグラフ三一四）ことや、また「悲劇詩人のテオデクテースからわたし自身が聞いたことですが……」と断った上で、「彼が聖書に記されているあることを戯曲に使用したのがもとで、両眼に白内障を患った」（パラグラフ三一六）事例などを挙げます。ヨセフスも同じことを書き記しますが、彼はテオポンポスが「次のような話をした」とか「デーメートリオスは、王に次のような話をした」と述べて、テオデクテースの話を紹介します。

テオポンポスはアレクサンドロス王の庇護を受けたことで知られるキオス出身の歴史家です。彼は王の死後、プトレマイオス一世の宮廷の庇護を受けたことでも知られておりますが、その生没年は前三七八―三〇〇年ですから、プトレマイオス・フィラデルフォスの時代の人ではなくなります。したがって、「デーメートリオスから聞いた話ですが……」という『書簡』の紹介の仕方はおかしなものとなります。またリュシア出身の弁論家で悲劇作家であるテオデクテースの生没年は前三七五ころ―三三四年ころですから、これまた、「悲劇詩人のテオデクテースからわたし自身が聞いたことですが……」というデーメートリオスの紹介の仕方もおかしなものとなり、結局、『書簡』の最後でも、この書簡が全くのフィクションであることが今一度暴露されることになると同時に、『書簡』の著者が愉快犯であることも今一度暴露されます。ヨセフスはテオポンポスやテオデクテースをあたかも自分の知己であるかのように紹介するデーメートリオスの不自然さを見抜いて――ヨセフスは『アピオーンへの反論』一・二二一でテオポンポスがその著作『ヘレニカ』でアテーナイびとのポリスを攻撃したことを述べております――、彼が直接彼らを知っていたとはしなかったのかもしれません。

長老たちの帰国

『書簡』によると、デーメートリオスからもろもろの説明を受けた王は、目の前に置かれた翻訳された律法の書に向かって「跪拝し」、この翻訳された律法の書に「大きな心配《こころくば》りをし、汚されること無く保管するよう命じた」（パラグラフ三一七）そうです。王はすでに長老たちを接見し、彼らが持参した律法の巻物を目にしたとき、それに向かって七回ほど「跪拝した」（プロスクネーサス）とされておりますが、ヨセフスはここでも王の跪拝行為には言及せず、王は翻訳された律法の書に「敬意を表した」ですませます。

別れのときです。

『書簡』によると、王は翻訳者たちをエルサレムに送り帰すにあたって彼らに潤沢《じゅんたく》な贈り物をすると同時に、これからも頻繁《ひんぱん》に自分のもとを訪れるようもとめます（図49）。王はまた彼らを送り出したエルサレムの大祭司エレアザルにも贈り物を与え、彼らにその贈り物と親書を携えさせます（パラグラフ三一七—三二一）。親書の内容は、もし翻訳者の中で王のもとへ来るのを望む者がおれば、その希望をかなえてやってほしいというものです。

ヨセフスは『書簡』の再話を終えるにあたり、「以上が、ユダヤ人の栄光と名誉のために、プトレマイオス・フィラデルフォスが行ったことである」と述べて、それを締め括ります。

図49●プトレマイオス王から贈り物を受け取る72人の翻訳者たち

以上です。

『書簡』にまつわるアリストブーロスの言葉

最後に『書簡』に関わる古代世界の証人をひとり引っぱり出しましょう。その人物はすでに言及した前二世紀のヘレニスト・ユダヤ人作家アリストブーロスです。彼の言葉を保存するのは、後四世紀の教会史家として知られるエウセビオスの『福音の備え』一三・一二ですが、彼はそこで次のように言ったとされます。

「プラトーン（プラトン）がわれわれの律法に忠実にしたがい、しかもその中に含まれているいくつかの戒めを注意深く考察したことは明らかである。なぜならば、ファレーロンのデーメートリオス以前にも、他の者たちも、アレクサンドロスやペルシア人の覇権《はけん》に先立って、われわれの同胞であるヘブルびとたちの物語や出エジプト、彼らの身の上に起こったすべてのこと、（カナンの）土地の征服、すべての律法の解釈などを翻訳したからである。したがって、前述の哲学者が多くのことを借用したのは明白である。彼は非常に学識のある人物である。同様に、ピタゴラスもまたわれわれの戒めの多くを彼自身の教えの体系の中に組み込んでいる。

しかし、われわれの律法のすべての内容の完全な翻訳はフィラデルフォスと呼ばれる王によってなされたのである。あなたがたの先祖であるこの王はこの（翻訳の）仕事に大きな熱意を持ち込み、その仕事はファレーロンのデーメートリオスによって進められた。」

アリストブーロスはここで、ギリシアの哲学者プラトーン（前四二九ころ—三四七ころ）やピタゴラス（前五八一ころ—四九七ころ）もユダヤ民族の戒めを読んで知っていた、それに敬意を払っていた、そのような戒めをもつわれわれユダヤ民族は優秀な民族なのであると申し立てているのですが、ここで少しばかり注意を払ってもいいのは、この一文全体が、デーメートリオス以前にも律法の部分訳が存在していたことを示唆することです。わたしたちはすでに、トーラーのギリシア語訳の起源を論じる研究者たちがヘカタイオスの言葉に注目していることを指摘しましたが、アリストブーロスの言葉にも注目する必要があるかもしれません。

終わりにひと言

最後に『書簡』の構成について触れておきます。

『書簡』は明白に三つの部分から構成されております。

ひとつは翻訳者派遣の依頼のためにエルサレムの大祭司エレアザルのもとへ派遣される者たちについて記述している部分（パラグラフ八三―一二〇）、次は王のウェルカム・パーティで王とユダヤ人長老たちの間でなされた遣り取りについて記述している部分（パラグラフ一八七―三〇〇）、そして三番目はトーラーの翻訳について記述している部分（パラグラフ三〇一―三〇七）ですが、この三つの部分で分量的に他の二つを圧倒するのは二つ目の部分です。

もし二つ目の部分を『書簡』から取り除いてみますと、『書簡』それ自体が成り立たないがたがたのものとなりますが、この部分は、その完成度が驚くほど高いことからして――それゆえヨセフスも手をつけられなかったとも想像されます――、本来それは、ユダヤ民族の優秀性を論じる文書としてアレクサンドリアのユダヤ人社会で読まれていたと考えられます。そこに登場する王はときのプトレマイオス王朝の、特定されなくても構わない王です――実際、そこでの王はプトレマイオスとは特定されておりません――。王とユダヤ人長老たちの遣り取りの場に居合わせているギリシア人哲学者たちはアレクサンドリアで幅をきかせている者たちです。この文書は、彼らギリシア人たちは幅をきかせているが、ユダヤ人たちの頭脳明晰さ（優秀性）には太刀打ちできないと申し立てております。

アレクサンドリアのユダヤ人たち、なかでもユダヤ人の知識人たちはこの文書を回し読みすることで、ギリシア人の知識人たちにたいする日頃の鬱憤《うっぷん》を晴らしていたように思われます。

『書簡』の著者は、ある日、この回し読みされていた文書を読み、「これはリサイクル使用できるな」とニンマリし、文書それ自体にはまったく手をつけることなく新たな物語の中心に据えて、『書簡』を創作したのではないでしょうか？　わたしたちはすでに完成度の高い作品を取り込む例を、第1章の「三人の若者たちの知恵くらべ」を取り込んだエスドラス第一書に見てきましたが——そしてまた正典文書や外典文書の中にも切り貼り細工した作品が多いこともイザヤ書の事例ほかで見てきましたが——、この『書簡』もまたそのひとつの例なのです。現代のわたしたちの言葉で言えば、これは古代の「断り書き」なしのコピペ（コピー・アンド・ペースト）の例なのです。

第5章……エジプトとシリアのはざまで

第5章は『ユダヤ古代誌』第一二巻の一一九節から二三六節までを扱います。

前章で取り上げた『アリステアスの書簡』では、エジプトにおけるプトレマイオス二世フィラデルフォスの時代の大きな出来事として、トーラー（律法の書）のギリシア語への翻訳に至る経緯が語られておりましたが、この『書簡』を『古代誌』の第一二巻から取り除いてみるとどうなるでしょうか？

ひとつの発見があるはずです。

わたしたちがこれから扱う『古代誌』第一二巻の第一一九節以降は、『書簡』が置かれる直前の節、すなわち第一二巻の第一〇節の末尾にものの見事に接続することが分かります。ということは、『古代誌』の第一二巻の第一〇節は第一一九節に接続するものとして書かれていたが、内容的にはプトレマイオス二世の時代の記述が無きに等しい貧弱さぶりを露呈するものであることが分かり、ヨセフスが慌てて資料探しをはじめ、『書簡』をその間に組み込んでみせたということになります。『古代誌』一二・一一九は、「ユダヤ人はまた、戦争中の功労により、アシアの諸王から名誉を与えられている」ではじまりますが、これは少しばかり唐突な導入の文章であるように見えます。そこに「ユダヤ人はまた……」とあるからです。しかし、『古代誌』一二・八に認められる、プトレマイオス一世ソーテールがユダヤ人を信頼して多数のエルサレムびとを守備兵に起用した話や、アレクサンドリアではマケドニア人と同等の市民権がユダヤ人に与えられていたとする話を今一度読み返してみれば、わたしたちは、『古代誌』一二・一一九が本来一二・一〇に接続されるものであったことを改めて確認することができると同時に、その唐突感が払拭されるはずです。

セレウコス一世ニカトールがユダヤ人に与えた特権

さて、これから取り上げる『古代誌』一二・一一九―一五三は、セレウコス一世ニカトール（在位、前三一二―二八一）（図50）にはじまるセレウコス王朝（前三一二―六四）の歴代の王がユダヤ人たちに与えた市民権について集中的に言及するものです。

ヨセフスはディアスポラの地、とくにローマやアレクサンドリアにつぐ大都市であったシリアのア

図50●セレウコス１世ニカトール

ンティオキアに住むユダヤ人の権利の縮小や停止を要求して騒ぎ立てているギリシア系住民とのトラブルをローマで耳にし、その事態を憂慮《ゆうりょ》しているのです。

アンティオキアに住むユダヤ人たちは、その戦いが敗北に終わった対ローマの戦争後の七〇年以降でも、パレスチナに住むユダヤ人たちと同様に、諸特権や諸権利が縮小されたり停止されたりすることがなく——少なくとも資料の上ではそうです——、それだけに、『古代誌』の本箇所を著作している九〇年代はじめのヨセフスは、アンティオキアに住む同胞ユダヤ人たちが巻き込まれている市民権をめぐるトラブル——多分、長期にわたるトラブル——をシリアスに受け止めているのです。いや、そう想像してみせなければ、ヨセフスが『古代誌』の第一二巻で、アンティオキアのユダヤ人に与えられていた市民権や諸権利を集中的に取り上げた理由が分からなくなります。とは言え、そこでの彼の言説には創作的なものがありますので、わたしたちはなぜ彼が歴史的な事実に反する事柄を創作したのかも想像してみせなければなりません。

ヨセフスは「ユダヤ人はまた……」につづけて、次のように言います。

「たとえば、セレウコス・ニカトールは、彼がアシアや下シリアにつくった諸都市はもちろん、首都アンティオキアにおいてすら、ユダヤ人には市民権を認め、彼らがそこに住むマケドニア人やギリシア人と同等の権利を有することを言明した。この彼らの市民権は今日に至るまで変わっていない。このことは、セレウコスが、外国産の油の使用を好まないユダヤ人たちには、彼らの本国の油を買う費用としてギュムナシアルコスが一定金額を支払うよう命令している事実から見ても、間違いないところである。」（一二・一一九―一二〇）

ここに登場するセレウコス王朝の創始者セレウコス一世ニカトールは、本当に王国内に住むユダヤ人たちに市民権を与えたのでしょうか？　引用をつづけます。

「そして、アンティオキアの民衆が（このユダヤ人の特権を）廃止せよと騒ぎだしたことがあったが、当時のシリアの知事ムーキアノス（ムキアヌス）は、その特権を停止しようとはしなかった。また後に、ウェスパシアノス（ウェスパシアヌス）とその息子ティトスが世界の支配者となったとき、アレクサンドリアびとやアンティオキアびとが、ユダヤ人からその市民権を剥奪《はくだつ》するよう請願したが、このときも二人は、その請願を受けつけなかった。このことは、ローマ人、とくにウェスパシアノスとティトスの公平さと寛大さを示す何よりのものであろう。なぜなら、ローマ人は、今次のユダヤ戦争で非常な困苦をなめさせられ、かつ、最後まで武器を捨てずに抵抗をつづけた人びとに激しい敵意をもったにもかかわらず、（ユダヤ人に与えられていた）上記の市民権を剥奪《はくだつ》しなかったからである。

二人は、自分たちの怒りの感情や有力な共同体の要求を押さえて、ユダヤ人に示したかつての好意ある行為を取り消したいという誘惑に屈しなかった。そして二人は、自分たちにたいして武器を執って抵抗した者はすでに処罰を受けているのだから、反抗しなかった者から、その既得《きとく》の権利まで取り上げるのは不当である、と言ったのである。」(一二・一二〇―一二四)

ここでのヨセフスの言葉の中に、ときの権力者におもねる彼の態度を認め、不快感を覚える読者がいるかもしれませんが、ここで挙げられているムキアヌスや、ウェスパシアヌス、そして彼の息子ティトスは、ヨセフスが『ユダヤ古代誌』(全二〇巻)の第一二巻を著作している九〇年代のはじめにはすでに物故者リストの者たちです。ガイウス・リキニウス・ムキアヌスがネロ帝の寵愛を受けて属州シリアの知事に任命されたのは六六年ころであり、七七年以前には亡くなっております。ウェスパシアヌスの没年は七九年であり、またその息子ティトスの没年は八一年ですから、ヨセフスがときの権力者におもねっていると見るのは明らかに間違ったものとなります。彼は、先に進んでから見るように、戦術的に彼らがユダヤ人にたいして好意的で寛大であったことを強調しているのです。それはその名前こそここでは挙げられておりませんが、ローマにおける「このときの権力者」がティトスの弟ドミティアヌス(在位、後八一―九六)(口絵8参照)だったからです。その一々の行状には触れませんが、ある時期以降のこの皇帝は、ローマ人にも、ユダヤ人にも、また新興のキリスト教徒にも歓迎されない皇帝でした。その事実を背景にして右の一文を読めば、そこには、アンティオキアに住むユダヤ人の諸権利の縮小や停止をもとめる動きがギリシア系住民たちの間であり、それに同調するような動きを皇帝は見せているが、それは止めてほしいというドミティアヌス宛のメッセージがあるばかりか、『古代誌』のローマ人読者は彼らの窮状を理解してやってほしい、そして『古代誌』のユダヤ人読者は、わたしがこうやって同胞の窮状打開のために努力をしているのだから、わたしに「ユダヤ民族の裏切り者」というレッテルを貼るのはもうやめてほしいというメッセージも隠されていると想像することができます。

ヨセフスは他の所でアンティオキアのユダヤ人についてどう言っているのか、それを見る必要があります。

最初に取り上げるのは、彼が九七年か九八年ころに著した『アピオーンへの反論』です。彼はそこでアレクサンドリアに居住するユダヤ人の歴史的背景について無知であると断罪するエジプトのギリシア系著作家アピオーン（前二〇年代−後四五ころ）を攻撃し、アレクサンドリアのユダヤ人が「アレクサンドリアびと」と呼ばれるようになった経緯を書き記した後、アンティオキア在住のユダヤ人に触れます。

「あるコロニー（アポイキア）をつくるにあたって、（それに合流するよう）招かれた人びというものはみな、本来の国籍がどこの人であれ、そのコロニーの建設者の名前をもらうのが普通である。

それはわが民族とて例外ではない。アンティオキアのユダヤ人住民は、アンティオキアびと（アンティオケイス）と呼ばれている。その創建者のセレウコス（一世ニカトール）が彼らに市民権（ポリテイア）を与えたからである。同様に、エフェソスおよびその他のイオニアの都市に住むユダヤ人も、それぞれその土地に生まれた者たちと同じ名前で呼ばれている。アレクサンドロスの後継者たちがその権利を彼らに与えたからである。そして、ローマ人にいたっては非常に寛大であったので、一地域のほとんどの人たち、すなわち個人のみならず大きな民族全体にもその名前を与えた場合があったのではなかったか。」（二・三八―四〇）

ここでのヨセフスは、アンティオキアに住むユダヤ人の先祖は町の創建に参加した者たちで、そのため町の創建者であるセレウコス一世から市民権を与えられたとでも言っているかのようです。ここで彼がセレウコス一世を登場させるのは、すでに見た『古代誌』一二・一一九の記述と同じです。ここではまたローマ人の寛大さが、明らかにウェスパシアヌスやティトスの寛大さを念頭に置いて称賛されておりますが、それも構造的には、先に取り上げた『古代誌』一二・一二〇と同じです。

では次に、『ユダヤ古代誌』に先行し、一般に七五年から八〇年までの間のある時期に書かれたとされる『ユダヤ戦記』に見られるアンティオキアについての記述を取り上げます。

「当時、大勢のユダヤ人が世界各地でその土地の者と一緒に暮らしていたが、シリアは隣国でもあったのでユダヤ人の数が非常に多かった。とくにアンティオキアのユダヤ人の人口は稠密《ちゅうみつ》だった。それはアンティオキアが大都市であったためでもあるが、アンティオコス王の後継者たちがユダヤ人がそこに何の恐怖もなく住めるようにしたためでもある。エピファネースと呼ばれるアンティオコスはエルサレムを荒らし、神殿を掠奪《りゃくだつ》したが、彼の後継者である歴代の王は、青銅でつくられたいっさいの奉納物をアンティオキアのユダヤ人に返還してシナゴーグに置き、さらにユダヤ人にギリシア系住民と対等の市民権を与えた。その上、ユダヤ人はその後の王たちからも同じ待遇を受けたのでその数は増加し、彼らの奉納する手の込んだ贅沢《ぜいたく》な奉納物は神殿をこの上もなく美しく飾ったのである。（シナゴーグでの）礼拝にはいつも非常に多数のギリシア系住民が参加したために、ユダヤ人は実際に彼らを自分たちの信仰上の仲間としていた。」（七・四三―四五）

冒頭の「当時」とは、ユダヤ人が対ローマのユダヤ戦争に敗北した直後の時期を指します。これに先行する一文では戦争の勝利者となったローマ軍の指揮官ティトスが登場します。そのころのアンティオキアでは、対ローマの戦争に生き残ってそこに逃げ込んだユダヤ人たちがギリシア系住民たちの憎悪の対象にされて、皆殺しにされる危機に直面していたとあります。

右に引用した一文にはアンティオコスの名を冠した人物が二人登場いたします。最初の「アンティオコス王」は、セレウコス王朝の第二代の王アンティオコス一世ソーテール（在位、前二八一／二八〇―二六一）を指すように思われます。しかし、この同定に異議を唱える研究者もおります。彼らは、前出の『アピオーンへの反論』の記述を根拠に、ここではアンティオコス一世の父でありセレウコス王朝の開祖であるセレウコス（一世ニカトール）と書かれていたのではないかとか、ヨセフスの側に思い違いがあり、セレウコスがアンティオコスと誤記されたのではないかと想像してみせます。次に出てくる「エピファネースと呼ばれたアンティオコス」はアンティオコス四世エピファネース（在位、前一七五―一六四）（図51）を指しております。セレウコス王朝の第八代の王です。新共同訳聖書の「旧約聖書続編」の一書であるマカベア第一書の愛読者であれば、この王がこの文書の第一章で登場し、エルサレムの神殿をさんざん荒らした人物、ユダヤ人を徹底的に迫害した人物として記憶されているはずです。

さて、ヨセフス自身が書き残した文書を背景にして、アンティオキアのユダヤ人に町の創建者であるセレウコス一世が市民権を与えたかどうかの議論に入って行きますが、わたしたちが最初に躓くのは古代世界における市民権の概念がよく分からないことです。現代的な感覚からすれば、それは（一）国家の一員たる国民に付与される市民としての権利で、それには人権や、民権、公権などが含まれるはずです。それはまた（二）行動や思想表現、財産の保全などが保証され、選挙を介して国政に参与できる権利にも言及するものでしょうが、この現代的な市民権理解をヨセフスの描く文脈の中に持ち込むことは危険です。わたしたちには、その市民権を市民としてのユダヤ人に与えられた、

図51●アンティオコス４世エピファネース

「ユダヤ民族固有の生き方が保証される権利」とでも理解するのが賢明であるように思われます。ここでは王朝の創始者であるセレウコス一世ニカトールがユダヤ人にそのような権利を与えたかどうかを問題にいたします。

一般的に言って、古代国家や古代都市がその成員の一部である特定の民族の者に、その固有の生活慣習にしたがう権利を保証するのはいかなる場合でしょうか？

いくつかの場合が想定されます。

そのひとつは、その民族の者たちが国家や都市の建設や発展のために外部から連れて来られて働かされ、ある時期に彼らの定住や定着が必要だと判断された場合です。ヨセフスによれば、サマリアの発展のためにはペルシアのクタと呼ばれる土地から連れて来られた者たちがそこに入植しました（九・二八八）。彼らは自分たちの生活慣習を入植地で維持することを認められました。ガリラヤのティベリアスの開拓にはヘロデがその領地から駆り集めた無産の者たちが動員されました。彼らの多くは後になって解放され、ティベリアスを捨てないという条件で住む家を提供され、土地を無償で与えられました（一八・三六―三八）。では、アンティオキアの町に古くから住んでいたユダヤ人たちは、町の創建時にエルサレムや地中海の沿岸都市などから連れて来られた者たちなのでしょうか？　それを示す文書資料は存在しません。

第二の場合は、国家や都市内に住むある特定民族の数が増大し、彼らの存在が国家や都市の存亡に関わるものと見なされるようになった場合です。その場合、彼らに特別な権利が保証されることがあります。しかし、これは国家や都市の発展の途次になされることであって、その創建時になされるものではありません。

第三の場合は、国家や都市を構成する特定民族の者たちが軍隊に徴募されて国家や都市の安全を担ってその最前線に立つ場合ですが、この場合も、彼らに特別な権利が付与されることがあります。しかし、これも国家や都市の発展の途次になされるものであって、最初からなされるものではありません。

以上の三つの場合の事例ですと、どれも、アンティオキアのユダヤ人にはその創建時から市民権、すなわちユダヤ民族固有の生き方が保証される権利が与えられていたとするヨセフスの申し立てにとって不利なものばかりとなります。これとの関連で次に必要となる議論は、ヨセフスが自分の申し立てを有利なものにするために創作行為をしたかどうかです。

ここまでで見てきたように、ヨセフスは資料中の勅令や王の書簡などを再話するにあたり、その内容を大幅に書き改めたりしました。彼はまた聖書物語の再話では物語（資料）にない言葉を付け加えたり、減じたり、書き改めたりしました。これらのことは、ヨセフスの側に創作行為があった可能性、いやわたしに言わせれば、大ありだった可能性を示唆いたします。

ここまでの議論からして、アンティオキアに住むユダヤ人たちの先祖がその創建に関わった記録がないことや、ヨセフスが歴史を語ると言いながら創作行為をする人物であったことなどから、わたしたちはここで、ユダヤ人たちがセレウコス王朝の創始者であるセレウコス一世から市民権を付与されていたとするヨセフスの申し立ては、彼一流の創作話であったと結論付けねばなりませんが、次のさらなる問いは、その創作行為の必要性はどこにあったかです。その問いに必要なのは、ドミティアヌスの時代に、アンティオキア在住のユダヤ人たちにある時期以降認められていた諸権利が著しく制限されそうになったとする想像力です。

その制限を示唆するのは、ヨセフスが『古代誌』一二・一二五以下で触れる、セレウコス王朝の第三代の王アンティオコス二世テオス（在位、前二六一―二四六）（図52）がかつてイオニア在住のユダヤ人たちに与えた「市民権」（ポリテイア）をめぐってのトラブルです。この時期のイオニアのギリシア系住民は、アンティオコス二世によってユダヤ人たちに与えられていた市民権を不当なものと見なして、イオニアを訪れたマルクス・ウィプサニウス・アグリッパ（前六三―一二）に訴え出ます。彼らはアグリッパに、「もしユダヤ人が同胞市民として扱われるならば、ユダヤ人もイオニア人の神々を礼拝すべきである」（一二・一二六）と申し立てたのです。この訴えは法廷に持ち込まれて決着がつけられ、「ユダヤ人は自分たちの生活慣習（エートス）を守っていく権利」（前掲箇所）が改めて認められます。

イオニア人の申し立てとの関連で覚えておかねばならぬ事実は、ある時期以降のドミティアヌスが

図52●アンティオコス２世テオス

自分を神格化し、自分を「主君にして神」(Dominus et Deus)と見なし、彼が自分に拝謁《はいえつ》する者には、ちょうどペルシア帝国が臣下の者たちに求めたように、跪拝礼を要求していることです。もちろん、ドミティアヌスに直接拝謁する機会をもつユダヤ人たちは多くはなかったかもしれませんが、問題の一文は、ユダヤ人たちに敵対するアンティオキアのギリシア系住民たちがドミティアヌスの神格化を逆手にとって、ユダヤ人たちといえどもローマの市民権を付与されている以上は、ローマ帝国の国家元首への忠誠は、彼らの神への忠誠よりも重要だとか、彼らもギリシア人たちの神々を拝すべきだと騒ぎ立てていたことを想像させるものです。この騒ぎ立ては、ユダヤ人住民の目には、彼らユダヤ民族の固有の生き方の保証に抵触するものとなります。

ヨセフスは自分の創作話を織り込んだアンティオキアのユダヤ人たちの市民権に関わる深刻なトラブルを次の言葉で締め括ります。

「しかし、ウェスパシアノス(ウェスパシアヌス)とティトスの二人が怒りの感情を押さえて示した寛容さは、わたしたちにたいするあれほどの激しい戦争の行われた直後だけに、確かに称賛に値する。……」(一二・一二八)

ヨセフスはここでウェスパシアヌスとティトスの寛容さを強調しておりますが、事実はそうでなかったかもしれません。ウェスパシアヌスは、戦後ユダヤ人たちにたいしてフィスクス・ユダイクス

（ユダヤ人に課せられた税）を厳格に取り立てているからです。しかし、ヨセフスはそれには目をつぶり、彼らの「寛容さ」を強調することで、ドミティアヌスにも、父や兄の「寛容さ」を期待しているのです。

アンティオコス三世のパレスチナ征服とユダヤ人に好意的な令書の数かず

ヨセフスは次に、アンティオコス王、すなわちセレウコス王朝の第六代の王であるアンティオコス三世（在位、前二二三―一八七）（図53）の時代を取り上げ、次のように申し立てます。

「アシア一帯を支配していた時代のユダヤ人は、他のコイレー・シリアの住民も同様であったが、その本国を蹂躙《じゅうりん》されたため、大変な苦難に耐えねばならなかった。アンティオコスは、まずプトレマイオス・フィロパトールと戦ったが、その間のユダヤ人は、アンティオコスが勝った場合も負けた場合も、受難者であることに変わりはなかった。つまり彼らは、嵐の中で両舷を大波に激しく襲われ翻弄《ほんろう》されている小舟のように、アンティオコスの成功したときも、またそれが逆転して失敗に終わったときも、たえず激しく痛めつけられたのである。」（一二・一二九―一三〇）

ここでのプトレマイオス・フィロパトールは、プトレマイオス王朝の第四代の王プトレマイオス四

図53●アンティオコス３世（上）
図54●プトレマイオス４世フィロパトール（下）

世フィロパトール（在位、前二二一－二〇五）（図54）です。

この一文に見られるパレスチナの領有をめぐるセレウコス王朝とプトレマイオス王朝の間の数次にわたる争いの総括は、ヨセフスがその名前を挙げるローマ共和制期のギリシア人歴史家ポリュビオス（前二〇〇－一二〇ころ）の著作『歴史』に基づいてなされているように思われますが、彼の残した『歴史』全四〇巻のうち現存するのは最初の五巻と他の巻の抜粋だけで、ヨセフスがその巻数まで言及する第一六巻は現存しません。

ヨセフスはここから先では、総括を離れてポリュビオスの語る具体的な話の内容に入って行きます。ここではそこに見られるセレウコス王朝のアンティオコス三世がコイレー・シリアの知事をつとめたトラセアスの子プトレマイオスに宛てた書簡ほかを取り上げます。そこには王の軍隊でのユダヤ人の奉仕と彼らに与えられた諸権利が書かれているからです。

アンティオコスの書簡

「王アンティオコスより、プトレマイオスに挨拶をおくる。

予の軍隊が彼らの国に侵攻を開始すると、その当初からユダヤ人は熱心にこれに奉仕し、彼らのポリスへの入城のさいは、盛大な歓迎ぶりを示して、ゲルーシア（長老会の議員）以下が出迎えてくれた。また彼らは、予の軍隊の兵士と象に十分な糧食を提供してくれたばかりか、要塞を守るエジプト(軍)の守備隊を駆逐するにあたっても、支援してくれた。

さて、このような理由から、予自身も、彼らの行為に報い、戦争の災禍によって破壊された彼らのポリスを再建して、国外へ離散した者を呼び戻し、再び人口の増加をはかってやることが至当であると思っている。

予は、まず最初に、彼らの敬神の念を尊重し、(彼らが神に捧げる)犠牲に用いるための、銀貨二万枚に相当する犠牲獣、葡萄酒、オリーブ油、乳香、および土地の計量法にしたがって極上の小麦粉(?)聖アルタベー、小麦粉一四六〇メディムノス、塩三七五メディムノスを彼らに与えることを決定した。したがって、これらのものが、予の命令として彼らに引き渡され、同時に神殿の(修復)工事についても柱廊その他の重要部分いっさいが完成されることが予の意思である。

ユダヤ本国はもとより、レバノンその他の国々より搬入される木材は無税とする。神殿の修復をさらに壮麗なるものにするために必要な他の資材についても、やはり同様である。

また、すべてのユダヤ人は、父祖伝来の律法にしたがった統治形態をもちうることとし、ゲルーシア、祭司、神殿書記および神殿聖歌隊員には、人頭税、王関税、塩税などを免除する。

さらに、ポリスの住民の定着を促すため、現在の住民およびヒュペルベレタイオスの月までに帰還した者も、三年間無税とする。

予はまた、彼らのこうむった損失を補填《ほてん》する目的で、今後、彼らに課せられる税金は三分の二に軽減する。そして、ポリスより拉致されて奴隷とされた者は、その子供を含めて解放し、かつその財産の返還を命ずる。」（一二・一三八―一四四）

このアンティオコスの書簡――ここではそれを便宜上「第一の書簡」と呼びます――や、これにつづく「エルサレムの神殿にたいする畏敬の念から、王国全土」に送った布告の内容（一二・一四五―一四六）、そしてさらにこれにつづく「わたしたちの敬神の念と忠誠心とを証言した」とする書簡――ここではそれを「第二の書簡」と呼びます――の内容（一二・一四八―一五三）の信憑性をめぐっては研究者の間でよく議論が交わされ、一方の極端はヨセフスがポリュビオスの提供する資料を都合よく改竄《かいざん》していると指摘すれば、他方の極端はヨセフスを弁護いたしますが、わたしたちにはここでの三つの資料は個々に吟味をするのではなく、ヨセフスには資料を創作する可能性が大いにあることを指摘した先の資料の歴史性をも念頭に入れて吟味されるべきではないかと思われます。

これら三つの資料に共通する主題は何でしょうか。

第一の書簡では、アンティオコスがその冒頭から、ユダヤ人の奉仕ぶりを絶賛しております。すなわち彼らユダヤ人たちは、王が「エルサレムに入城したときには盛大な歓迎ぶりを示して、……要塞を守るエジプト（軍）の守備隊を駆逐するにあたっても、支援してくれた」（一二・一三八）というのです。そしてそのため、アンティオコス王は彼らユダヤ人の好意に報います。この書簡では王が彼らユダヤ人に与えた好意の数かずが列挙されておりますが、そこでの最大の好意は、「すべてのユダヤ人は、父祖伝来の律法にしたがった統治形態をもちうること……」（一二・一四二）を保証したことです。しかし、ドミティアヌス帝治下のアンティオキアのユダヤ人共同体は、「父祖伝来の律法にしたがった統治形態」が否定されようとしていたのではないでしょうか？

では、次のアンティオコス三世の布告とされるものはどうでしょうか？

この布告は短いものなので、全文引いてみたいと思いますが、その前に、この布告を紹介するヨセフスの一文、すなわち「彼（アンティオコス三世）はまた、神殿にたいする畏敬の念から、王国全土に、次のような布告を発した」の中の「王国全土に」という語句を問題にします。セレウコス王朝の「王国全土に」ユダヤ人の益になる布告が出されたとあるからです。

これは本当でしょうか？

ディアスポラのユダヤ人のために王国全土に布告が出されるのは異常な事態で、これは考えられないことです。仮に彼らのための布告が出されたとしても、それはせいぜいアンティオキアの町の人目につく場所に掲げられたにすぎません。したがってこれは、明らかに、アンティオキアのユダヤ人がいかにアンティオコス三世の贔屓《ひいき》にあずかっていたかを強調するためのヨセフスの創作なのです。

では、その内容です。

「父祖伝来の律法にしたがって、その身を清めた後に入ることが習慣づけられているユダヤ人以外は、ユダヤ人といえども入ることの禁止されている神殿の域内には、いかなる外国人も立ち入ることは許されない。

また、何びとも、馬、らば、野性または家畜の驢馬《ろば》、豹、狐、野うさぎ、その他ユダヤ人に禁じられている動物の肉をポリス内に運び入れてはならない。そして、これらの動物の皮革《ひかく》を運び入れることも、ポリス内で飼うことも許されない。許されるのは、先祖以来、犠牲獣とされるものが、神に供する目的で使用される場合である。この規則を破った者は、祭司に銀三〇〇〇ドラクメーの罰金を支払わねばならない。」(一二・一四五―一四六)

ヨセフスは、引用した一文の第一パラグラフで、エルサレムの神殿の「庭」と呼ばれる所への入場に関する慣習について触れた後、アンティオコス三世が「いかなる外国人もそこへの立ち入りは許されない」としたことで、王がエルサレムの神殿に払った畏敬の念を強調します。ヨセフスが『戦記』や『古代誌』を書いているときのエルサレムにはもはや神殿は存在しませんが、彼が神殿への言及が見られるポリュビオスの『歴史』から右の一文を引用するのには、何かわけがありそうです。「いかなる外国人」の中にはローマ人も入るからです。七〇年秋の神殿陥落のさい、ローマ兵たちは、そこへの入場が許されない神殿の域内を縦横に走りながら、やせ衰えたユダヤ人たちを相手に戦闘を繰り返し、それればかりか神殿に易々と火を放ったからです。ヨセフスはここで神殿域内に侵入したローマ人たちに向かって精一杯の当てこすりを口にしているようです。

次は第二パラグラフです。

そこには都の中に運び入れてはならない動物が列挙され、また動物の皮革が都の中に運び込まれてもならないとされておりますが、この種の規制はレビ記などに見られないものです。ヨセフスはこのパラグラフを、たとえそれがレビ記などに見られないものだとしても、アンティオコスの布告の一部と見なし、そうである以上、その真偽のほどを問題にすることなく引用していると言えます。

最後はアンティオコスの第二の書簡です。

ポリュビオスの『歴史』を読んだヨセフスは、まずこの書簡の書かれた背景を説明いたします。彼によれば、アンティオコス三世が上・総督領に滞在していたとき、小アジアのリュディアとフリギアの住民が反乱を起こしたそうですが（図55）、それを知った王は、そこの知事で親友でもあったゼウクシスにたいし、バビロン在住のユダヤ人の一部をフリギアに移送するよう命じます。ここに登場するゼウクシスは、前二二〇年ころにバビロンの、ついで前二〇一年ころにリュディアの知事職にあった人物とされます。彼の名前はポリュビオス『歴史』五・四五・四以下で描かれている前二二一年のモローンの反乱で頻出します。

ヨセフスの紹介する第二の書簡の内容は次のものです。

図55●フリギアとリュディア

「王アンティオコスより、父ゼウクシスに挨拶を送る。ご健勝のことと思うが、予もまたいたって健在である。

リュディアとフリギアの住民が反乱を起こしたとのことであるが、これは予にとり、きわめて重大なことである。そこで予は、取るべき措置を友人と相談した結果、メソポタミアとバビロンのユダヤ人二〇〇〇家族を、財産を持たせた上で、その地の要塞とその他の最重要地帯に移住させることに決定した。

これは予が、彼ら（ユダヤ人）は、その敬神の念によって、われわれの権益の忠実な擁護者となることを確信するからであり、また予の先祖たちが、ユダヤ人はもとめられたことに誠実であり、熱心であったことを証言しているからである。それゆえ――煩雑《はんざつ》なことであるが――彼らを移住させ、予の与えた約束にしたがい、彼らが律法にしたがって生活できるように取りはからってもらいたい。

彼らを上記の地に移し終えたら、彼らのそれぞれに、家を建てる土地と、作物をつくり、葡萄を植える畑を与え、その収穫物を一〇年間無税とし、さらに彼らが収穫物をあげるまでは、その使用人を養うための、一定量の穀物を与えてやってもらいたい。なお、彼らのうちで、公的な仕事に従事する者にも、必要な生活費は充分に与え、われわれの寛大な取り扱いにより、彼らがわれわれのために、さらに一層熱心に働いてくれるようにしてもらいたい。そして、彼らが、何びとからも苦

しめられることのないよう、最大の注意を払ってもらいたい。」(一二・一四八―一五三)

この第二の書簡で王は、セレウコス王朝のユダヤ人が過去において「誠実であり、熱心であった」ことや、その篤《あつ》い敬神の念からして、彼らが現在のセレウコス王朝の「権益の忠実な擁護者」となり得ることも強調し、それゆえ、反乱の起こったリュディアとフリギアにバビロン在住のユダヤ人二〇〇〇家族を移住させ、反乱防止のために彼らを活用するがよいとゼウクシスに命令しているのですが、王は同時に彼らユダヤ人を入植させるにあたっては、「彼らが律法にしたがって生活できるように取り計らってもらいたい」(一二・一五〇)と彼に要請しております。そして、そこから先では、彼ら入植者に与える諸権利が列記されることになりますが、ここでの強調はどこまでも彼ら入植ユダヤ人たちが「律法にしたがって生活できる」権利なのです。

ユダヤ人たちは、たとえディアスポラの地にあっても、ユダヤ民族固有の生活様式を維持する義務がある。他方、ローマ皇帝を含む為政者たちにはそれを彼らに保証する義務がある。これが第一の書簡、それにつづく布告、そしてこの第二の書簡に共通するテーマなのです。

アンティオキアのユダヤ人たちが民族固有の生き方をすることが難しくされていたのです。彼らの諸権利が、ギリシア系住民により皇帝礼拝と絡《から》められて、ドミティアヌス帝治下のアンティオキアで脅かされていたのです。

ヨセフスは、熟慮の末、慎重にして大胆な手法で、ユダヤ人の諸権利がセレウコス王朝の創立の当初からユダヤ人たちには与えられていたとする話を創作しながら、ある時期から彼らに与えられていた彼らの諸権利の正当性を、ドミティアヌスの父のウェスパシアヌスの寛容さと彼の兄ティトスの寛容さを引き合いに出すことによって、アンティオキアのギリシア系住民を支持するドミティアヌスに訴えていたのです。なお、ここで「皇帝礼拝と絡められて」と書きましたが、ヨセフスにとってギリシア系住民がユダヤ人住民に要求する「皇帝礼拝」は深刻な問題であったはずです。なぜならば、彼らユダヤ人はアウグストス以来皇帝礼拝を免れ、その代わりエルサレムの神殿で一日に二回ローマ皇帝とローマ市民の安寧のために犠牲を捧げておれば済んだのですが、ローマとの戦争が敗北に終わり、神殿を喪失した七〇年以降は事情が一変したのです。ウェスパシアヌスとティトスが敗戦後のユダヤ人に皇帝礼拝を要求したとは思われませんが、ドミティアヌスはそれを要求したと想像するのは自然です。その間接的な証拠は、ヨセフスが『古代誌』第一〇巻で皇帝礼拝を拒否したダニエル書のダニエルを取り上げ、第一一巻でペルシア王への跪拝を拒否したエステル物語に登場するモルデカイについて語っていることです。彼はこの二つの物語を再話することで、ユダヤ民族は皇帝礼拝を拒否する民族であることをもドミティアヌスに訴えているのです。そして彼はさらに、アレクサンドリアでのトーラーの翻訳の経緯を語るにあたっては、プトレマイオス王がエルサレムの大祭司から贈られたトーラーの巻物に七度も跪拝したとすることで——ここでの「七度」の七は聖なる数です——、ユダヤ民族の独自の生活様式を規定するトーラーの重要性・不可欠性をプトレマイオス王は自ら認めたのだとドミティアヌスに訴えてもいるのです。

では、第一二巻を含むヨセフスの『ユダヤ古代誌』はドミティアヌスによって読まれたのでしょうか？

読まれた証拠を示すことはできませんが、読まれなかったと想像する方が無難です。スエトニウス『皇帝列伝』はドミティアヌスを教養ある人物として好意的に描いておりますが、彼は文人ではないし、対ユダヤの戦争には参加もしていないからです。そんな人物が、ヨセフスの著作物に興味や関心を示すはずがありません。その証拠にヨセフスは『自伝』三六一以下に見られる『ユダヤ戦記』の献呈者リストに彼の名を挙げてはおりません。その人に読まれることを期待して書いた労作が読まれなかったこの皮肉は、ちょうどアレクサンドリアのユダヤ人知識人（たち）が創世記と出エジプト記をギリシア語に翻訳して、ギリシア系住民たちに向かって「ここに天地創造のときに遡るわたしたちの古い歴史が書かれている。どうか読んでほしい」と言ってそれを示したところで、一顧だにされなかったのと同じです。

ヨセフスはここから先でヨセフなる人物の徴税物語と彼の息子のひとりヒュルカノスの物語を語ります。読者の中には、これはユダヤ民族の歴史にふさわしい物語単位であるのかといぶかしく思う人も出てくるにちがいありません。わたしもそのひとりですが、すでにここまでで見てきたように、彼は資料不足に四苦八苦しているのです。どんな内容のものであれ、拾える物語があればそれを拾い上げ、それを再話するのです。ヨセフスは、『ユダヤ古代誌』の第一二巻の随所において、資料不足のために、もはや歴史家ではなくて、たんなる物語の再話者に堕しております。

大祭司オニアスについて

ヨセフスは「ヨセフの徴税物語」を語りますが、その前に彼は、このヨセフがエルサレムの大祭司オニアスの甥であるため、オニアスについて次のように説明いたします。

「大祭司エレアザルが死んだとき、その後を継いだのは叔父のマナッセース（マナセ）であったが、彼が死ぬと、義人（ディカイオス）と呼ばれたシモーン（シモン）の子のオニアスが後を継いだ。なお、シモーンは、すでに述べたように、エレアザルの弟である。

ところで、オニアスは、金銭を愛好する狭量な男であったため、それまで彼の父祖たちが国民のために自分の収入のうちから歴代の王に支払っていた銀二〇タラントンの貢納金を納めようとはせず、ついに、プトレマイオス王を怒らせてしまった。

そこで王は、オニアスの滞納を詰問するために使者をエルサレムへ送り、もし使者の言うことを受け入れなければ、土地を差し押さえ、兵士を送って（そこに）駐留させると脅迫した。ユダヤ人たちは王のメッセージを聞いて仰天したが、オニアスだけはこの脅迫に平然として、顔色ひとつ変えなかった。彼の貪欲《どんよく》さは、それほど強かったのである。」（一二・一五七―一五九）

この一文には注意する箇所が二つばかりあります。

ひとつは、ここで言及されている大祭司エレアザルが誰であれ、その後を継いだ人物が叔父のマナセとされていることです。大祭司の継承はその息子でなければなりませんから、ここでエレアザルの死後に見えてくるひとつの事態があります。それはエレアザルに息子がいなかったこと、弟のシモンはすでに他界していたこと、そしてその子オニアスはまだ幼かったことです。これならば大祭司の継承が本来の手続きによってなされなかったことが分かります。叔父のマナセの登場はワンポイント・リリーフだったのです。そして彼が亡くなったときには、オニアスも成人しており、そのためマナセの大祭司職を継承できたのです。

もうひとつ注意すべきことは、ヨセフスがここで、オニアスが「金銭を愛好する狭量な男であったため」（一二・一五八）、エジプトのプトレマイオス王への貢納金を納めず、そのため王を怒らせてしまったと書いていることです。

大祭司がプトレマイオスに納めねばならぬ「貢納金」とは何でしょうか。

銀二〇タラントンは大きな額ではありません。その事実に注目する研究者は、銀二〇タラントンは大祭司がその地位の維持・保全のためにプトレマイオス王朝に納めていた金だったと推定します。もしそうだとすると、エルサレムの大祭司の地位も随分と落ちたものとなります。なお、ヨセフスはここで、オニアスの性格の一端を貢納拒否の側面から見ようとしておりますが、はたして、貢納拒否の理由をオニアスの性格の問題で片付けられるものなのでしょうか。一部の研究者はそれを、そのときの彼に政治的判断が働いたからだといたします。プトレマイオスの治世中に、プトレマイオス王朝とセレウコス王朝の間の抗争が再びはじまり、プトレマイオス軍はコイレー・シリアへ進軍しますが、前二四二年にセレウコス軍に敗退します。そこで研究者たちは、オニアスは、勝利者であるセレウコス三世の側につくほうが得策であると判断し、それまでプトレマイオス王朝に納めていた貢納金の支払いを停止したと想像するのです。

ヨセフスはついで、「そこで王（プトレマイオス）は、オニアスの滞納を詰問するために使者をエルサレムに送り、もし使者の言うことを受け入れなければ、土地を差し押さえ、兵士を送って（そこに）駐留させると脅迫した。ユダヤ人たちは王のメッセージを聞いて仰天したが、オニアスだけはこの脅迫に平然として、顔色ひとつ変えなかった。彼の貪欲《どんよく》さは、それほど強かったのである」（一二・一五九）と申します。

オニアスの人間性についてのこのコメントが妥当なものであるのか、それとも不当なものであるのか、ここではそれに立ち入ることはしませんが、ヨセフスの観察はどうも、次に見るヨセフの徴税物語に登場するオニアスの性格についてのより詳しい議論から想像したものだと思われます。

ヨセフの徴税物語の資料は

ヨセフスはここから先で、ヨセフの徴税物語を語りますが、以下第一六〇節から第二二二節までの六〇節以上を費やして語られる物語は、資料それ自体にあまり改変を加えないで語られているのか、それともヨセフス自身の言葉ですでに加工されて再話されているのか、といった問題が吟味されねばなりません。資料に関して言えば、多くの研究者は、トビヤ一族の二人の英雄、ヨセフと息子ヒュルカノスの事績を栄光化したトビヤ一族英雄譚が、文書または口伝で存在し、ヨセフスがそれを利用したと想像します。

ヨセフスの語るヨセフの徴税物語を途中少しばかり端折《はしょ》りながら紹介します。必要ならばコメントも入れます。

オニアスの甥、ヨセフの徴税物語

「さて、ここに、ヨセーポス(ヨセフ)という人物がいた。まだ若年ではあったが、風格と重厚さとをそなえ、公正さという点では、エルサレムびとの間で評判であった。彼の父はトービアス(トビヤ)で、母は大祭司オニアスの姉妹であった。ところが、その母が彼に——彼はそのとき、たまたま出身地のフィコラ(場所は不詳)の村に出かけていた——(王の)使者の到着を知らせると、彼は(エルサレムの)都へ戻り、オニアスを責め立てた。

彼に言わせれば、オニアスが国民を代表する地位や大祭司の職にあるのはすべて国民に奉仕するためであるが、その彼が(エルサレム)市民の安泰を願うどころか、そこばくの金を惜しんで(ユダヤ)民族をあえて危険に曝《さら》しているのは何ごとか、というわけである。そして、もし、(ユダヤの)国が危機におかれ、同胞市民がどのような苦難にあってもかまわぬ、と言い切るほど金銭のほうが大事なら、彼が直接王のもとへ出かけて、金の全部なり一部なりを免除してくれるよう頼んだらよかろう、と詰めよった。」(一二・一六〇—一六二)

ここら辺りまでが、ヨセフと呼ばれる男の徴税物語の導入部分だと思われますが、その始まりは、エルサレムの大祭司がオニアスであったと述べる『古代誌』一二・一五六です。ヨセフスは本来の導入分のはじめの方をすでに彼自身の言葉でまとめております。

ここに「オニアスが国民を代表する地位や大祭司の職にあるのは……」とありますが、ここでの「国民を代表する地位」が大祭司の地位と同義であるのかは、いろいろと議論のあるところです。確かなことは、バビロン捕囚から帰還したユダヤ人たちが対シリアのセレウコス王朝を相手に戦って勝利したマカバイ一族のシモンの時代（前二世紀の中ごろ）まで、王を戴かなかったことです。バビロン捕囚以前のことで南北両王朝が存在していた時代とは大きな様変わりをしているのです。ディオドーロス『世界史』四〇・三・五に保存されているヘカタイオスの言葉に「……ユダヤ人は、決して王を戴かず、国民を代表する地位は、通常、……」大祭司と呼ばれる者に与えられるとあるのは正しい観察なのです。

物語をつづけます。

「これにたいしオニアスは、自分は今の地位に恋々《れんれん》たるものではないし、また、もし可能なら大祭司職を辞任する用意もある。しかし王のもとへ出向こうとは思わない、と答えた。彼は、このような出来事に煩《わずら》わされたくなかったのである。そこでヨセーポス（ヨセフ）は、では自分は国民の代表としてプトレマイオスのところへやらせてくれ、と要求した。

そして、オニアスがそれを承認すると、ヨセーポスは、（早速）神殿に出向いて、人びとを集めると会合を開き、席上、たとえ叔父のオニアスがおまえたちを見殺しにしたからといって、いたずらに動揺したり、怯えたりはせず、あくまで冷静でいてほしい、なぜなら自分は、これから使者として王のもとへ伺候し、国民には何の罪もないことをよく納得してもらうから、と約束した。人びとは、それを聞いて、ヨセーポスに感謝の意を表明した。」(一二・一六三―一六五)

ここではオニアスが大祭司の地位に恋々たる者ではなく、いつでもそれを手放す用意がある者とされておりますが、アロンからはじまるユダヤ民族の大祭司の地位は途中で断絶などの不透明の部分が多々あったとはいえ、世襲のものです。しかもそれは終身のものですから、オニアスが「かくかくしかじかの理由で大祭司職を辞任したい」などと口にできるものではなく、もし任期途中で、オニアスがその地位を投げ出せば、大変な事態を引き起こします。なお、ここに登場するプトレマイオスは、ヨセフスの語る話の推移からして、先行する『古代誌』一二・一五四の一文「アンティオコスはその後、プトレマイオスと友好条約を結び、娘のクレオパトラを彼と結婚させたが……」に出てくるプトレマイオス、すなわちプトレマイオス五世エピファネース(在位、前二〇三―一八一)(図56)を指すのであり、ヨセフスもそう理解しているように見えますが、オニアス(二世)の大祭司在職中のプトレマイオスはプトレマイオス三世エウエルゲテース(在位、前二四六―二二一)(図57)です。

「こうしてヨセーポス(ヨセフ)自身は神殿から出ると、プトレマイオスから派遣された使者のと

図56●プトレマイオス５世エピファネース（上）
図57●プトレマイオス３世エウエルゲテース（下）

ころに出かけて接待にあたった。彼はまず、高価な贈り物をし、ついで連日にわたって、豪華な宴会を催してもてなした。そして、自分も後から（エジプトへ）赴く、と言って使者を王のもとへ送り返した。

さて、ヨセーポスは、前にもまして、王との会見に希望をもつにいたった。というのも、プトレマイオスからの使者は、ヨセーポスを励ましてエジプト行きをしきりにすすめ、彼がプトレマイオスに願い出るものは何であれ、かなうように尽力してやると約束してくれたからである。使者とすれば、ヨセーポスの率直で、しかも堂々たる風格に、すっかり惚れ込んでしまっていたのである。使者は、エジプトへ帰ると、王に、オニアスの傲岸不遜《ごうがんふそん》な振る舞いと、ヨセーポスの人柄、および彼が国民の代表として人びとのおかした罪の赦しを乞うために彼のもとへ伺候する意向をもっていることを報告した。しかも使者が、この若者をほめるために大げさな言葉を次々に連発したので、ついに、王も王妃のクレオパトラも、ヨセーポスが到着しないうちから、すっかり彼に好意をもってしまったほどだった。

一方、ヨセーポスは、サマリアにいる友人たちのもとへ使いを出して金を借り、旅に必要な衣服や、宴席の杯、運搬に使役する動物などを、約二万ドラクメーを支出して整えてからアレクサンドリアへやって来た。

ところが、偶然のことであったが、そのときはちょうど、王が各都市の有力者にたいし、年々売りに出される徴税請負権《ちょうぜいうけおいけん》の入札に応ずるため、シリアおよびフェニキアの主だった人たちや長官たちが（アレクサンドリアへ）向かっているときであった。そして、これらの人びとは、当然、道中のヨセーポスを目にしたわけだが、そのだれもが、彼の貧弱ないでたちを嘲笑した。」（一二・一六五―一七〇）

この一文の前半にクレオパトラの名前が出てきますが、ここでの王をプトレマイオス三世だとすると、王妃の名前はクレオパトラではなくてベルニケー二世（図58）となります。プトレマイオスの王妃でクレオパトラと呼ばれた女性は多いので、これは転写の過程で、転写生が気をきかして訂正したのでしょう。

エジプトからの使者に高価な贈り物をし、連日「豪華な宴会をしてもてなした」人物がエジプトへの旅のためにサマリアにいる友人たちから金を借り入れるとは解せない話です。

それはともかく、この一文ではじめて「徴税請負権の入札」という言葉が出てきます。途中の物語を少しばかり端折って、この請負権について語っている箇所に飛びます。

「さて、各都市における徴税請負権の競売される日が巡って来て、各国の高位の有力者はそれぞれに入札に応じた。ところが、コイレー・シリアからの税とフェニキア、ユダヤおよびサマリアからの税の総計が八〇〇〇タラントンで落札されようとしたとき、突然、ヨセーポス（ヨセフ）が王の

図58●ベルニケー２世

前に進み出て、入札者たちが、あらかじめ低価格で競《せ》り落とせるよう話し合いをしていたことを責め、自分ならばその倍額でも応ずること、また税金の滞納者からの没収財産は、従来、徴税権の中に含まれるものとして取り扱われてきたが、それも直接王に返還する、と約束した。」（一二・一七五―一七六）

ここで徴税権の落札に談合があり、その価格が八〇〇〇タラントンに設定されたことが、ヨセフによって暴露され糾弾《きゅうだん》されたとありますが、研究者の中には、この八〇〇〇タラントンは「巨額すぎる」と申し立てる者がおります。彼らは、プトレマイオス二世の時代のエジプトの歳入が一万四八〇〇タラントンであったことやプトレマイオス一三世アウレテース（在位、前六三―四七）治下のエジプトの歳入が一万二五〇〇タラントンであったことなどを指摘します。

わたしたちにとって問題を難しくするのは、ここで徴税の対象のひとつとされるコイレー・シリア、フェニキア、ユダヤ、およびサマリアの徴税制度が分からないことです。プトレマイオスの支配下にあったときそれはどうであったのか、セレウコス王朝の支配下にあったときそれはどう変わったのか、それとも変わらなかったのか、土地台帳のようなものはあったのかなかったのか、うなるほどの金が転がり込んでくるエルサレムの神殿はつねに非課税の対象であったのかなかったのか、後のローマ時代の人口調査にもとづく徴税制度がどういうものであったのかなどなどが分からないのです。しかし、ここでは、少なくともプトレマイオス三世の時代にはパレスチナに徴税権の落札制度があったと理解しておきましょう。

徴税権の落札制度はそれなりに合理的なシステムです。王にとっては徴税権の落札で国庫の歳入を安定確保できるからであり、また高く落札されればされるほど国庫の歳入は潤うことになるからです。他方、落札者は落札者で、落札価格を上回るものを民に課して取り立てれば、それと落札価格の差が儲けになります。懐《ふところ》に入るものを豊かにしようとすれば、苛斂誅求《かれんちゅうきゅう》の徴税人になればよいからです。

ここから先で語られる話を読むと、ヨセフは彼一流のウィットで王から保証人なしで徴税権を手に入れますが、パレスチナの地に戻ると、情け容赦のない徴税人に変貌いたします。途中省略いたします。

「……さて、ヨセーポス（ヨセフ）は、二〇〇〇人の歩兵を王から出してもらい――彼は、どのような町であれ、自分を侮辱的に取り扱う者があれば、容赦なく力を行使するため、支援がほしかったからである――、また、アレクサンドリアの町で五〇〇タラントンの金を、王の友人たちから借り受けた後、シリアへ向けて出発した。

そして、彼がアスカロンびとに税の支払いを要求すると、彼らは頭から拒否したばかりか、彼に侮辱的な行為すら働いた。そこで彼は、ただちに町の主だった者約二〇人を逮捕して死刑にし、総額一〇〇〇タラントンに相当する財産を没収して王のもとへ届け、同時にその経緯を報告した。これにたいして、彼のあっぱれな精神に驚嘆し、かつその行為を称賛したプトレマイオスは、今後は彼が自分の意思どおりに行動することを許した。

この事件を聞いたシリア人は肝をつぶした。そして、とにかくアスカロンびとの有力者の処刑という、不服従に出た場合の恐ろしい実例ができたので、以後、彼らはヨセーポスにたいし、易々《やすやす》として、町の門を開き、課せられた税を払った。」(一二・一八〇―一八二)

徴税人ヨセフの見事な成長と変貌です。

「風格と重厚さ」(一二・一六〇)を身につけ、その公正さがエルサレムびとの間で評判を取っていた男が、プトレマイオス王から提供された兵力を背景にして苛斂誅求な税の取り立て人に変貌していたのです。しかも彼は、貢納を拒めば、こうなるぞという脅しの見せしめを最初にガツンとくらわすことも知っており、ときにそれを実践してみせたのです。ヨセフは、貢納を拒んだスキュトポリスでも、その指導者たちを処刑し、彼らの財産を王のもとへ送ります。

ヨセフの容赦ない取り立ての結果はどうなのでしょうか?

ここから先は、ヨセフスの個人的感想のようです。

「さて、彼は、このような徴税を請負うことにより、莫大な額の金を集めながら、大きな利益を上げることができた。しかも彼は、その富を、すでに自分のものとした権力を永続化するため、最大限に活用した。つまり彼は、自分の現在の繁栄の源泉であり、基盤でもあるものを、彼自ら獲得した富によって維持していくことこそ賢明な策だと考えたのである。

こうして彼は、王やクレオパトラ（→ベルニケー二世）、あるいはその友人たち、その他宮廷で力をもっているすべての人たちにたいし、ひそかに多数の贈り物を届け、その贈り物の力によって、彼らの好意を買い続けた。」（一二・一八四―一八五）

ヨセフスはここまでで語られてきた「ヨセフの徴税物語」を分析して彼の生涯を総括するわけですが、ここで注意すべき点がひとつあります。

それは、ヨセフスがここでのヨセフの生き方に何の道徳的非難も加えていないことです。彼は、多分、創世記第四一章で語られているエジプトのファラオの宮廷に奉仕したヨセフの徴税物語から、徴税は苛斂誅求でなければ搾《しぼ》り取ることができないことを知っていたはずです。徴税をスムーズにすませる最良の方法は貢納拒否をする者たちへ恐怖の見せしめの実例を可能な限り早い時期につくることですが、恐怖の実例をつくる必要は何も徴税の領域に限られるものではなく、政治的支配の領域でも同じです。そのよい例は外典文書（新共同訳聖書の「旧約聖書続編」）のひとつマカベア第二書六・二に見られます。シリアのセレウコス王朝のアンティオコス四世がユダヤの地のヘレニズム化のために取った手段は、都エルサレムを徹底的に痛めつけ、その神殿にゼウスの神像を飾り、神殿を「ゼウス・クセニオスの宮」と呼ぶことでした。この強権発動に人びとは恐怖しました。大祭司や祭司たちはアンティオコス四世の言いなりになりました。

ある研究者はヨセフがアレクサンドリアのプトレマイオス一族の宮廷に出入りして王やその王妃クレオパトラ（↓ベルニケー二世）や、宮廷で力をもつ者たちに贈り物をもって接近したことを申し立てる一文にコメントし、宮廷に出入りするかどうかは別にして、こうした生き方は、エルサレムではともかくも、ヘレニズム・ローマ時代の世界ではよく見られるものだったと指摘しますが、わたしには、「エルサレムではともかくも……」ではなくて、「エルサレムでは当然のことながら……」とヨセフスのコメントを改める必要があるように思われます。ヘレニズム・ローマ時代のエルサレムの大祭司一族の腐敗堕落ぶりを知れば、彼らがあらゆる機会に袖《そで》の下を要求し、それに応ずることができた者たちはエルサレムで幅をきかせたはずで、ヨセフ自身はエルサレムでは取り立てこそはしなかったでしょうが、大祭司のご機嫌はつねに伺っていたに違いないのです。

この個人的な感想につづくヨセフスの要約的な言葉によれば、ヨセフの繁栄は実に「二二年間」（一二・一八六）もつづいたそうですから、その繁栄は半端《はんぱ》なものではありません。その間、彼は「ひとりの妻に生ませた七人の息子と、後述の事情で結婚した弟のソリュミオスの娘との間にできたヒュルカノスと呼ぶ息子の父親となっていた」（一二・一八六）そうです。

ここから先は、読者のひとりひとりに『ユダヤ古代誌』の第一二巻をひもといていただき、それですませたいのですが、ヨセフスが「後述の事情で結婚した弟のソリュミオスと娘との間にできたヒュルカノス」と呼ばれる息子の誕生の経緯を伝える一文だけは、ここで引いておきたいと思います。これは「ヨセフの徴税物語」につづく彼の八人の息子たちのうちで一番出来のいい息子の出世物語の冒頭に置かれる抱腹絶倒《ほうふくぜっとう》の誕生物語だからです。

ヨセフスは次のようにつづけます。

「彼（ヨセーポス）が、弟（ソリュミオス）と連れ立ってアレクサンドリアに来たとき、ソリュミオスは（できれば）その地の上流階級のユダヤ人のひとりに嫁がせようと、年頃の娘を同伴していた。さて、ヨセーポス（ヨセフ）が王と食事をともにしていたとき、ひとりの美しい踊り子が宴席に入って来た。たちまち彼は、その踊り子に夢中になってしまった。そこで彼は、それを弟に打ち明け、同時に自分の罪をうまく隠して――ユダヤ人は、外国の女との同衾を律法で禁じられているからである――しかも自分の欲望がとげられるよう手伝ってほしいと頼んだ。

これにたいして弟は、すすんで彼に手を貸すことを約束すると、自分の娘を美しく化粧させ、夜になると彼のところへ連れて行って、その寝床につかせた。こうして酩酊状態《めいていじょうたい》にあったヨセーポスは、その真相に全く気づかずに、ついに自分の弟の娘と同衾してしまったが、これが何回も繰り返されると、ヨセーポスのこの女にたいする熱情はさらに激しくなった。そして彼は弟に向かって、多分王が彼女を自分に譲ることはないから、自分はこの踊り子のために生命を賭けねばなるまい、と語った。

ところが彼の弟は、彼に何も心配する必要はない、いままで愛してきた女を恐れはばからず愛しつづけ自分の妻とするがよい、と言い、やがてことの真相を告げて、彼は、兄が王の恩寵を失うのを見るよりは、自分の娘の屈辱に耐える途を選んだことを白状した。

ヨセーポスは、弟の兄弟愛に讃辞を贈り、ついに彼の娘と結婚したが、この娘から生まれたのが、ヒュルカノスと名付けられた既述の息子である。」（一二・一八七―一八九）

この一文には見逃せない記述があります。

それはアレクサンドリアのユダヤ人の一部が成功し、そこで「上流階級」をつくっていたことです。彼らはもちろん、同じ上流階級を構成するギリシア系住民たちとは進んで交際し、ユダヤ文化を表向きには擁護するものの、ギリシア文化を進んで賛美していた者たちです。彼らの関心はトーラーよりもホメーロスにありました。彼らの関心はまたシナゴーグよりも心身を鍛えてくれるギュムナシオンにありました。

ヨセフの弟ソリュミオスがアレクサンドリアに来るときには、その地の上流階級に属する同胞たちと交わり、エルサレムに戻れば（一二・二二二）、神殿体制とユダヤ教、そしてユダヤの文化をそれなりに賛美していたのでしょうが、彼が娘をアレクサンドリアのユダヤ人社会の上流の者と結婚させたがっていたことは、彼がユダヤ教よりもヘレニズムの文化的優位を認めていたことになります。もうひとつ見逃せないのはヨセフ自身もプトレマイオスの宮廷に自由に出入りでき、王と食事をできる立場の人間だったことです。彼は王家も認めるほどの財力の持ち主だったのです。こんなユダヤ人も出現していたのです。一方では『アリステアスの書簡』で見たように、ユダヤ民族の文化的優位を説く者たちが、他方ではヘレニズムの文化的優位にひたるユダヤ人たちが存在したのです。

　もうひとつ見逃したくないのは、ヨセフスがここで、外国の女との同衾が律法によって禁じられていると言いながら、この近親結婚に何の非難も加えていないことです。確かに、レビ記や申命記のどこを突っついてみても、「自分の兄弟の娘とヤッテはいけない」と命じる一文は見られませんが、それでも近親相姦を否定するレビ記や申命記の文脈にヨセフの行為を入れてみれば、たとえ酩酊状態のときのそれであったとはいえ、それは許されるものではないはずです。しかし、ヨセフスはそれに非難を加えることはしていないのです。ローマの高位高官の社会ではこの程度のご乱行は日常茶飯の出来事であっただけに、それを日頃見聞きしているヨセフスにとっては、取り立てて云々する性質のものでもなかったと理解したいものです。なお、ヨセフスの愛読者であれば、ここで、『古代誌』一八・六五以下で語られているローマのイシス神の神殿で起こった珍事、すなわちムンドスと呼ばれる男の策謀に引っかかってアヌービス神だとばかりに思い込んで暗闇の寺院で彼の欲望の手伝いをさせられた地元の名門の女性パウリナの物語を思い浮かべるはずです。

ヒュルカノス物語

ヨセフ物語につづくのは「ヒュルカノス物語」です。

そこに登場するのは一三歳の少年ヒュルカノスです。その年齢でのヒュルカノスは「すでに生来の勇気と才能を示し、他の兄弟たちの激しい嫉妬を買ったほどであったが、その素質はまことに素晴らしく、かつ羨《うらや》むべきものであった」(一二・一九〇) そうですが、この少年がプトレマイオス三世王とベルニケー二世の間に男子(後のプトレマイオス四世フィロパトール、在位、前二四四—二〇五)(図59) が誕生したときに、祝いの使節として父から遣わされます。ヒュルカノスは王の前で少年らしからぬウィットを口にして王を感心させ、大きな栄誉に包まれて帰国することになるのですが、彼の成功を嫉妬した七人の兄弟たちは彼を途中で出迎えて殺そうと謀ります。しかし、逆にヒュルカノスが二人の兄を殺してしまい、そのためエルサレムに戻っても彼を受け入れようとする者はひとりもおりません。結局、彼はヨルダン川の向こうの土地に引き揚げ、そこで異邦人たちから税を取り立てて暮らしたというのです(一二・二二二)。

図59●プトレマイオス４世フィロパトール

大祭司シモン二世とオニアス三世

ヨセフスは少しばかり先に進んでから「ヒュルカノスの末路」について語りますが、その前に彼は「そのころ」という連結辞をもって、三つの出来事があったことを報告いたします。

そのひとつは「ソーテールの添え名をもつセレウコスの支配」（一二・二二三）がはじまったことです。ここでのセレウコスはセレウコス王朝の第七代の王セレウコス四世（在位、前一八七―一七五）（図60）ですから、王の添え名は救済者を意味する「ソーテール」ではなくて、「愛父王」を意味する「フィロパトール」であったはずです。ヨセフスはここでセレウコス四世の叔父で第五代の王セレウコス三世（在位、前二二六―二二三）の添え名と混同しております。

次のひとつはヒュルカノスの父ヨセフが亡くなったことです。ヨセフスはわずか一行ですが、彼の生涯を総括して、彼が「ユダヤの民衆を貧しいみじめな状態から引き上げて、その生活を希望のもてる素晴らしいものにした」（一二・二二四）と述べます。ヨセフスが詳細な「ヨセフ物語」を読んでこう結論付けたのか、それとも確たる根拠なしできれい事を並び立てる弔辞の類いの言葉としてこう言っているのかは不明です。

そして三つ目は、ヨセフが亡くなったころ、彼の叔父オニアスも死に、その息子のシモンが大祭司職に就いたことですが、ヨセフスはこのシモンが死ぬと、彼の息子オニアスが大祭司職を引き継いだ

図60●セレウコス４世フィロパトール

とします。このオニアスはオニアス三世を指しますが、ヨセフスは先行する箇所で、「……シモーン（シモン）が亡くなったとき、オニアスと呼ばれる息子が後に残されたが、まだ幼少だったため、彼（シモーン）の兄弟エレアザルが大祭司職を引き継いだ」（一二・四四）と言っております。エレアザルについてのヨセフスの知識は『アリステアスの書簡』とされますが、第4章ですでに見てきたように、この書簡はフィクションですので、ここでのエレアザルは架空の名前であるとされ、大祭司リストからは通常外されます。

なお、ヨセフスは最後に、セレウコス王朝での王権の交代について簡単に触れます。それは次巻で語るマカベア戦争の理解にとって基礎知識となるものです。

以上、物語の詳細は『古代誌』一二・一八六―二二二に見られますので、そちらを参照して下さい。ヨセフスは同書一二・二二九以下で、ヒュルカノスの末路についても言及しております。

以上をもって第5章の議論を終わりとしますが、『アリステアスの書簡』の挿入や、「ヨセフ物語」、「ヒュルカノス物語」などの挿入から、わたしたちには何が分かるのでしょうか。それは繰り返しになりますが、ペルシア時代の記述がそうであったように、それにつづくヘレニズム時代を記述するユダヤ側の資料が絶対的に不足していたことです。ヨセフスが資料不足のために四苦八苦、七転八倒していたことが分かります。彼は、後になって聖書の正典文書と呼ばれることになる文書の他にも、それらに組み込まれなかった文書や、ヘレニズム化したユダヤ人たちが書き残した文書、非ユダヤ人たちが残した文書などを片っ端からあたっております。資料収集で必死の形相のヨセフスの姿がわたしたちの前に現れてきます。その奮闘する場所はローマのフラウィス一族のプライベートな図書館であったかもしれませんし、後になって彼の著作が収蔵されることになるローマの公共図書館（エゥセビオス『教会史』三・九・二参照）であったかもしれません。いずれにしても彼にはローマの読者に、異教徒の読者に、ユダヤ民族の歴史は天地創造の時以降、連綿としてつづいてきた由緒正しい歴史であり、そこには何の断絶もなかったことを大祭司の継承を縦軸として語り続け、その過程で同胞民族の窮境をローマ皇帝に訴えねばならなかったのです。

本書に続く次巻では、マカベア第一書およびマカベア第二書を中心にしてユダヤ民族の歴史が語られます。たった二冊の書物を資料として歴史など語れるのでしょうか。これは資料を扱うときの正しい感覚でしょうが、資料と称するものが二冊しか無い場合には、それをこね回すしかないのです。わたしたちは、それを取り上げてこね回したヨセフスをこね回すしかないのです。

あとがきに代えて

ヨセフスの『ユダヤ古代誌』第一一巻は、バビロンへの捕囚の憂き目にあったユダヤ民族の者たちのエルサレムへの帰還と、破壊され長い間放置されていたエルサレムの神殿再建の話を語った。それはペルシア時代のことであった。ユダヤ史の上でのアケメネス朝ペルシア時代は、前六世紀の前半からマケドニア人アレクサンドロスが登場する前四世紀の前半までの約二〇〇年であるから、それを歴史の上でのタイム・スパンとすれば、それは非常に長いものになる。この間のユダヤ民族の歴史を書こうとして利用できる資料は旧約聖書中の、すでにしてバイアスのかかった二、三の歴史資料や物語資料しかない。歴史家は二〇〇年におよぶペルシア時代のユダヤ民族の歴史を書けるのであろうか？

書けるわけがない。

しかしヨセフスは、書けるわけがない歴史を書いたのである。彼は同胞民族の者たちのバビロンからのエルサレムへの帰還とそこでの神殿の再建を「二、三の資料」をもとに再話し、ついでそこからアレクサンドロス大王登場前後までの残りの期間をも、物語資料でもって穴埋めしてみせた。彼はその期間を「歴史の空白期間」とすることなどできなかったからである。なぜならば彼は、『古代誌』を手に取ると予想したローマの読者たちに、ユダヤ民族は対ローマの戦争（後六六―七〇）で破れたとはいえ、天地創造のときに遡源する由緒ある歴史をもつ民族であり、しかもその歴史は、彼の時代まで途切れることなく続いてきた誇り高いものであることを訴えねばならなかったからである。

I

ローマでのヨセフスは、対ユダヤの戦争に勝利したフラウィウス一族（ウェスパシアヌスとティトス）が提供する邸宅の一室か一族のプライベートな図書館で仕事をした。彼は、多分、七〇年代の後半から八〇年代の前半にかけて『ユダヤ戦記』の最初の版を著作して公刊し、ついでその増補改訂版をも公刊し、それが終わると八〇年代の後半辺りから『ユダヤ古代誌』の著作を開始したとされるが、そのときの彼の手元には、七〇年秋の神殿炎上の際にローマ兵たちによって持ち出された大祭司の系図が置かれていたはずである（『アピオーンへの反論』一・三二参照）。ほかならぬ大祭司の系図であるから、それは、少なくとも形式的には、大祭司の第一号とされるモーセの兄のアロンから神殿炎上の後七〇年までの「二〇〇〇年にわたって」（前掲書一・三六）続くものであったであろうが、それがいかに瑕疵《かし》のある系図であったとしても――ヨセフス自身一部そのことを認めている（前掲書一・四一）

――、系図である以上、それは彼にユダヤ民族の歴史の継続性を示すものとなる。彼が『アピオーンへの反論』の中で、ギリシア系の知識人たちに噛み付いて「おまえたちのところに歴史の継続性を示す記録はないが、わたしたちユダヤ民族のもとにはそれがある」と大見得を切って、ユダヤ民族の歴史の優位性や、その記述の信頼性を彼らに訴えたことはよく知られているが、彼は大祭司の系図を手元に置くことにより、それに縛られることになる。彼は、その系図を繰り返し凝視することにより、天地創造のときから「五〇〇〇年」(『古代誌』一・一三、『アピオーンへの反論』一・一)にわたって連綿とつづいてきた――ヨセフスは天地創造からモーセの死までを三〇〇〇年弱とし、モーセの死から彼自身の時代までを二〇〇〇年弱とする(『アピオーンへの反論』一・三六、三九)――、ユダヤ民族の歴史を書けると確信するか、錯覚するかした。

II

古いことはいいことだ。

ヨセフスを歴史記述に駆り立てたのはなにも大祭司の系図だけではない。それにはヘレニズム時代に台頭しはじめ、ローマ時代に至ってもまだ尾を引いていた歴史の古さをめぐる議論が加わる。その議論を最初にしたのは、バビロンのベル(マルドゥク)神殿の神官ベーローソス(前二九〇ころ活躍)

である。彼はバビロンの歴史こそ連綿とつづく由緒ある歴史であると申し立て、ギリシア語で三巻本の『カルデア史』（タ・カルダイカ）を著作し、それをセレウコス王朝のアンティオコス一世ソーテール（前二八五―二六一）に献呈する。第一巻は洪水時代を、第二巻は前八世紀のナボナッサルの時代までを、そして第三巻はアレクサンドロスの死までを扱う。ベーローソスの著作にただちに対抗したのは、エジプトのヘーリオポリス（太陽の都）の神殿の神官で、アレクサンドリにサラピス神の祭儀を導入したことで知られるマネトーン（前二八〇ころ活躍）である。彼は彼で、神殿に保管されていた「聖なる文書」を駆使して、エジプトの歴史こそが最古のものであることを申し立てる『エジプト史』（タ・アィギュプティアカ）を、ベーローソスと同じく三巻本で、しかも彼と同じくギリシア語で著し、それをプトレマイオス王朝のプトレマイオス二世フィラデルフォスに献呈する。民族と王朝の歴史の古さをめぐるガチンコ対決であるが、それに関心を示したのは一部のヘレニスト・ユダヤ人たちであり、その延長線上にヨセフスがいる。

ヨセフスがベーローソスやマネトーンの著作の原本に近いものか、その簡約版をローマのフラウィウス家の図書館か公共図書館で見つけ、その一部ないしは全体を丹念に読んだことは容易に想像される。それは彼が『古代誌』の中で、ユダヤ民族の古さをめぐる彼自身の議論の傍証としてベーローソスの著作から、たとえ断片的であるにせよ、引用を行っていることから分かるし（一・九三、一〇三、一五八、一〇・二〇、三四、二一九）――ヨセフスはカルデア人を「わたしたちの民族の原祖先」（『アピオーンへの反論』一・七一）であるとして、彼の著作に敬意を払っている――、またマネトーンに関して言えば、彼がユダヤ民族の起源をめぐる論争で、『アピオーンへの反論』の中でしばしばマネトーンの著作から引用し（一・七三―七四、八七、九一―九三、一〇三―一〇五、二二八、二五一―二五二、二七〇、二七八、二八七―二八八、二八八、二九六、三〇〇、二・一、一六）、彼の唱える「ユダヤ民族ヒックソス起源論」に真っ向から反駁していることからも分かる（前掲書一・二一九以下参照）。民族の古さをめぐる申し立てから発展し、「古いことほどいいことだ」とする風潮が生まれたのはけだし当然である。そしてその風潮をにがにがしく思い、キリスト教の神に圧倒的な桁違いの「古さ」を加味し、それこそが最古の神であるとしたのはヨハネ福音書である。ローマ帝国においては、最初期のキリスト教は「昨日か一昨日生まれたばかりの」何の歴史をもたない「新興宗教」のひとつ、しかも超軽量級の宗教のひとつとしてあしらわれていたが、ヨハネ福音書の著者は――第一章第一節から第一八節までの著者とそれ以降の著者が同一だと仮定して――、その福音書の冒頭で、

「始原《はじめ》にロゴスがあった。
ロゴスは神であった。
このロゴスは、始原《はじめ》に、神とともにあった。
万物はロゴスによってなった。

ロゴスによらずに成ったものは何ひとつなかった。

…………

と述べることによって、キリストなるロゴスが天地創造前のアイオーンの世界にすでにして神とともに存在し、ロゴスも神とともに天地創造の業《わざ》に率先してあずかったとし、そう申し立てることにより、新興のキリスト教の神をローマ帝国の他の宗教の神々など——その数は二〇万とも、三〇万とも言われている——逆立ちしても敵《かな》わない、途方もなく古い神に仕立てたのである。起死回生の驚天動地の発想であるが、この発想の背後には古さをめぐる議論や、それを讃美する風潮があったのである。ヨセフスの『ユダヤ古代誌』のギリシア語表題がタ・ユーダイカ（『ユダヤ史』）ではなくて、ユーダイケー・アルカイオロギアであるのはゆえなしではないのである

Ⅲ

ヨセフスは『古代誌』の中の再話で、しばしばときの大祭司の名前や大祭司の一族の名前を挙げ、それを縦軸としながら歴史物語の再話を進めていることを読者に示すが、同時にそれを縦軸としたため、冒頭で述べたように、歴史に空白部分があっても、それを必死になって埋めていかざるを得なく

なる。そのため彼は、それがバビロン時代かペルシア時代に書かれた文書を装うヘレニズム時代の物語文書にすぎなくても、それをバビロン時代あるいはペルシア時代の歴史文書であると固く信じて拾い上げていく。たとえば、ダニエル書である。この書で語られる物語の主人公ダニエルはバビロンのネブカドネツァルの宮廷に仕えるユダヤ民族の若者である。物語の著者はダニエル物語を書くにあたって、その時代的背景とその環境をバビロンの宮廷にもとめたにすぎないのに、ヨセフスはそれをバビロン時代の歴史文書として取り上げてしまう（『古代誌』一〇・一八六以下、および拙著『南北分裂王国の誕生──イスラエルとユダヤ』四一一頁以下参照）。たとえば、エステル記のエステル物語である。これもまたヘレニズム時代に書かれた宮廷物語にすぎないが、その時代的背景と環境がペルシアであるということで、ヨセフスはそれをペルシア時代の歴史文書として扱うのである。

『ユダヤ古代誌』のテクストがパソコン上のスクリーンにあると仮定して、こうした物語資料を削除ボタンを押して削除するならば、その結果はどうなるか。

ヨセフスが連綿としてつづくと信じたユダヤ民族の由緒ある歴史は一瞬にして消え去り、彼が信じてやまないユダヤ民族の歴史の継続性も道連れにされて、どこかにすっとんで行ってしまう。いや、「どこかに」ではなくて、ゴミ箱に投げ捨てられてしまう。確かに、ユダヤ民族が今日まで存続し続けてきたのは事実であり、その歴史ないしは歴史性が継続したのも事実であるが、ペルシア時代からヘレニズム時代のある時期までの歴史を資料の上で跡付けることなどは不可能なのである。考古学的資料も民族の歴史の継続性を保証するものをなにひとつとして提供してくれてはいない。これはちょうど出エジプトの出来事やそれにつづく師士記の時代を裏付けるものがなにひとつなく、われわれがそれについて語れないのと同じである

Ⅳ

ヨセフスの『古代誌』から連綿としてつづいたユダヤ民族の歴史を学ぶことなどはできない。しかし、だからと言って、『古代誌』をトラッシ・ボックスにポイ捨てするわけにもいかない。われわれはそこからこれまで知らなかったユダヤ民族の断片的歴史の中の諸相の一端や、それと密接に関係している文化的ミリューの諸相の一端を学べるからである。

そのいくつかの例を挙げてみる。

たとえば、「宮廷ユダヤ人」についてである。

これは中世のユダヤ史やキリスト教史を学ぶ者が一度は遭遇する歴史用語であるが、われわれはヨセフスの『古代誌』から、この「宮廷ユダヤ人」がヘレニズム・ローマ時代の物語のジャンルの中で盛んに登場することを知る。すでに触れたダニエルと彼の仲間の若者たちはバビロンの宮廷に仕える「宮廷ユダヤ人」である。バビロンの都スサからエルサレムへ帰還したネヘミヤはペルシア王の宮廷

に仕える「宮廷ユダヤ人」である。一介の酌取りが異民族の者であるとは驚きであり、そこに創作臭をかぐ者もいるであろうが——わたしもそのひとりであるのだが——、物語の上では、彼は立派な「宮廷ユダヤ人」である。本書の第1章で取り上げたエスドラス第二書で語られている「三人の若者たちの知恵くらべ」に登場するゼルバベルは、ペルシアの宮廷で奉仕する「宮廷ユダヤ人」である。本書の第2章で取り上げた、エステル物語の女主人公エステルやその叔父モルデカイ、そしてエステルに奉仕する女官たちはみな「宮廷ユダヤ人」である。本書の第4章で取り上げた、アレクサンドリアにおけるトーラーのギリシア語訳誕生の物語に登場するアリステアスは、エジプトの、プトレマイオス王朝に奉仕する「宮廷ユダヤ人」である。そういえば、ヨセフスもローマのフラウィウス王朝に奉仕する「宮廷ユダヤ人」である。いや、彼こそは歴史上の正真正銘の「宮廷ユダヤ人」第一号である。

V

中世の歴史に登場する「宮廷ユダヤ人」とヘレニズム・ローマ時代の文学作品に登場する「宮廷ユダヤ人」の間にはさまざまな違いがある。前者は主に王侯貴族のもとに出入りするユダヤ人の金融業者を指すが、後者の「宮廷ユダヤ人」は一様に民族の存亡や民族のアイデンティティ・クライシスに関わる出来事に自らが関わり、ユダヤ民族をその存亡の危機から救ってみせるヒーローやヒロインとして描かれる。たとえば、ダニエルはバビロニアの王への跪拝礼を断固として拒否した民族のヒーローである。バビロン王への跪拝は、神以外のものを拝することが許されないユダヤ民族の者にとっては、もしそれが強要されれば、途端に深刻な事態に放り込まれるからである。たとえば、ゼルバベルは、ペルシアの王にエルサレム再建の誓いを思い起こさせるヒーローである。たとえば、王妃エステルはユダヤ民族の絶滅の危機のときにペルシア王にそれを訴え、民族絶滅を画策したハマンを処刑させることに成功する民族のヒロインである。彼女の叔父モルデカイも宮廷を牛耳っていたハマンに跪拝することをダニエルのように断固拒否し、そこから民族絶滅の危機を招くことになるが、最後は運命の逆転のおかげで、宮廷で王につぐ「第二の者」の地位につく民族のヒーローである。アリステアスは、パレスチナからエジプトに連行されてきた一〇万強ないしは一一万の同胞ユダヤ人たちの釈放をプトレマイオス王に請願して、王に「おまえの願いはささやかなものである」と言わせるヒーローである。

VI

すでに述べたように、ヨセフスは彼自身がローマのフラウィウス一族の宮廷に二〇年以上は奉仕している紛《まご》う方なき「宮廷ユダヤ人」である。彼は歴史資料と見なした物語文書に登場するこれらの「宮廷ユダヤ人」たちを自分の身に引き寄せて彼らの働きを観察し、彼自身も、彼なりの仕方でひとはだ脱ぐ。すなわち彼は、『古代誌』の第一二巻で、アンティオキアのユダヤ人たちに保証されていたユダヤ民族としての生き方が危うくされているのを知ると、彼らには最初から市民権が付与されていたとする話を創作し（あるいは「でっち上げ」）、そうすることで、古くから付与されているその諸権利がユダヤ人たちから奪われることがあってはならないと申し立てるが、彼は同時に『古代誌』の読者のひとりに皇帝ドミティアヌス（八一－九六）を想定し、皇帝がアンティオキア市民にたいして皇帝の父ウェスパシアヌス（六九－七九）や皇帝の兄ティトス（七九－八一）のように寛大であることを訴える。しかも彼は、ローマ時代を語る場面においてではなく、ヘレニズム時代の歴史の一場面を語るときにその訴えを行うのである。あっと驚く離れ業である。

確かに、この離れ業を見抜くのは容易なことではないが、われわれはそれを見抜くことによって、『古代誌』がユダヤ民族の過去の歴史ばかりか、現に今ディアスポラの地で起こっている出来事にもヨセフスの関心が向けられていることを知る。

Ⅶ

われわれは『古代誌』の第一一巻で、エルサレムへ帰還した大祭司たちや祭司たちが率先して、近隣の異民族の娘たちや女たちと同衾し、そのため彼女たちや彼女たちが儲けた子供たちをユダヤ人共同体から追放した話を読んだが、この異民族の女の追放から起こる事態は、民族としての優秀性や民族の純血を保持するための異民族の者たちとの交わりの拒否である。われわれは『古代誌』や『アピオーンへの反論』で使用されるギリシア語アミクシアから——ギリシア語ミクシアに冠せられた否定辞の「ア」は「交わり」を意味するミクシアの堂々たる全面否定である——、ユダヤ人たちが折りに触れて、異教徒たちから「きゃつらは付き合いの悪い連中だよ」と吐き捨てるように陰口や軽口をたたかれていたが、それを教えてくれるのは唯一ヨセフスの著作だけなのである。しかし、われわれはまた同時に、ヨセフスの使用する他のギリシア語から、異民族の女たちにちょっかいを出し、同衾している同胞たちにたいしては、エルサレムのユダヤ人社会でも「村八分」的な制裁が行われていたことを知る。われわれが歴史の表街道では決して語られることのない、こうした裏街道の陰湿な状況を知ることができるのも、ヨセフスの著作があればこそなのである。もっとも、その後の歴史の展開をみれば、異民族の者たちとの交わりの拒否は、結局は、自分たちの首を絞めるものとなり、それがどのような悲惨な事態を二〇世紀がもたらしたかについては、われわれはすでにして何度も指摘してきた。

Ⅷ

われわれはまた、本書の第4章で、アレクサンドリアにおけるトーラーの成立事情を語る資料としてヨセフスが取り上げた『アリステアスの書簡』が、トーラーのギリシア語訳の歴史的経緯について何も語っていないことを指摘したが、それでもわれわれはヨセフスの再話の仕方からいろいろなことを学べる。

この創作書簡によれば、アレクサンドリアの図書館長はヘブライ語で書き記されたトーラーのギリシア語訳をもとめてエルサレムの大祭司に翻訳者の派遣を要請し、その結果、十二部族からそれぞれ六名、総勢七二名の長老たちが送り込まれることになるが、ヨセフスは派遣されてきた長老たちの数を七二人とするのではなく、七〇人とする。七二人であれば、トーラーのギリシア語訳は最初「七十二人訳」と呼ばれていなければならないが、そして実際、そう呼ばれていたであろうが、ヨセフスが挙げる長老の数七〇人は、おそらく彼の時代までにトーラー（とその他の諸書を含む文書群）のギリシア語訳が「七十二人訳」ではなく、「七十人訳」と呼ばれていたことを示唆するものであり、われわれはヨセフスがその呼称の最初の証人であることを知るのである。

『アリステアスの書簡』にはさまざまな史的錯誤が認められる。たとえば、ヘレニズム時代には十二部族などは存在しなかった。当時存在したのはベニヤミン部族とユダ部族だけである。『書簡』は、エルサレムの大祭司宛の『書簡』を書いた人物をプトレマイオス二世時代のアレクサンドリアの図書館長デーメートリオスとするが、プトレマイオス時代の図書館長はゼーノドトスかエラトステネースである。『書簡』は、エルサレムから派遣された長老たちのアレクサンドリア到着がアンティゴノスに対する海戦の勝利の記念日にあたっていたとするが、その海戦はプトレマイオス二世以降の時代の出来事である。……そしてこれらの「史的錯誤」の頻出は、この『書簡』の資料的価値を貶めるものになっていると『書簡』の研究者は指摘するが（たとえば、聖書外典偽典第三巻（教文館）所収の左近淑訳『アリステアスの手紙』二八四頁）、われわれは『書簡』の著者が次から次に史的錯誤を故意に犯し、そうすることで読者を困惑させる「愉快犯」であることを知った。ユディト記の著者も愉快犯のひとりである。彼は、そのフィクションの中で、研究者たちがしたり顔で指摘する「史的錯誤」を大胆に犯したが、故意ゆえの史的錯誤を指摘してみせたチャールズ・C・トーレイという偉い研究者は、ユディト書についての著作の冒頭で、「ネブカドネツアルがニネベでアッシリア人を支配し、アルファクサドがエクバタナでメディア人を支配していたと言うのは、ちょうど、当時はナポレオン・ボナパルトが英国の国王で、ビスマルクがメキシコで王位にあったと言うのに等しく、著者はここでユーモアの才能を巧みに示しているのであって、当時の読者は容易にそれを見抜けたはずなのに、現代の註解者はそれができず、著者の無知に驚いたりしている」と皮肉っているが（拙著『旧約聖書続編講義』［リトン］一七二頁参照）、このようなひねくれ者もヘレニズム時代の文学的ミリューの中に登場したのである。ヨセフスが著者の性癖を見抜いたとは思われないが、彼は彼らの犯した誤りを訂正するのではなくて、触れないでいる。

われわれは『書簡』が三つの部分から成り立つ合成作品であることを知り、七十二人の長老たちとプトレマイオス王の間で交わされた哲学的な遣り取りの部分（パラグラフ一八六―三〇〇）が、その場にギリシアの哲学者たちを同席させることで、ユダヤ民族の優秀性を誇示する独立した文書であったことも知った。実際、ヘレニズム・ローマ時代の文学的なミリューでは、ユダヤ民族の優秀性をうたう文書は多く書かれ、それが好んで読まれていたが、われわれはそのことを、ヨセフスの『古代誌』を介して知るのである。「三人の若者たちの知恵くらべ」で、この世でもっとも最強なのは何かの問いにたいして「真理、すなわち神こそは最強である」と答えたゼルバベルに褒美が与えられることになるが、ここでのゼルバベルはユダヤ人なのである。彼は他の二人の同僚の議論を打ち負かすほど頭がいいのである。われわれはすでにヨセフスがモーセやその他のユダヤ民族のヒーローたちを「頭の回転の早い」（ノエートス）人物として描いていることを見てきているが、それはヨセフス自身に、ユダヤ民族が今は離散の民になってはいるが、彼らは飛び抜けて優秀な民族であるとする理解があるからである。彼にとって異民族の者たちは、基本的には、理性などの片鱗もない「あほんだら」（アノエートス）にすぎないのである。

Ⅸ

われわれはさらにまたヨセフスの物語の再話や歴史記述の仕方からもいろいろなことを学べる。彼は『古代誌』を著作するにあたっては、そのために使用する「記録それ自体には……何の作為的な付加も削除も行わない」と読者に約束しておきながら（『古代誌』一・一七、『アピオーンへの反論』一・四二参照）、至るところで物語に、資料にない事柄を付け加えたり、都合の悪い記事には触れなかったり、資料を大幅に書き換えたり、また王の書簡や公文書などを自分の想像力でつくりだしている。ヘレニズム・ローマ時代の宮廷には文書の偽造を得意とする者たちも雇われていたから、そしてまた聖書の中にもさまざまな資料を切ったり貼ったりしているコピー・アンド・ペースト（今はやりの言葉で言えばコピペ）やカット・アンド・ペースト（カットペとでも言うのか）の箇所も多々あるから、ヨセフスがしれっとして自分は「資料に何も加えたり、減じたりすることはしない」と読者に約束しても驚いてはならないが、この風潮はヘレニズム・ローマ時代の歴史を書くと称する者たちに影響を与えていないであろうか？　たとえば、新約聖書の使徒言行録である。あそこには創作された資料をたくみに組み合わせて、イエスの説いた福音は拡散しながらエルサレムからローマに達したとされていないであろうか。二世紀や三世紀のキリスト教側が生み出した文書はどうであろうか？　そして後の時代のキリスト教が生み出した聖人伝説などはいずれも、ヘレニズム・ローマ時代に生まれた歴史記述の仕方を、なかでもヨセフスが『古代誌』の中で示した方法を何らかの形で踏襲しているのである。

X

われわれはまた『古代誌』で使用されているわずかひとつの単語から、その本来の意味が後のキリスト教の世界で歪曲されて使用されてきた可能性があることを知る。たとえば、本書の第2章で取り上げたエステル物語に登場する「木柱に吊るす」を意味するギリシア語アナスタウローである。このギリシア語は短い横棒と長い縦棒を組み合わせた十字形の木柱ではなく、あくまでも一本の棒である。ということは、このギリシア語は新約聖書でも使用されているが、ヨセフスの理解するこのギリシア語をイエスの刑死ないしは変死の場面にあてはめると、このギリシア語からは、イエスは十字架にかけられたのではなく、一本の木柱に吊るされたとする新しい理解が生まれてくる。そもそもわれわれは何百本の木柱がエルサレムのアントニアの塔――そこは祭りのときなどひと騒ぎおきそうなときにカイサレアから送り込まれたローマ兵が駐屯する、神殿を見下ろす監視塔である――の中に保管されていたと想像するが、十字架の形状のものではかさばってしょうがない。何百人ものユダヤ人をローマ帝国にたいする反逆罪で告発し、彼らを柱に吊るすのであれば、それは保管上からしても一本の木柱であったと想像するのが妥当である。

ヨセフスの『古代誌』はこのような想像やこのような新しい理解をもわれわれにもたらしてくれるばかりか、そこから進んで、神学的な議論となる「十字架上の贖罪」がどこまで概念上成立し得るかの議論も誘発する。

XI

確かに、ヨセフスの『古代誌』の第一一巻と第一二巻は、われわれが通常理解する歴史書からはほど遠いものになっているが、それでもそこで使用されている物語資料を丁寧に読み、資料と資料の縫合の仕方を観察し、またヨセフスの戦時中の個人的な体験を念頭に置きつつ行間を読み解いていけば、『古代誌』はわれわれにさまざまな発見の喜びを与えてくれ、またそれと同時に、新しい思考の道筋を示してくれる。その意味で『ユダヤ古代誌』はポイ捨てなどは絶対にできない希有の書物、ユダヤ民族の歴史を学び、キリスト教の歴史を再考しようとする者たちにとっては、過去二〇〇〇年の歴史においてそうであったように、現代でも、いや聖書の世界についての多方面からの理解がもとめられている現代だからこそ、必読必携の書物となるのである。

最後の最後になってしまったが、今回もまた本書の出版にあたり、京都大学学術出版会の國方栄二氏にいろいろとお世話になった。確か、本年の五月のことだったと記憶するが、「もうそろそろ……」とメールで催促され、わたしは折り返し「すでに取りかかっております。ご休心のほどを。七月二〇日までにはまちがいなく……」と返事をした。わたしはその約束を守ることができたが、それというのも氏の大いなる励ましが地球の裏側からあったからである。氏にはここで心からの御礼を申し上げたい。

二〇一四年七月一〇日

夏期休暇のために静まりかえったケンブリッジのウォルフソン・コレッジの図書館にて　秦　剛平

【図版一覧】

＊以下の表記で見られる web 上の public domain は、その使用が一般に「公共財」として認められているものを指す。

カバー　「バビロン川のほとりで」、イーブリン・デ・モーガン、1882年頃作、ロンドン、デ・モーガン・センター、(web)

口絵1　「エルサレムから追い立てを食らうユダヤ人たち」、『ニュルンベルク年代記』、ハートマン・シェーデル、1493、(web)

口絵2　「バビロンの河のほとりで」、イーブリン・ド・モーガン、1882年頃作、ロンドン、ド・モーガン・センター、(web)

口絵3　「イッソスの戦い」、アルブレヒト・アルトドルファー、1592年作、所蔵先不明、(web, public domain)

口絵4　「ガウガメラの戦い」、ヤン・ブリューゲル（父）、1602年作、所蔵先不明、(web, public domain)

口絵5　「アレクサンドリアの建設を指示するアレクサンドロス」（原題は「アレクサンドリアの基礎を置くアレクサンドロス」）、プラキド・コンスタンチ、1736年作、ボルチモア、ウォルターズ美術館、(web)

口絵6　「エルサレムの神殿でダニエル書を見せられるアレクサンドロス」（原題は「エルサレムの神殿の中のアレクサンドロス」）、セバスティアーノ・コンカ、1735年頃作、プラド美術館、(web, public domain)

口絵7　「プトレマイオス王、翻訳者たちを歓迎する宴を主催する」、ヴァチカン、使徒図書館、(web)

口絵8　ドミティアヌスの胸像、ローマ、カピトリーノ美術館、(web, public domain)

図1　「捕囚のユダヤ人たちに布告を発するキュロス王」、ジャン・フーケ、1470–1475年頃作、(web, public domain)

図2　盛時のアケメネス朝ペルシアの版図

図3　1947年にイスラエルのクムランで発見された死海文書のひとつ、イザヤ書の巻物、制作は前120年頃か、イスラエル博物館、(web, public domain)

図4　エルサレムへの帰還ルート

図5　エクバタナの位置

図6　「トミュリス女王とキュロスの生首」、ピーテル・パウル・ルーベンス、1622–1623年作、ボストン美術館、(web, public domain)

図7　キュロス王の墓、(web, public domain)

図8　ダレイオス王の墓、(web, public domain)

図 9　律法の書を朗読するエスドラス、3 世紀、ドゥラ・エウロポスの壁画、シリア、ダマスカス（ダマスコ）博物館、（web, public domain）
図 10　横臥して食事をとるローマ人、カタコンベのフレスコ画、2 世紀、（web, public domain）
図 11　同上
図 12　「アルタクセルクセス王の前のネヘミヤ」、作者不詳、（web, public domain）
図 13　「神殿の再建工事を見回るネヘミヤ」、作者不詳、（web, public domain）
図 14　「王の酒宴（右）と、それへの出席を拒むワシュティ（左）」、Azor masters、1430 年頃、（web, public domain）
図 15　「ワシュティの追放」、パオロ・ヴェロネーゼ、1556 年作、ヴェネツィアのサン・セバスティアーノ教会の天井画、（web, public domain）
図 16　「化粧するエステル」、テオドール・シャッセリオ、1841 年作、パリ、ルーブル美術館、（web, public domain）
図 17　「アハスエロスによって戴冠されるエステル」、パオロ・ヴェロネーゼ、1556 年作、ヴェネツィアのサン・セバスティアーノ教会の天井画、（web, public domain）
図 18　「エステルとモルデカイ」、SCHOOR, Aelbert Jansz. van der、1643 年作、個人蔵、（web）
図 19　「エステルとモルデカイ」、アールト・デ・ヘルデル、1658 年作、ブダペスト、ブダペスト西洋美術館、（web, public domain）
図 20　「アハスエロスの前に出るエステル」、ヘブライ語写本、1278 年頃作、英国、大英図書館、（web）
図 21　「アハスエロスの前に出るエステル」、Azor masters 、1430 年頃、（web, public domain）
図 22　「アハスエロスの前に出るエステル」、ヤコーポ・デル・セッライオ、1475 年作、ブダペスト、ブダペスト西洋美術館、（web, public domain）
図 23　「アハスエロス王の前で卒倒するエステル」、アントワーヌ・コイペル、1704 年頃作、パリ、ルーブル美術館、（web, public domain）
図 24　「モルデカイの勝利」、ドゥラ・エウロポスの壁画、3 世紀、シリア、ダマスコ博物館、（web, public domain）
図 25　「ハマンの先導で町中を行進するモルデカイ」、Azor masters、1430 年頃、（web, public domain）
図 26　「モルデカイの勝利」、サンドロ・ボッテイチェリ、1475 年頃作、（web, public domain）
図 27　「モルデカイの勝利」、ピーテル・ピーテルズ・ラストマン、1624 年作、アムステルダム、レンブラント・ハウス・ミュージアム、（web, public domain）
図 28　「モルデカイの勝利」、ジャン・フランソワ・ドゥ・トロイ、1736 年頃作、

メトロポリタン・ミュージアム・オブ・アート（web, public domain）
図 29　「エステルの酒宴、アハスエロス、ハマン」、ヤン・ウィクトルス、1640年代作、カッセル、国立美術館、（web, public domain）
図 30　「アハスエロスの前のエステルとハマン」、ヤン・ウィクトルス、1638–1640 年作、ケルン、ヴァルラフ・リヒャルツ美術館、（web, public domain）
図 31　「エステルの憐れみを乞うハマン」、1635–1660 年代のある時期、ブカレスト、ロマニア国立美術館、（web, public domain）
図 32　「木柱に吊るされるハマン」、フランスのスヴィニーでつくられた聖書のラテン語写本の挿絵、12 世紀、（web, public domain）
図 33　「T 字形（十字架状）の木柱に吊るされるハマン」、Azor masters、1430 年頃、（web, public domain）
図 34　イッソスの戦いでのダレイオス王、ポンペイ出土のモザイク画、ナポリ国立考古学博物館、（web, public domain）
図 35　アレクサンドロスの遠征地図
図 36　イッソスの戦いでのアレクサンドロス、ポンペイ出土のモザイク画、ナポリ国立考古学博物館、（web, public domain）
図 37　セレウコス 1 世（ローマ時代の模作）
図 38　リュシマコス、（web, public domain）
図 39　プトレマイオス 1 世、（web, public domain）
図 40　セレウコス王朝とプトレマイオス王朝の版図
図 41　ゲリジム山の場所
図 42　サマリアの神殿跡、（web, public domain）
図 43　ユダヤ人地区のあるアレクサンドリアの町
図 44　アレクサンドリア図書館内部想像図、（web, public domain）
図 45　図書館の棚に並ぶ巻物、（web, public domain）
図 46　「プトレマイオス王（右）、エルサレムの大祭司宛の書状を書記に口述筆記させる」、*Byzantine Octateuch* 、Kurt Weizmann
図 47　「プトレマイオス王と接見する 72 人の長老たち」、*Byzantine Octateuch*、Kurt Weizmann
図 48　アレクサンドリアの灯台、ドイツの考古学者 Prof. H. Thiersch による想像復元図、（web, public domain）
図 49　「プトレマイオス王から贈り物を受け取る 72 人の翻訳者たち」、*Byzantine Octateuch*、Kurt Weizmann
図 50　セレウコス 1 世ニカトール、大英図書館所蔵
図 51　アンティオコス 4 世エピファネース、（web, public domain）
図 52　アンティオコス 2 世テオス、（web, public domain）
図 53　アンティオコス 3 世、（web, public domain）
図 54　プトレマイオス 4 世フィロパトール、（web, public domain）

索　引

参考文献

1次資料

(1) 聖書関係
秦剛平訳『七十人訳ギリシア語聖書Ⅰ　創世記』(河出書房新社、2002)
秦剛平訳『七十人訳ギリシア語聖書Ⅱ　出エジプト記』(河出書房新社、2003)
秦剛平訳『七十人訳ギリシア語聖書Ⅲ　レビ記』(河出書房新社、2003)
秦剛平訳『七十人訳ギリシア語聖書Ⅳ　民数記』(河出書房新社、2003)
秦剛平訳『七十人訳ギリシア語聖書Ⅴ　申命記』(河出書房新社、2003)
月本昭男訳『創世記』(岩波書店、1997)
木幡藤子・山我哲雄訳『出エジプト記・レビ記』(岩波書店、2000)
山我哲雄・鈴木佳秀訳『民数記・申命記』(岩波書店、2001)
鈴木佳秀訳『ヨシュア記　士師記』(岩波書店、1998)
月本昭男ほか訳『ルツ記ほか』(岩波書店、1998)
池田裕訳『サムエル記』(岩波書店、1998)
池田裕訳『列王記』(岩波書店、1999)
池田裕訳『歴代誌』(岩波書店、2001)
『新共同訳聖書』(聖書協会)

(2) ヨセフス
秦剛平訳、ヨセフス『ユダヤ戦記』3分冊 (ちくま学芸文庫、2002)
秦剛平訳、ヨセフス『ユダヤ古代誌』6分冊 (ちくま学芸文庫、1999-2000)
秦剛平訳、ヨセフス『自伝』(山本書店、1978)
秦剛平訳、ヨセフス『アピオーンへの反論』(山本書店、1977)

(3) ギリシア関係
呉茂一、高津春繁訳、『ホメーロス』(筑摩書房、昭和39年)
小西晴雄訳、『トゥーキュディデース』(筑摩書房、昭和46年)
藤縄謙三訳、トゥキュディデス『歴史　1』(京都大学学術出版会)
城江良和訳、トゥキュディデス『歴史　2』(京都大学学術出版会)
松平千秋訳、ヘロドトス『歴史』上中下 (岩波文庫、1971-72)

(3) ローマ史関係
国原吉之助訳、タキトゥス『同時代史』(筑摩書房、1996)
国原吉之助訳、タキトゥス『年代記』(筑摩書房、昭和40年)

2次資料

(1) ヨセフス関係

□書物

秦剛平『神の支配から王の支配へ－ダビデとソロモンの時代』（京都大学学術出版会、2012）

秦剛平『聖書と殺戮の歴史－ヨシュアと士師の時代』（京都大学学術出版会、2011）

秦剛平『書き替えられた聖書－新しいモーセ像を求めて』（京都大学学術出版会、2010）

秦剛平『異教徒ローマ人に語る聖書－創世記を読む』（京都大学学術出版会、2009）

浅野淳博訳、スティーブ・メイソン『ヨセフスと新約聖書』（リトン、2007）

秦剛平『ヨセフス－イエス時代の歴史家』（ちくま学芸文庫、2000）

東丸恭子訳、ミレーユ・アダス＝ルベル『フラウィウス・ヨセフス伝』（白水社、1993）

秦剛平＋大島春子訳、シャイエ J. D. コーエン『ヨセフス－その人と時代』（山本書店、1991）

□論文

Gohei Hata, "In the Beginning was a Greek Translation of Genesis and Exodus," in *Pentateuchal Traditions in the Late Second Temple Period : Proceedings of the International Workshop in Tokyo, August 28–31, 2007* (Akio Moriya and Gohei Hata eds ; Leiden : E. J. Brill, 2012)

Gohei Hata, "Where is the Temple Site of Onias IV in Egypt ?" in *Flavius Josephus : Interpretation and History* (Jack Pastor, Prina Stern, and Menahem Mor eds. ; Leiden : E. J. Brill, 2011)

秦剛平「レオントーン・ポリス神殿址――ブーバスティス・アグリアともうひとつのユダヤ神殿」、秦剛平＋守屋彰夫共編『古代世界におけるモーセ五書の伝承』（京都大学学術出版会、2011）所収

秦剛平「英語圏におけるヨセフスの近代語訳とその受容史」、『基督教学研究』第 31 号（2011）所収

秦剛平「聖書の語るイスラエルの建国神話」、『宗教と現代がわかる本 2011』（平凡社、2011）所収

秦剛平「創世記に見られる天地創造とその創造主」、港・永原編『創造性の宇宙－創世記から情報空間へ』、（工作社、2008）所収

Gohei Hata, "A SPECIAL LECTURE TO MARK THE HOSTING OF THE INTERNATIONAL JOSEPHUS COLLOQUIUM IN TRINITY COLLEGE, DUBLIN," in *Making History : Josephus and Historical Method* (ed. Zuleika Rodgers ; Leiden : E. J. Brill, 2007)
Gohei Hata, "The Abuse and Misuse of Josephus in Eusebius' *Ecclesiastical History*, Books 2 and 3," in *Studies in Josephus and the Varieties of Ancient Judaism* (Shaye J. D. Cohen and Joshua J. Schwartz eds. ; Leiden : E. J. Brill, 2007)
秦剛平「テル・バスタ――考古学的発掘調査のための約束の地」、『多摩美術大学研究紀要』第 21 号（2006）所収
秦剛平「創世記と出エジプト記－ギリシア語訳の背後にあるヘブル語テクスト」、『多摩美術大学研究紀要』第 19 号（2004）所収
秦剛平「18 世紀と 19 世紀の英訳ヨセフス：近代語訳の誕生とその背景　その2」、『多摩美術大学研究紀要』、第 17 号（2002）所収
秦剛平「18 世紀と 19 世紀の英訳ヨセフス：近代語訳の誕生とその背景　その1」、『多摩美術大学研究紀要』、第 16 号（2001）所収
秦剛平「古代の二人の歴史家、ヨセフスとエウセビオス－古さをめぐる歴史記述について」、『パトリスティカ－教父研究』第 6 号（新世社、2001）所収
Gohei Hata, "Eusebius and Josephus : The Way Eusebius misused and abused Josephus", *PATRISTICA*－Proceedings of the Colloquia of the Japanese Society for Patristic Studies, Supplementary Volume 1（2001）所収
秦剛平「第一次ユダヤ戦争に見るフィロカイサルとその系譜」、『基督教学研究』第 19 号（1999）所収
秦剛平「ヨセフスの生涯について（その 2）」、『多摩美術大学紀要』第 10 号（1995）所収
秦剛平「ヨセフスの生涯について（その 1）」、『多摩美術大学紀要』第 9 号（1994）所収
秦剛平「フラウィウス・ヨセフス――ひとりの途方もないユダヤ人」、『現代思想』（青土社、1994）所収
Gohei Hata, "Imagining Some Dark Periods in Josephus' Life," in *Josephus & the History of the Greco-Roman Period : Essays in Memory of Morton Smith* (Fausto Parente & Joseph Sievers eds. ; Leiden : E. J. Brill, 1994)
秦剛平「ギリシア語訳聖書研究序説」、『基督教学研究』第 13 号（1992）所収
秦剛平「ヨセフスと複数のギリシア語訳聖書の使用」、『聖書翻訳研究』（日本聖書協会、1986）所収
秦剛平「アリステアスの書簡、ヨセフス、七十人訳」、岡野・田中編『古典解釈と人間理解』（山本書店、1986）所収
秦剛平「古代世界におけるモーセ像とヨセフス」、『ペディラヴィウム』第 18

号（1983）所収
秦剛平「ヨセフスのモーセ物語について」、『基督教学研究』第 6 号（1983）所収
Gohei Hata, "Is the Greek Version of Josephus' Jewish War a Translation or a Rewriting of the First Version ?" in *Jewish Quarterly Review*, new series, vol. LXVI2（1977）所収

論集

Akio Moriya and Gohei Hata eds., *Pentateuchal Traditions in the Late Second Temple Period : Proceedings of the International Workshop in Tokyo, August 28–31, 2007*（Leiden : E. J. Brill, 2012）
秦剛平＋守屋彰夫編『古代世界におけるモーセ五書の伝承』（京都大学学術出版会、2011）
Gohei Hata and H. W. Attridge eds., *Eusebius, Christianity, & Judaism*（Leiden : E. J. Brill, 1992）
秦剛平＋ H. W. アトリッジ『エウセビオス研究①キリスト教の起源と発展』（リトン、1992）
秦剛平＋ H. W. アトリッジ『エウセビオス研究②キリスト教の正統と異端』（リトン、1992）
秦剛平＋ H. W. アトリッジ『エウセビオス研究③キリスト教とローマ帝国』（リトン、1992）
Gohei Hata and Louis H. Feldman eds., *Josephus, the Bible, and History*（Wayne State University Press + E. J. Brill, 1988）
Gohei Hata and Louis H. Feldman eds., *Josephus, Judaism, and Christianity*（Wayne State University Press + E. J. Brill, 1987）
秦剛平＋ L. H. フェルトマン共編『ヨセフス研究①ヨセフスとユダヤ戦争』（山本書店、1985）
秦剛平＋ L. H. フェルトマン共編『ヨセフス研究②ヨセフスとキリスト教』（山本書店、1985）
秦剛平＋ L. H. フェルトマン共編『ヨセフス研究③ヨセフス・ヘレニズム・ヘブライズムⅠ』（山本書店、1985）
秦剛平＋ L. H. フェルトマン共編『ヨセフス研究④ヨセフス・ヘレニズム・ヘブライズムⅡ』（山本書店、1986）

(2) 七十人訳ギリシア語聖書関係

Gohei Hata, *Translating the Greek Bible into Japanese : a personal history*（Clare Hall, University of Cambridge : Video & Audio, 2013）

秦剛平「はじめに創世記と出エジプト記のギリシア語訳がつくられた」、秦剛平＋守屋彰夫共編『古代世界におけるモーセ五書の伝承』（京都大学学術出版会、2011）所収
秦剛平『乗っ取られた聖書』（京都大学学術出版会、2006）
秦剛平『旧約聖書続編講義－ヘレニズム・ローマ時代のユダヤ文書を読み解く』（リトン、1999）
秦剛平「アリステアスの書簡」、『旧約聖書続編講義』（リトン、1999）所収
秦剛平「七十人訳聖書から垣間見るユダヤ人社会」、『現代思想』（青土社、1998）所収
秦剛平「ヘレニズム・ローマ時代のユダヤ教文献研究（9）－ヨベル書とシビルの託宣」、『ペディラヴィウム』第44号（1996）所収
秦剛平「ヘレニズム・ローマ時代のユダヤ教文献研究（8）－12族長の遺言」、『ペディラヴィウム』第43号（1996）所収
秦剛平「ヘレニズム・ローマ時代のユダヤ教文献研究（7）－ギリシア語エスドラス書＋ラテン語エズラ書」、『ペディラヴィウム』第42号（1995）所収
秦剛平「ヘレニズム・ローマ時代のユダヤ教文献研究（6）－バルク書、イェレミアの手紙、マナセの祈り」、『ペディラヴィウム』第41号（1995）所収
秦剛平「ヘレニズム・ローマ時代のユダヤ教文献研究（5）－トビト記＋ダニエル書への三つの付加」、『ペディラヴィウム』第40号（1994）所収
秦剛平「ヘレニズム・ローマ時代のユダヤ教文献研究（4）－アリステアスの書簡」、『ペディラヴィウム』第39号（1994）所収
秦剛平「ヘレニズム・ローマ時代のユダヤ教文献研究（3）－マカベア第3書＋ギリシア語エステル記への付加」、『ペディラヴィウム』第38号（1993）所収
秦剛平「ヘレニズム・ローマ時代のユダヤ教文献研究（2）－マカベア第4書」、『ペディラヴィウム』第37号（1993）所収
秦剛平「ヘレニズム・ローマ時代のユダヤ教文献研究（1）－マカベア第1書＋マカベア第2書」、『ペディラヴィウム』第36号（1992）所収
秦剛平「七十人訳翻訳史序説（一）」、『基督教学研究』第13号（1990）所収

(3) その他
野町啓『学術都市アレクサンドリア』（講談社学術文庫、2009）
秦剛平訳、ジェームス・ヴァンダーカム『死海文書のすべて』（青土社、1995）
秦剛平『旧約聖書続編講義』（リトン、1999）

辞典・事典

カルル・ハインリッヒ・レングシュトルフ編『ヨセフス辞典』全4分冊
入江和生ほか訳、マイケル・グラント＋ジョン・ヘイゼル『ギリシア・ローマ神話事典』（大修館書店、1988）
松原國師『西洋古典学事典』（京都大学学術出版会、2010）

秦　剛平（はた　ごうへい）

多摩美術大学名誉教授
聖書文学協会所属（ヨセフス・セミナー運営委員、フィロン・セミナー運営委員、ヘレニズム・ユダヤ教専門部会運営委員）、オックスフォード大学客員教授（1999—2000年）、同大学客員研究員（2001年以降）、現在ケンブリッジ大学、（クレア・ホール）フェロー終身会員、（ウォルフソン・コレッジ）フェロー終身会員

主な著書／『乗っ取られた聖書』『異教徒ローマ人に語る聖書——創世記を読む』『書き替えられた聖書——新しいモーセ像を求めて』『聖書と殺戮の歴史——ヨシュアと士師の時代』『神の支配から王の支配へ——ダビデとソロモンの時代』『南北分裂王国の誕生』（以上京都大学学術出版会）、『旧約聖書続編講義』（リトン）、『ヨセフス——イエス時代の歴史家』『美術で読み解く新約聖書の真実』『美術で読み解く旧約聖書の真実』『美術で読み解く聖母マリアとキリスト教伝説』（以上ちくま学芸文庫）、『反ユダヤ主義を美術で読む』『描かれなかった十字架』『名画でたどる聖人たち』『名画で読む聖書の女たち』『天使と悪魔——美術で読むキリスト教の深層』（以上青土社）ほか

主な訳書／フィロン『フラックスへの反論・ガイウスへの使節』エウセビオス『コンスタンティヌスの生涯』ピロストラトス『テュアナのアポロニオス伝』（以上京都大学学術出版会）、ヨセフス『ユダヤ戦記』全7巻3分冊、同『ユダヤ古代誌』全20巻6分冊（ちくま学芸文庫）、エウセビオス『教会史』全10巻2分冊（講談社学術文庫）『七十人訳ギリシア語聖書』全5分冊（河出書房新社）ほか30冊

主な論集編纂／共編『古代世界におけるモーセ五書の伝承』（京都大学学術出版会）、『ヨセフス論集』全4分冊（山本書店）、『エウセビオス論集』全3分冊（リトン）

学術選書

空白のユダヤ史
—エルサレムの再建と民族の危機　学術選書 069

2015年2月15日　初版第1刷発行

著　　者…………秦　剛平
発 行 人…………檜山 爲次郎
発 行 所…………京都大学学術出版会
京都市左京区吉田近衛町69
京都大学吉田南構内（〒606-8315）
電話（075）761-6182
FAX（075）761-6190
振替 01000-8-64677
URL http://www.kyoto-up.or.jp

印刷・製本…………㈱太洋社
装　　幀…………鷺草デザイン事務所

ISBN 978-4-87698-868-6
定価はカバーに表示してあります

学術選書 ［既刊一覧］

＊サブシリーズ 「心の宇宙」→ 心
「宇宙と物質の神秘に迫る」→ 宇
「諸文明の起源」→ 諸

001 土とは何だろうか？ 久馬一剛
002 子どもの脳を育てる栄養学 中川八郎・葛西奈津子
003 前頭葉の謎を解く 船橋新太郎 心1
005 コミュニティのグループ・ダイナミックス 杉万俊夫 編著 心2
006 古代アンデス 権力の考古学 関 雄二 諸12
007 見えないもので宇宙を観る 小山勝二ほか 編著 宇1
008 地域研究から自分学へ 高谷好一
009 ヴァイキング時代 角谷英則 諸9
010 GADV仮説 生命起源を問い直す 池原健二
011 ヒト 家をつくるサル 榎本知郎
012 古代エジプト 文明社会の形成 高宮いづみ 諸2
013 心理臨床学のコア 山中康裕 心3
014 古代中国 天命と青銅器 小南一郎 諸5
015 恋愛の誕生 12世紀フランス文学散歩 水野 尚
016 古代ギリシア 地中海への展開 周藤芳幸 諸7
018 紙とパルプの科学 山内龍男
019 量子の世界 川合・佐々木・前野ほか編著 宇2
020 乗っ取られた聖書 秦 剛平
021 熱帯林の恵み 渡辺弘之
022 動物たちのゆたかな心 藤田和生 心4
023 シーア派イスラーム 神話と歴史 嶋本隆光
024 旅の地中海 古典文学周航 丹下和彦
025 古代日本 国家形成の考古学 菱田哲郎 諸14
026 人間性はどこから来たか サル学からのアプローチ 西田利貞
027 生物の多様性ってなんだろう？ 生命のジグソーパズル 京都大学総合博物館 京都大学生態学研究センター 編
028 心を発見する心の発達 板倉昭二 心5
029 光と色の宇宙 福江 純
030 脳の情報表現を見る 櫻井芳雄 心6
031 アメリカ南部小説を旅する ユードラ・ウェルティを訪ねて 中村紘一
032 究極の森林 梶原幹弘
033 大気と微粒子の話 エアロゾルと地球環境 笠原三紀夫 東野 達 監修
034 脳科学のテーブル 日本神経回路学会監修／外山敬介・甘利俊一・篠本滋編
035 ヒトゲノムマップ 加納 圭
036 中国文明 農業と礼制の考古学 岡村秀典 諸6

037 新・動物の「食」に学ぶ　西田利貞
038 イネの歴史　佐藤洋一郎
039 新編 素粒子の世界を拓く　湯川・朝永から南部・小林・益川へ　佐藤文隆 監修
040 文化の誕生　ヒトが人になる前　杉山幸丸
041 アインシュタインの反乱と量子コンピュータ　佐藤文隆
042 災害社会　川崎一朗
043 ビザンツ　文明の継承と変容　井上浩一　[諸] 8
044 江戸の庭園　将軍から庶民まで　飛田範夫
045 カメムシはなぜ群れる？　離合集散の生態学　藤崎憲治
046 異教徒ローマ人に語る聖書　創世記を読む　秦　剛平
047 古代朝鮮　墳墓にみる国家形成　吉井秀夫　[諸] 13
048 王国の鉄路　タイ鉄道の歴史　柿崎一郎
049 世界単位論　高谷好一
050 書き替えられた聖書　新しいモーセ像を求めて　秦　剛平
051 オアシス農業起源論　古川久雄
052 イスラーム革命の精神　嶋本隆光
053 心理療法論　伊藤良子　[心] 7
054 イスラーム　文明と国家の形成　小杉　泰　[諸] 4
055 聖書と殺戮の歴史　ヨシュアと士師の時代　秦　剛平
056 大坂の庭園　太閤の城と町人文化　飛田範夫
057 歴史と事実　ポストモダンの歴史学批判をこえて　大戸千之
058 神の支配から王の支配へ　ダビデとソロモンの時代　秦　剛平
059 古代マヤ　石器の都市文明［増補版］　青山和夫　[諸] 11
060 天然ゴムの歴史　ヘベア樹の世界一周オデッセイから「交通化社会」へ　こうじや信三
061 わかっているようでわからない数と図形と論理の話　西田吾郎
062 近代社会とは何か　ケンブリッジ学派とスコットランド啓蒙　田中秀夫
063 宇宙と素粒子のなりたち　糸山浩司・横山順一・川合　光・南部陽一郎
064 インダス文明の謎　古代文明神話を見直す　長田俊樹
065 南北分裂王国の誕生　イスラエルとユダ　秦　剛平
066 イスラームの神秘主義　ハーフェズの智慧　嶋本隆光
067 愛国とは何か　ヴェトナム戦争回顧録を読む　ヴォー・グエン・ザップ著・古川久雄訳・解題
068 景観の作法　殺風景の日本　布野修司
069 空白のユダヤ史　エルサレムの再建と民族の危機　秦　剛平